Graded Spanish Readers

Primera etapa
ALTERNATE

Third Edition

Justo Ulloa
Virginia Polytechnic Institute and State University

Leonor Álvarez de Ulloa
Radford University

D. C. Heath and Company
Lexington, Massachusetts Toronto

Address editorial correspondence to:

D. C. Heath and Company
125 Spring Street
Lexington, MA 02173

Acquisitions Editor: Denise St. Jean

Developmental Editor: Elizabeth Lantz

Production Editor: Renée M. Mary

Designer: Judith Miller

Photo Researcher: Jim Roberts

Art Editor: Diane Grossman

Production Coordinator: Richard Tonachel

Permissions Editor: Margaret Roll

Published simultaneously in Canada.

Printed in the United States of America.

International Standard Book Number: 0-669-35391-4

Library of Congress Catalog Number: 95-78949

789-QF-00

To Sandra and Justin

PREFACE

Graded Spanish Reader, Primera etapa, Alternate, Third Edition, is a literary reader designed to introduce beginning- to intermediate-level college students to the rich and exciting literature of the Hispanic world. Adopted by major universities and colleges throughout the United States and Canada, this text has also proven to be an effective teaching tool at the high school level. Presented in order of difficulty, the readings appearing in this edition include short stories, poems, a legend, a minidrama, a one-act play, and an excerpt from a current, best-selling novel. They are authored by renowned Hispanic literary figures such as Neruda, García Márquez, Storni, Matute, Solórzano, Laforet, and Esquivel. Each selection was chosen for its intrinsic merit and its relevance in the overall context of each writer's work, as well as for its linguistic accessibility.

A carefully crafted sequence of prereading activities for each selection promotes vocabulary development and strengthens students' reading skills by reinforcing the use of specific strategies such as predicting and anticipating content. Background information concerning each author and his or her work further facilitates the reading process. Postreading activities, including comprehension checks, discussion questions, and writing topics, are designed to lead students in a careful progression from understanding to interpreting, and finally, to personalizing the selections' content. Other important features of this reader are brief reviews of grammatical structures pertinent to comprehension of the readings and related practice activities that reinforce both the structures and the key vocabulary presented in each **Basic Vocabulary** section.

New to the Third Edition

- This edition features three new selections by women writers (a poem, a short story, and a chapter from the currently popular novel *Como agua para chocolate*) resulting in an even broader representation of contemporary Hispanic authors.
- The format for the **Study Guides** now corresponds more closely to the text structure and clearly divides the reading process into three stages: Prereading Activities, Reading, and Postreading Activities.
- New **Anticipating the Story** sections feature prereading questions and other activities designed to sharpen students' predictive skills and thereby enhance their reading comprehension. They also incorporate questions that refer students to the illustrations so that they are now functionally integrated into the text's pedagogical apparatus.
- Introductory notes providing background and stylistic information now directly precede each selection and are written in Spanish.
- Completely revised, the **Developing Your Writing Skills** sections provide students with more guidance and support in the writing process and offer a greater variety of creative composition tasks.
- For instructors' convenience, a grammar index has been added so that explanations can be located easily for review.

Organization of the Text

Graded Spanish Reader, Primera etapa, Alternate, Third Edition, is divided into four parts arranged sequentially according to the degree of difficulty of the grammatical structures and vocabulary presented in the readings. Key criteria used in choosing the selections in this edition were their potential interest to students, a balance in the representation of authors from the various areas of the Spanish-speaking world and among male and female writers, the significance of the text in terms of the complete works of each author, and the linguistic accessibility of the text even to introductory-level students.

Each part begins with a brief overview of the works included, followed by a **Study Guide** section that offers students a useful list of strategies for approaching and comprehending the readings. The **Prereading Activities** section presents and practices the **Basic Vocabulary** list based on the reading. It also develops awareness of cognates and the general rules of word formation in the Spanish language and their usefulness in the reading process. The final section, **Anticipating the Story,** activates students' background knowledge and focuses their attention on using various strategies to develop their reading skills.

Following each reading is a series of **Postreading Activities.** The **Reading Comprehension** section contains a variety of exercises in multiple choice, true-false, or short-answer format to verify students' understanding of the essential details of the selection's content. The **Structures** section again reinforces basic vocabulary from the reading. It also offers brief explanations, largely in the form of charts and tables, of the high-frequency structures of Spanish featured in the text that require systematic review and emphasis because of the difficulties they pose for native speakers of English. Follow-up exercises allow students to verify their control of each structure prior to proceeding to the more open-ended activities. To facilitate reading comprehension, instructors may refer students to the **Structures** section for quick review before assigning the reading. In the **Developing Your Writing Skills** section, students progress from writing content summaries to writing creatively on a thematically-related topic. Finally, the **Expressing Your Ideas** section provides a variety of stimulating discussion topics suitable for pair, small group, or whole-class work. These open-ended activities allow for analysis of the selection's content, expression of personal opinions or experiences related to the reading, and generalization of some of the selection's key ideas.

At the end of each of the reader's four parts, a **Review Exercise** reinforces key vocabulary in context and also recalls the main ideas and themes from those particular readings.

Instructors may not have the time or the need to use all the exercises and activities provided for each selection or part. Our reasons for including a wide array of supporting material were to make each selection accessible to at least some degree even to those students in the earliest stages of their study of Spanish and to enable instructors to accommodate the disparate needs, ability levels, and learning styles most commonly encountered in the classroom.

Acknowledgments

For their insightful comments regarding the content and organization of the second edition of ***Graded Spanish Reader, Primera etapa, Alternate,*** and their many useful suggestions for its improvement, we are grateful to the following reviewers:

Enrica J. Ardemagni, Indiana University—Purdue University at Indianapolis
Robert R. Bacalski, University of San Diego
Fidel de León, El Paso Community College
Ronald Leow, Georgetown University
Ramón Magráns, Austin Peay State University

We are also particularly grateful to the editorial and production staff at D. C. Heath and Company for their assistance in preparing this edition.

Justo Ulloa

Leonor Álvarez de Ulloa

Contents

Part One

Part Two

Part Three

Part Four

Part One

Part One contains a short story, four poems, and a mythological narrative. Without altering the plot of the originals, the selections included in this section have been carefully edited and structured to allow you to begin reading some of the many intriguing works to be found in Hispanic literature. To facilitate comprehension, the vocabulary has been simplified and systematically reused, while difficult grammatical constructions have been modified and replaced with familiar forms. The activities have been designed to reinforce the vocabulary and structures presented in each of the readings.

Study Guide

Prereading Activities

Before you begin working with the selections in this unit, you should complete several activities which will make the reading easier and more profitable and will prepare you for class discussion.

1. For each selection, begin with the Prereading Activities, paying particular attention to the vocabulary exercises and to the rules provided in the Cognates and Word Formation section. Apply these rules to words you encounter as you read, and try to guess the meaning of unfamiliar words by observing how they are used in context.

2. Answer all the questions in the Anticipating the Story section, trying to predict the content of the material you are about to read.
3. Follow these suggestions for grammar review for each selection.
   a. Before reading *Un Stradivarius,* review the following grammar points covered in the exercises at the end of this story: the present tense, the formation of negative sentences, the contractions **al** and **del,** direct and indirect object pronouns, the verb **gustar,** and possessive adjectives.
   b. Review **ser** and **estar** and the uses of the preterit and imperfect tenses before reading the poems.
   c. Prior to reading *Los ticunas pueblan la tierra,* study the following points of grammar at the end of this mythological narrative: the preterit, imperfect, and pluperfect tenses; the past progressive; reflexive verbs; and demonstratives.

Reading

1. In preparation for reading, quickly skim the selection to grasp the gist.
2. Then scan the Reading Comprehension activities and reread the selection searching for specific information to complete the activities. While scanning, try to identify the key sentences or ideas of each paragraph.

Postreading Activities

Before beginning the Postreading Activities, consider the following suggestions.

1. Review the grammar explanations in each section before doing the Developing Your Writing Skills section. In these writing activities you will practice the vocabulary and grammatical structures you have learned in a context that has meaning for you.
2. In preparation for the Expressing Your Ideas activity at the end of each section, jot down your thoughts on the topic you have chosen for discussion. Then practice stating your thoughts aloud to improve your oral skills.

Un Stradivarius

Vicente Riva Palacio

PREREADING ACTIVITIES

BASIC VOCABULARY

Nouns

la **caja** case, box
la **iglesia** church
el **lugar** place
el **peso** unit of Mexican currency
la **tienda** store
el **traje** suit
la **verdad** truth
la **vez** time

Verbs

dejar to leave, to let
enseñar to show
esperar to hope, to expect
ganar to make, to earn
gustar to be pleasing
le gusta he/she likes
hay there is, there are
parecer (zc) to seem, to look
pensar (ie) to think
poder (ue) to be able
poner to put, to place
sacar (qu) to remove, to take out
tocar to touch, to play
valer to be worth, to cost

Adjectives

antiguo(-a) antique, ancient
rico(-a) rich

Other Useful Words

alguien somebody, someone
alguno/a some
nadie no one
ninguno/a none
nuevamente again
tampoco either, neither
todavía yet

(continued)

Useful Expressions

bien vestido(-a) well dressed
lo que what
otra vez again
por última vez for the last time
preguntarle si ask him/her whether
tener cuidado to be careful
ya no no longer

VOCABULARY USAGE

A. Select the word in *Column B* most closely related to each term in *Column A.*

	A	B
____	1. alguien	a. caja
____	2. rico	b. hijo
____	3. violín	c. esposa
____	4. padre	d. hora
____	5. verdad	e. joven
____	6. esposo	f. nadie
____	7. viejo	g. mentira
____	8. minutos	h. dinero

B. The following sentences refer to Don Samuel, protagonist of the story you are about to read. Rearrange the sentences into a logical order, numbering them from 1 to 6 on the lines provided.

____ 1. Tiene mucho dinero.
____ 2. Va a los conciertos públicos donde no tiene que pagar nada.
____ 3. Don Samuel es el dueño de una tienda grande de México.
____ 4. No quiere gastar mucho.
____ 5. Está contento porque puede escuchar buena música.
____ 6. Pero a su familia le gusta ir al Palacio de Bellas Artes adonde siempre asisten las personas ricas de la ciudad.

USING VOCABULARY IN CONTEXT

A. Which words or phrases do you associate with the following descriptions?

____ 1. Don Samuel tiene una esposa, una hija y un hijo.
a. una iglesia b. una familia c. un esposo

____ 2. Don Samuel tiene un negocio donde vende muchas cosas a sus clientes.
a. un lugar antiguo b. un teatro c. una tienda

____ 3. El violinista toca en el Palacio de Bellas Artes.
a. un músico b. un melodrama c. una persona que vende objetos de arte

____ 4. Es un objeto práctico que sirve para saber la hora.
a. un violín b. un reloj c. un peso

____ 5. Es un instrumento musical de cuerdas.
a. un reloj b. una caja de música c. un violín

____ 6. Hay mucha música, familias, flora, fauna y diversiones en este lugar que se llama Chapultepec.
a. un parque b. un teatro c. una tienda

B. Choose the appropriate words from the list provided to complete each paragraph so that it makes sense. Make all necessary changes.

dinero	reloj	hombre
violín	parque	música

Un músico muy pobre que trabaja en un _____ de diversiones vende su _____ en la tienda de un rico _____ de negocios porque necesita _____. En la tienda hay muchos _____ y objetos prácticos, pero no hay muchos instrumentos de _____.

gustar	pagar	dinero
ir	rico	música
tienda	ser	

Don Samuel tiene una _____. Él _____ un hombre muy _____, pero no le _____ gastar su _____. Los domingos, él y su familia _____ a Chapultepec porque les gusta mucho la _____ y allí no tienen que _____ nada.

Cognates and Word Formation

Cognates are words that are spelled the same or nearly the same in Spanish and English. They often, but not always, carry the same or a similar meaning in both languages. There are exact cognates and approximate cognates.

melodrama	*melodrama*
presidente	*president*

Some cognates are almost identical, except for a written accent mark, or a change in a consonant or vowel.

álgebra	*algebra*
inteligente	*intelligent*
activo	*active*

Many words ending in **-cia** or **-cio** in Spanish are equivalent to those that end in *-ce* or *-cy* in English.

importancia	*importance*
tendencia	*tendency*
silencio	*silence*

Read the following sentences carefully and then circle all the Spanish cognates you recognize.

1. En la familia de don Samuel hay cuatro personas. Por lo general, todos están muy contentos cuando van al parque porque allí hay muy buena música y no tienen que pagar nada.
2. A don Samuel no le gusta ir al teatro porque allí tiene que pagar, pero a su esposa y a sus hijos les gusta mucho ir al Palacio de Bellas Artes porque es un teatro antiguo de México donde siempre hay mucha gente importante.
3. Don Samuel es un hombre de negocios muy inteligente. A él siempre le gusta inspeccionar con mucho cuidado todos los objetos que tiene en su tienda, especialmente los instrumentos musicales.

Anticipating the Story

Answer the following questions about *Un Stradivarius*. The questions are designed to get you thinking about the content of the story before you start reading.

1. ¿Qué le sugiere el título *Un Stradivarius?* ¿Cuál cree Ud. que es el tema del cuento? Haga una lista de posibilidades.
2. ¿Qué tipo de personajes espera encontrar Ud. en este cuento? ¿Por qué?
3. ¿Dónde puede tener lugar la acción del cuento? Mire el dibujo al principio de esta sección y descríbalo con cuidado usando el vocabulario estudiado.
4. ¿Cómo se percibe a los músicos y a los hombres de negocios en nuestra sociedad?

Un Stradivarius

VICENTE RIVA PALACIO

El autor de *Un Stradivarius* es el novelista histórico y crítico literario Vicente Riva Palacio (México, 1832–1896). En su obra (*work*) se destaca su interés por la historia y las tradiciones mexicanas. En *Un Stradivarius,* Riva Palacio presenta un análisis muy sutil de la naturaleza humana. A primera vista, el cuento parece ser muy simple, pero si leemos entre líneas notaremos cómo la codicia (*greed*) juega un papel importante en las decisiones de los personajes.

I

Don Samuel es un señor muy rico que tiene una tienda situada en México.[1] Es una de las tiendas más ricas de la capital, y aunque hay otras tiendas como la tienda de don Samuel, ninguna es tan rica. En su tienda, don Samuel tiene muchas cosas que vende a las personas ricas de México.

Don Samuel está todo el día en su tienda. Como es un señor que tiene mucho dinero, también tiene muchos amigos. Algunos de sus amigos van a su tienda todos los días, otros amigos van muy poco. Pero siempre hay alguien en la tienda de don Samuel. Sin embargo, algunas personas dicen que don Samuel no tiene amigos verdaderos, sino que todos están interesados en su dinero. Pero nadie sabe la verdad.

Como don Samuel es un señor muy rico, también recibe la visita de muchas otras personas que van a su tienda para tratar de venderle algo. Pero don Samuel nunca compra nada porque dice que él no tiene dinero.

II

En la familia de don Samuel hay cuatro personas: él, su esposa, su hijo y su hija. La esposa de don Samuel tiene muchas amigas

[1]**México** Ciudad de México

que visitan la tienda de su esposo. Por lo general, ninguna compra nada.[2] Los hijos de don Samuel también tienen muchos amigos. Pero dice don Samuel que sus hijos sólo van a la tienda cuando no tienen dinero.

Don Samuel va a menudo con su familia a Chapultepec.[3] Allí don Samuel y su familia siempre se sienten contentos porque hay muchas personas y buena música. A don Samuel y a su esposa les gusta mucho la música. A él le gusta ir a Chapultepec porque allí no tiene que pagar nada por los conciertos. A los hijos y a la esposa también les gusta ir al teatro, pero no a don Samuel porque allí tiene que pagar. A veces, ellos van al Palacio de Bellas Artes, o a algún otro teatro de los muchos que hay en México. El Palacio de Bellas Artes es el teatro que más les gusta a los hijos y a la esposa. Les gusta porque es el teatro de México donde siempre hay muchas personas ricas. Los hijos de don Samuel siempre van a ese teatro.

III

Un día llega un señor a la tienda de don Samuel. Cuando don Samuel lo ve, le dice:

—¿Qué desea usted?

—Sólo quiero ver algunas cosas para la iglesia de mi tío.

—Tengo todo lo que usted desea. Les vendo muchas cosas a todas las iglesias de México. ¿Desea usted ver algo más?

—No; sólo deseo ver lo que tiene para las iglesias. Tengo un tío muy rico en Guadalajara[4] que necesita algunas cosas para su iglesia.

—¿No le gustan estas cosas que tengo aquí?

El señor que quiere comprar los objetos para la iglesia de su tío es músico. Como es músico no es rico ni tiene dinero. Lleva un traje muy viejo y no parece estar muy contento. Tiene en la mano un violín que está en una caja muy vieja. A don Samuel no le gusta mucho el traje del músico, pero no le dice nada porque

---

[2]**ninguna... nada** none buys anything [3]**Chapultepec** park in Mexico City
[4]**Guadalajara** city in western Mexico; capital of the state of Jalisco

tiene interés en venderle algo. Cuando ve la caja del violín en la mano del músico le dice:

—¿Es usted músico?

—Sí, señor.

—A mí me gusta mucho la música. Siempre voy con mi familia a Chapultepec porque allí siempre hay música. ¿Le gusta a usted la música de Chapultepec?

—Sí, señor, me gusta mucho.

—A mí y a mi esposa también nos gusta, pero a nuestros hijos no les gusta. ¿Tiene usted hijos?

—No, señor, no tengo hijos.

Después de decir esto sobre la música, don Samuel le enseña al músico algunas cosas para las iglesias. Al músico le gustan algunas de las cosas que le enseña don Samuel. Después de verlas muy bien y de decirle a don Samuel cuáles son las que le gustan, pone algunas de ellas en una caja que tiene don Samuel en su tienda. El músico necesita la caja porque tiene que mandar las cosas a Guadalajara. Después de algunos minutos le dice el músico a don Samuel:

—Deseo estas cosas, pero antes quiero escribirle a mi tío que está en Guadalajara porque no tengo dinero aquí para pagar ahora.

—¿Va usted a escribirle a su tío ahora?

—Sí, señor, voy a escribirle ahora porque mi tío desea estas cosas para la iglesia de Guadalajara antes de cuatro o cinco días.

—Muy bien. ¿Desea usted todas las cosas en esta caja?

—Sí, señor, mi tío va a pagárselas.

Después de decir esto el músico mira otra vez las cosas que tiene en la caja. Unos cuantos[5] minutos después le dice a don Samuel:

—¿Puedo dejar este violín aquí en su tienda por uno o dos días?

—Sí, señor, puede dejarlo aquí en mi tienda.

—¿Dónde lo puedo poner?

—Aquí.

—Debe tener mucho cuidado con mi violín. Es un violín muy bueno y siempre tengo mucho cuidado con él porque es el único que tengo.[6]

---

[5]**Unos cuantos** A few [6]**es... tengo** it is the only one I have

—Sí, voy a tener mucho cuidado con él. En mi tienda nadie toca las cosas que no son suyas.[7]

Don Samuel pone el violín en un lugar donde se puede ver[8] y le dice al músico:

—Allí está bien.

—Sí, allí en ese lugar parece estar muy bien.

El músico deja su violín en la tienda de don Samuel. Don Samuel mira el violín y piensa: «Este violín es muy viejo y no parece ser muy bueno. Pero no le puedo decir a un señor tan bueno como éste que no lo deseo tener aquí en la tienda por unos cuantos días. Después de todo, no me va a costar nada tener aquí esa caja tan vieja». Después de pensar en esto, toma el violín, lo inspecciona con cuidado y lo pone nuevamente en su lugar.

IV

Dos días después, entre las muchas personas que van a la tienda de don Samuel, llega un señor un poco viejo. Es un señor muy rico y bien vestido que desea un reloj para su esposa. Don Samuel le enseña muchos relojes. Después de ver algunos, el señor rico toma uno de ellos y le dice a don Samuel:

—¿Cuánto desea usted por este reloj?

—Cincuenta pesos.

—¿Cincuenta pesos? No, cincuenta pesos es mucho dinero.

El señor rico mira otros relojes, pero ninguno le gusta. Cuando mira los otros relojes, también ve la caja vieja del violín del músico. Como ve una caja tan vieja entre tantas cosas tan buenas, le pregunta a don Samuel:

—¿También vende usted violines? ¿Tan bueno es que está en una caja tan antigua?

—Ese violín no es mío.

—¿Puede usted enseñármelo? A mí me gustan mucho los violines.

[7]**suyas** his/hers [8]**donde... ver** where it can be seen

Don Samuel toma la caja y la pone en las manos del señor rico. Éste saca el violín de la caja. Después de mirarlo con mucho cuidado lo pone en la caja y le dice:

—Ese violín es un Stradivarius, y si usted desea venderlo le pago ahora seiscientos pesos por él.

Don Samuel no dice nada. No puede decir nada. No dice nada pero piensa mucho. Piensa en el dinero que puede ganar si le vende el violín del músico a este señor por seiscientos pesos. Pero el violín no es de él todavía y no lo puede vender. Piensa en pagarle al músico unos cuantos pesos por él. El músico no es rico ni tiene dinero. El traje del músico es muy viejo y le puede pagar por el violín con un traje. Y si no desea un traje, le puede pagar hasta trescientos pesos. Si paga trescientos pesos por el violín y se lo vende al señor rico por seiscientos, gana trescientos pesos. Ganar trescientos pesos en un día no es nada malo. No todos sus amigos pueden ganar trescientos pesos en un día. Después de pensar en esto por algunos minutos dice:

—El violín no es mío, pero si usted desea yo puedo hablar con el músico y preguntarle si desea venderlo.

—¿Puede usted ver a ese señor? Deseo tener un Stradivarius y puedo pagar mucho dinero por éste.

—¿Y hasta cuánto[9] puedo pagarle al músico por su violín?

—Puede pagarle hasta mil pesos por él. Y yo le pago cincuenta pesos más para usted. Dentro de dos días deseo saber si el músico vende o no vende su violín, porque deseo ir a Veracruz[10] y no puedo estar aquí en México más de tres días.

Cuando don Samuel ve que el señor rico quiere pagar mil pesos por el violín, no sabe qué decir. Sólo piensa en los trescientos pesos o más que va a ganar. También piensa en el músico. Piensa que el músico no sabe que tiene un Stradivarius. Y ahora sólo desea ver al músico otra vez, para preguntarle si quiere vender el violín.

El señor rico se va de la tienda. Don Samuel, después de unos minutos, toma el violín con mucho cuidado y lo pone en la caja vieja. Después piensa otra vez en lo que va a ganar.

---

[9]**hasta cuánto** up to how much, what is the most [10]**Veracruz** seaport on the eastern coast of Mexico

V

Al día siguiente el músico regresa a la tienda de don Samuel. Le dice que todavía no sabe nada de su tío en Guadalajara, pero que espera saber algo dentro de uno o dos días más. También le dice que quiere su violín. Don Samuel toma el violín y lo pone en las manos del músico. Unos minutos después le dice:

—Si no sabe usted nada de su tío todavía, no hay cuidado;[11] puede dejar aquí esas cosas unos días más. También quiero decirle que si desea vender su violín yo tengo un amigo a quien le gusta mucho la música y desea tener un violín. ¿Dice usted que este violín es bueno?

—Sí, señor, es muy bueno y no lo vendo.

—Pero yo le pago muy bien. Le doy a usted trescientos pesos por su violín.

—¿Trescientos pesos por mi violín? Por seiscientos pesos no lo vendo.

—Le voy a dar los seiscientos pesos.

—No, señor, no puedo vender mi violín.

Don Samuel, cuando ve que el músico no desea vender el violín por seiscientos pesos, le dice que le da seiscientos cincuenta pesos. El músico después de pensar unos cuantos minutos, dice:

—¿Seiscientos cincuenta pesos por mi violín? Yo no tengo dinero ni soy rico. Este violín es todo lo que tengo y no lo puedo vender por seiscientos cincuenta pesos. Pero si usted me da ochocientos pesos... ochocientos pesos ya es algo.

Don Samuel, antes de decir que sí, piensa por algunos minutos: «Le pago ochocientos pesos a este músico y lo vendo por mil al otro señor. Me gano doscientos pesos. También gano los cincuenta pesos más que me va a dar el señor. Ya son doscientos cincuenta pesos que gano. No está mal ganar todo esto en sólo un día. Ninguno de mis amigos puede ganar tanto dinero como yo en un día». Después de pensar en esto, le dice al músico:

—Aquí están los ochocientos pesos.

Don Samuel saca de una caja ochocientos pesos y se los da al músico. Éste toma el dinero y dice:

—Este dinero es todo lo que tengo. Para mí ochocientos pesos

---

[11] **no hay cuidado** there's no cause for concern

es mucho dinero. Pero ahora ya no tengo violín. Ya soy rico, pero ahora no soy músico.

El músico mira su violín por última vez y se va muy contento, sin pensar en pagar las cosas de su tío de Guadalajara con los ochocientos pesos. Don Samuel, como está tan contento por tener el violín, tampoco le dice nada al músico sobre esto.

Don Samuel espera todo el día al señor rico que va a pagar mil pesos por el violín, pero el señor no viene a la tienda. Espera otro día y tampoco llega. Espera dos días más y tampoco. Después de esperar seis días, don Samuel ya no está muy contento y piensa que el señor de los mil pesos no va a llegar nunca.

Pero cuando piensa que tiene un Stradivarius, está contento porque dice que ninguno de sus amigos tiene un violín tan bueno. Cuando está solo en la tienda, don Samuel toma el violín en sus manos, lo inspecciona con mucho cuidado y dice: «No todos pueden tener un Stradivarius como yo. Yo no soy músico, pero me gusta tener un violín tan bueno como éste. Y si deseo, puedo venderlo y ganar mucho dinero».

Un día llega a la tienda de don Samuel un músico que es amigo de él. Este músico sabe mucho de violines.

—¿Qué piensa usted de este violín?— le dice don Samuel, y toma la caja para enseñarle el Stradivarius a su amigo.

El músico toma el violín en sus manos, lo inspecciona con mucho cuidado y le dice a don Samuel:

—Don Samuel, este violín es muy malo; no vale más de cinco pesos.

—Pero amigo mío, ¿qué dice usted? ¿que este violín es muy malo? ¿que no es un Stradivarius?

—Don Samuel, si este violín es un Stradivarius yo soy Paganini.[12] Este violín no es un Stradivarius ni vale más de cinco pesos,— le dice el músico por última vez.

Desde ese día don Samuel ya no está tan contento como antes. Siempre piensa en los ochocientos pesos del violín. Ya no va a Chapultepec con su familia porque ya no le interesa la música. Cuando ve los violines de los músicos piensa en sus ochocientos pesos. Pero siempre tiene el violín en su tienda. A todos sus amigos se lo enseña y les dice:

—Esta lección de música vale para mí ochocientos pesos.

---

[12]**Paganini** famous Italian violinist and composer

READING COMPREHENSION

I–III

A. Select the word or phrase that best completes each statement according to *Un Stradivarius*.

____ 1. Don Samuel es muy rico porque...
  a. no hay tiendas ricas en México.
  b. su tienda está en México.
  c. su tienda les vende muchas cosas a las personas ricas.

____ 2. A don Samuel le gusta mucho ir a Chapultepec con su familia porque...
  a. a ellos les encanta el teatro.
  b. allí están contentos porque es un lugar público que no cuesta nada.
  c. allí no hay muchas personas bien vestidas ni ricas.

____ 3. A los hijos de don Samuel les gusta mucho el Palacio de Bellas Artes porque...
  a. allí siempre hay muchas personas bien vestidas y de su mismo nivel social.
  b. allí tienen que pagar mucho.
  c. allí hay un excelente grupo de artistas.

____ 4. El músico que viene a la tienda...
  a. no está muy bien vestido y quiere comprar objetos religiosos.
  b. tiene hijos a quienes les gusta mucho la música.
  c. quiere comprar una caja de música y un violín.

____ 5. El músico desea comprar varias cosas para...
  a. mandárselas a un tío pobre de Guadalajara.
  b. cambiarlas por un violín valioso y una caja antigua.
  c. mandárselas a un pariente que las necesita para su iglesia en la capital del estado de Jalisco.

B. Answer the following questions in Spanish based on the reading.

1. ¿Cuántas personas hay en la familia de don Samuel? ¿Quiénes son?

2. ¿Cómo está vestido el músico?
3. ¿Qué tiene que comunicarle el músico a su tío?
4. ¿Qué opina don Samuel del violín?
5. ¿Por qué decide don Samuel ayudar al músico?
6. ¿Cree Ud. que don Samuel quiere engañar (*to trick*) al músico? ¿Por qué?
7. ¿Qué opina Ud. del músico?

STRUCTURES

A. *The Present Tense of Regular and Irregular Verbs*

Rewrite the following sentences, using the present tense of the verbs in parentheses.

1. Don Samuel (tener) _____ mucho dinero.
2. Ud. (ser) _____ un señor que tiene muchos amigos.
3. Las amigas de la esposa (ir) _____ con ella a la tienda.
4. Don Samuel (vender) _____ muchas cosas en su tienda.
5. La familia (estar) _____ muy contenta.
6. El músico (desear) _____ ver cosas para una iglesia en Guadalajara.
7. Yo (tener) _____ un tío muy rico.
8. Los músicos (estar) _____ en México.
9. Ellos no le (decir) _____ nada al músico.
10. Tú no (necesitar) _____ esta caja.

B. *Negative Sentences*

To make a sentence negative simply place the word **no** in front of the verb.

Ellos **no** van al teatro.

If an affirmative word is present in the sentence, it must be replaced with its negative counterpart.

(continued)

Affirmative words		Negative words	
algo	*something*	**nada**	*nothing*
alguien	*someone, anyone*	**nadie**	*no one, not anyone*
algún, alguno, (-a), (-os), (-as)	*any, some*	**ningún, ninguno, (-a)**	*none, not any, neither*
o... o	*either . . . or*	**ni... ni**	*neither . . . nor*
siempre	*always*	**jamás, nunca**	*never, not ever*
también	*also*	**tampoco**	*neither*

Alguien viene.
Algo pasa aquí.

Nadie viene.
Nada pasa aquí.

Notice in the previous examples that if the negative word precedes the verb, **no** is not used. However, **no** precedes the verb when other negative words follow the verb.

No viene nadie.

Rewrite each of the following sentences in the negative.

1. Alguien sabe la verdad.
2. Ellos compran algo.
3. El músico tiene dinero.
4. Los hijos siempre vienen a la tienda.
5. A la esposa también le gusta la música.
6. Todos van al concierto en el teatro.
7. ¿También desea ver otras cosas?
8. Tengo algo de lo que Ud. desea.
9. Voy a escribirle una carta a mi tío.
10. Ellos siempre van al teatro.
11. Como es músico es muy rico y tiene muchas cosas.

C. *The Contractions* al *and* del

The preposition **a** plus the definite article **el** contract to form **al.** The preposition **de** plus the definite article **el** contract to form **del.**

Ellos van **al** palacio.
Ésta es la caja **del** violín.

Other combinations of the prepositions **a** and **de** plus the definite article do not contract.

Las amigas **de la** señora van a la tienda.
Los amigos **de los** hijos son ricos.

Rewrite the following sentences, supplying the prepositions **a** or **de** plus the appropriate definite article. Use the contractions **al** or **del** where necessary.

1. Don Samuel piensa venderle muchas cosas _____ músico.
2. La tienda no está muy lejos _____ iglesia.
3. Algunas _____ amigas _____ señora van con ella _____ tienda.
4. A don Samuel no le gusta ir _____ teatro porque tiene que pagar.
5. El violín _____ músico es muy viejo.

D. *Direct and Indirect Object Pronouns*

A direct object receives the action of the verb. The direct object pronoun replaces a direct object noun and is usually placed before a conjugated verb.

El músico compra **un violín.**
El músico **lo** compra.

(continued)

The forms of the direct object pronouns are as follows:

Singular		Plural	
me	*me*	**nos**	*us*
te	*you* **(tú)**	**os**	*you* **(vosotros/as)**
lo	*him, you, it* (masc.)	**los**	*them* (masc.), *you*
la	*her, you, it* (fem.)	**las**	*them* (fem.), *you*

An indirect object usually answers the questions *to whom?* or *for whom?* The indirect object pronoun replaces an indirect object noun and is usually placed before a conjugated verb.

El músico compra unas cosas **para su tío.**
El músico **le** compra unas cosas.

The forms of the indirect object pronouns are as follows:

Singular		Plural	
me	*(to) me*	**nos**	*(to) us*
te	*(to) you* **(tú)**	**os**	*(to) you* **(vosotros/as)**
le	*(to) him, (to) her, (to) you, (to) it*	**les**	*(to) them* (masc., fem.), *(to) you*

Rewrite the following sentences, replacing the words in italics with a direct object pronoun in the proper position.

1. Don Samuel tiene *muchas cosas.*
2. Nadie sabe *la verdad.*
3. El músico vende *unos instrumentos.*
4. Yo tengo *muchas cajas* aquí.
5. El señor inspecciona *el violín* con cuidado.

Rewrite the following sentences, replacing the words in italics with an indirect object pronoun in the proper position.

1. El músico escribe una nota *a su tío.*
2. Los hijos piden dinero *al padre.*
3. Don Samuel vende muchas cosas *a sus amigos ricos.*
4. Ese señor compra muchas cosas en la tienda *para mí.*
5. Un tío muy rico manda mucho dinero *para nosotros.*

E. *Special Construction with the Verb* gustar

The verb **gustar** literally means *to be pleasing to, to be agreeable, to give pleasure to,* but it is usually translated in English as *to like.* This verb is used with an indirect object pronoun. It is conjugated in the third person singular or plural, depending on whether the subject is singular or plural. **Gustar** is always conjugated in the singular when used with one or more infinitives.

(*subject*)
Me gusta **la tienda.**

(*subject*)
Me gustan **las tiendas.**

(*subject*)
Me gusta **comer, bailar** e **ir de compras.**

(a mí) me gusta(n)	**(a nosotros/as) nos gusta(n)**
(a ti) te gusta(n)	**(a vosotros/as) os gusta(n)**
(a Ud.) le gusta(n)	**(a Uds.) les gusta(n)**
(a él, a ella) le gusta(n)	**(a ellos, a ellas) les gusta(n)**

The prepositional phrase (**a** + *noun or pronoun*) is used for clarity or emphasis. It normally precedes the indirect object pronoun in the **gustar** construction.

Write complete sentences, using the cues provided. Add any other necessary words.

EXAMPLE: (la esposa) gustar / teatro
A la esposa le gusta el teatro.

1. (don Samuel) gustar / mucho / música
2. (su esposa) gustar / ir a / Chapultepec
3. (ella) también / gustar / cosas / tienda
4. (los hijos) gustar / artes
5. (Ud.) ¿ / no / gustar / cosas / que / yo / tener / aquí / ?
6. (yo) no / gustar / ese / vestido / viejo / músico
7. (yo) gustar / mucho / música
8. (músico) gustar / muchas / cosas
9. (tú) ¿ / gustar / violines / ?
10. (nosotros) gustar / profesores / inteligentes

Reading Comprehension

IV–V

Answer the following questions in Spanish based on the reading.

1. ¿Cómo es el segundo señor que llega a la tienda?
2. ¿Por qué motivo viene a la tienda?
3. ¿Por qué cree el señor que don Samuel vende violines?
4. ¿Por qué quiere comprarle el violín a don Samuel?
5. ¿Por qué no se lo puede vender don Samuel?
6. ¿Hasta cuánto puede pagarle don Samuel al músico por su violín?
7. ¿Por qué no se puede quedar el hombre en México por mucho tiempo?
8. ¿Cuánto piensa ganar don Samuel con la venta del violín?
9. ¿Por qué no quiere el músico vender su violín?
10. ¿Cuánto paga finalmente don Samuel por el violín?
11. ¿Por qué cree Ud. que el músico no paga por los objetos que había ordenado para su tío en Guadalajara?
12. ¿Qué piensa el amigo de don Samuel del violín?
13. ¿Por qué tiene todavía don Samuel el violín en su tienda?
14. ¿Le parece a Ud. apropiado el título de este cuento? ¿Por qué? Con un/una compañero/a de clase trate de crear otro título.

Structures

A. *Interrogatives*

Supply the questions that elicit the following answers, using these interrogative words: **cuánto, qué, dónde, quién, cómo.**

EXAMPLE: El músico vende el violín
¿Quién vende el violín?

1. Puede poner su violín aquí.
2. Este reloj vale cincuenta pesos.
3. El violín es de un músico pobre.
4. El dueño de la tienda se llama Samuel.
5. Pienso que este violín es muy malo.

Now form five questions based on the content of the story and call on other students to answer them.

B. Possessive Adjectives

Possessive adjectives agree in gender and number with the nouns they modify. They are placed before the noun modified.

mi, mis	**nuestro, nuestra, nuestros, nuestras**
tu, tus	**vuestro, vuestra, vuestros, vuestras**
su, sus	**su, sus**

El músico compra una caja para **su** violín.
Nuestros amigos van a **su** tienda.

Rewrite the following sentences, using the possessive adjective.

1. (*His*) _____ tienda está en México.
2. Creo que algunos de (*his*) _____ amigos no son buenos.
3. La esposa no desea (*our*) _____ dinero.
4. Dice don Samuel que (*your,* fam.) _____ hijos no te quieren.
5. (*Our*) _____ caja es muy antigua.

C. Direct and Indirect Object Pronouns

Direct and indirect object pronouns are usually placed directly before a conjugated verb. However, when used with an infinitive, the direct or indirect object pronouns may be placed either in front of the conjugated verb or attached to the infinitive.

El señor quiere comprar **un reloj.**
El señor **lo** quiere comprar. *or* El señor quiere comprar**lo.**

Rewrite the following sentences, replacing the words in italics with a direct or an indirect object pronoun in the proper position.

1. Si Ud. desea vender *el violín,* le pago mil pesos por él.
2. El músico quiere comprar *muchas cosas* para la iglesia.
3. ¿Hasta cuánto puedo pagar *al músico* por su violín?
4. Quiero preguntar *a ellos* la verdad.
5. El cuento puede enseñar (*a nosotros*) una lección.

When the direct and the indirect object pronouns are used in the same sentence, the indirect object pronoun *always precedes* the direct object pronoun. When both the indirect (**le, les**) and the direct object pronouns (**lo, los, la, las**) begin with **l,** the indirect object pronoun changes to **se.**

Don Samuel **le** da **dinero** al músico.
Don Samuel **se lo** da.

Rewrite the following sentences, replacing the words in italics with a direct and/or indirect object pronoun.

1. Yo les vendo *muchas cosas* a las iglesias de México.
2. Él le enseña *un violín a su amigo.*
3. Don Samuel nos vende *una caja antigua.*
4. Él le da *ochocientos pesos al músico.*
5. Nosotras les vamos a comprar *muchos regalos a los niños.*
6. Ellos te van a comprar *un instrumento musical para ti.*
7. María le va a decir *la verdad a su esposo.*
8. Ellas nos invitan a hacer *compras* en su tienda.
9. Tú les das *dinero a tus parientes pobres.*
10. Quiero pedirte *un favor.*

Developing Your Writing Skills

A. Write complete sentences, using the following expressions.

1. tener mucho dinero
2. no comprar nada
3. lo que desea
4. estar contento(-a)
5. tener que + *infinitive*
6. tener cuidado
7. parece ser bueno(-a)
8. inspeccionar con cuidado
9. unos días después
10. sacar de
11. no ser nada malo
12. ir a ganar

B. Write a composition of at least 60 words in Spanish, summarizing the main points of *Un Stradivarius.* Use the following suggestions and as many of the words and expressions in the vocabulary list as possible.

• *Writing Strategy*

1. Choose a title.
2. Select a topic sentence for each paragraph and jot down a list of related ideas you want to discuss in each paragraph.
3. List a few key phrases to use in the conclusion.

• *Vocabulary*

tienda	ir	desear
tener	nadie	violín
rico	verdad	poner
dinero	esposo	caja
haber	hijo	antiguo
cosa	contento	esperar
vender	música	ochocientos pesos
amigo	gustar	

Expressing Your Ideas

Choose one of the following topics and prepare to discuss it in class.

1. las relaciones de don Samuel con su esposa e hijos
2. don Samuel como hombre de negocios
3. la actitud de don Samuel hacia el dinero y sus repercusiones
4. el engaño del músico y su amigo

Poesía

Prereading Activities

Basic Vocabulary

Nouns

la **avellana** hazelnut
el **canario** canary
el **capricho** whim
el **desdén** contempt, disdain
el **envoltorio** package
la **jaula** bird cage
el **fantasma** ghost
el **mar** sea
el/la **moro/a** Moor
la **ternura** tenderness
la **vejiga** bladder, a package made from a bladder or from animal skin

Verbs

acabar to finish, to end
acomodarse to settle down, to make oneself comfortable
echar to throw
llorar to cry
ocultar to hide
perder (ie) to lose
piropear to make passes, to compliment
saltar to jump
soltar (ue) to release, to let go of
soportar to put up with
volar (ue) to fly

Adjectives

duro(-a) hard, tough; **lo duro** the hard thing
halagador(-a) flattering, pleasing
hambriento(-a) hungry
infeliz unfortunate, unhappy
loco(-a) crazy
pequeñito(-a) small, little
hombre pequeñito selfish man
perdido(-a) lost
rosado(-a) pink, rosy

(continued)

Other Useful Words

mas but

ni neither, nor

Useful Expressions

a pesar de in spite of

al (+ *infinitivo*) **upon** (+ *verb form*)

arreglar la casa to fix up the house

dejar (+ *infinitivo*) to allow, let (*someone do something*)

déjame saltar let go of me

devolver (ue) to give back, to return

devuélveme give me back

en vano in vain, vainly

estar medio muerto(-a) to be very tired, to be half dead

juego pasajero a passing notion

junto a next to

piropos de mal gusto tasteless flirting

proponer una cita to ask for a date

sin querer without meaning to

Vocabulary Usage

A. Match the words in *Column A* with the definitions in *Column B*.

A

____ 1. rosado
____ 2. perla
____ 3. desierto
____ 4. muerto
____ 5. canario
____ 6. jaula
____ 7. piropear
____ 8. acomodarse

B

a. ponerse cómodo
b. decir cosas halagadoras
c. adorno brillante que se forma en las ostras
d. un cadáver
e. sirve para encerrar aves
f. pájaro amarillo que canta harmoniosamente
g. lugar muy árido
h. color rosa

B. Which of the following words best refers to each of the definitions?

halago	ternura	hambriento(-a)
capricho	desdén	

1. la afección que siente una persona hacia otra ____
2. una persona o animal que tiene muchas ganas de comer ____
3. comentario que causa satisfacción ____
4. deseo vehemente por algo ____
5. indiferencia despreciativa hacia otra persona u objeto ____

Using Vocabulary in Context

Complete the following paragraphs, filling in the blanks with the appropriate form of the words and expressions from the vocabulary lists.

1. The first paragraph describes attitudes between wives and husbands as depicted in the poem *Mientras tú.*

juego pasajero	arreglar la casa	proponer citas
acomodarse	piropear	

Muchas esposas piensan que cuando sus maridos están fuera de la casa, ____ a otras mujeres y les ____, mientras que ellas tienen que cuidar a los niños, cocinar y ____. Por lo general, las esposas piensan que cuando los maridos llegan a casa por la noche sólo les interesa ____ en su sillón, mirar televisión y tomar cerveza. Según muchas mujeres, para el hombre la vida parece ser solamente ____.

2. This paragraph relates the feelings of the woman depicted in *Hombre pequeñito.*

cantar	hombre	tristeza
desdén	canario	volar
jaula		

La mujer pensó con ____ que el ____ pequeñito la trataba con ____, que la tenía en una ____ dorada, como a un ____ infeliz que no podía ni ____ ni ____.

3. The last paragraph refers to the experiences of the man in *El árabe hambriento.*

perdido	desierto	hambriento
encontrar	avellana	perla

Un hombre que se había _____ desde hacía muchos días en el _____ de pronto se _____ un envoltorio con algo que parecía comida. Como estaba muy _____ se puso muy alegre pensando que eran _____, pero se sintió muy infeliz cuando abrió el envoltorio y encontró _____.

Cognates and Word Formation

Approximate cognates do not follow specific rules. They can, however, be recognized because they usually have some linguistic element in common.

humillante *humiliating*
aeropuerto *airport*

Some Spanish verbs ending in **-ar** have an English cognate ending in **-ate.**

estimular *stimulate*

Guess the English cognates of the words in italics.

1. El *árabe* hambriento no tenía *millones*.
2. La mujer quería *escapar*.
3. El hombre caminaba por el *desierto*.
4. El árabe estaba medio muerto de cansancio y de *fatiga*.
5. Ella *resiente* las *escapadas* de su marido.
6. El esposo se sumerge en los *comerciales* mientras espera la cena.

Anticipating the Poems

A. Answer these questions about the four poems that follow. The questions are designed to get you thinking about the content of the poems before you start reading.

1. ¿Qué significado puede tener el título *Mientras tú?*
2. ¿Qué le sugiere el adjetivo del título *Hombre pequeñito?* Haga una lista de posibilidades.
3. Mire el dibujo al principio de esta sección y descríbalo con cuidado usando el vocabulario estudiado.
4. ¿Qué asocia Ud. con un desierto?

B. Besides their dictionary meaning, many words have associative or symbolic meaning. The word *dawn,* for example, may suggest the *beginning* of a new era, while *night* may suggest *death*. What images do the following words evoke for you?

1. canario	4. perla	7. casa
2. eternidad	5. escapadas	8. oficina
3. jaula	6. juego	9. jefe

Mientras tú

BESSY REYNA

La poeta panameña Bessy Reyna (1942–   ) es una de las escritoras feministas más conocidas de su país. Su libro *Terrarium* (1975) es una colección de varios poemas satíricos anteriormente publicados en revistas de vanguardia y en suplementos literarios de periódicos de Panamá.

Mientras tú
llegas a casa,
abres una cerveza
observas la televisión
mientras tú
te acomodas en tu sillón de siempre
comentas lo duro que se pasa en la oficina
ocultas las veces que le propusiste a la
    secretaria una cita
las veces que con tus compañeros en el café
    piropeaste a las mujeres
mientras tú
decides a cuál bar irás hoy
o te sumerges en el comercial y esperas la cena
ella
trata de olvidarse de los piropos de mal gusto
que soportó camino al trabajo
de las proposiciones del jefe y los clientes
ella
trata de preparar la cena
arreglar la casa
sonreír a los niños
y pretender que tus escapadas
son un juego pasajero
que tus caprichos son un juego pasajero
y que a pesar de todo ella es una
    señora feliz.

Hombre pequeñito

ALFONSINA STORNI

Alfonsina Storni (1892–1983) es una conocida poeta argentina que desde muy temprano cuestionó el rol asignado a la mujer en la sociedad hispanoamericana. Su rebelión causó muchos escándalos al tomar una postura agresiva en defensa de los derechos (*rights*) de la mujer. *Hombre pequeñito,* que pertenece a su etapa de denuncia contra el dominio masculino, nos ofrece una visión crítica de las relaciones entre los sexos.

Hombre pequeñito, hombre pequeñito,
suelta a tu canario, que quiere volar...

Yo soy el canario, hombre pequeñito,
déjame saltar.

Estuve en tu jaula, hombre pequeñito,
hombre pequeñito que jaula me das.
Digo pequeñito porque no me entiendes,
ni me entenderás.

Tampoco te entiendo, pero mientras tanto[1]
ábreme la jaula que quiero escapar;
hombre pequeñito, te amé un cuarto de hora;
no me pidas más.[2]

La perla de la mora

JOSÉ MARTÍ

La obra del escritor cubano José Martí (1853–1895) juega un papel importante en la iniciación del modernismo en la literatura hispanoamericana. Se caracteriza por la precisión de su estilo, la sencillez (*simplicity*), la musicalidad de sus versos y la riqueza de sus imágenes. En *La perla de la mora,* Martí nos hace pensar en la complejidad de la naturaleza humana.

---

[1]**mientras tanto** meanwhile [2]**no me pidas más** do not ask me for more

Una mora de Trípoli[3] tenía
Una perla rosada, una gran perla,
Y la echó con desdén al mar un día:
—¡Siempre la misma! ¡ya me cansa verla![4]
Pocos años después, junto a la roca
De Trípoli... ¡la gente llora al verla!
Así le dice al mar la mora loca:
—¡Oh mar! ¡oh mar! ¡devuélveme mi perla!

El árabe hambriento

JUAN EUGENIO HARTZENBUSCH

El escritor español Juan Eugenio Hartzenbusch (1806–1880) se conoce principalmente por sus dramas románticos de temas históricos. En el pequeño poema que sigue, Hartzenbusch ingeniosamente cuestiona el valor relativo de las cosas.

Perdido en un desierto,
Un árabe infeliz, ya medio muerto
Del hambre y la fatiga;
Se encontró un envoltorio de vejiga.
Lo levantó, le sorprendió el sonido[5]
Y dijo, de placer estremecido;[6]
—¡Avellanas parecen!— Mas al verlas,
con tristeza exclamó: ¡Sólo son perlas!
En ciertas ocasiones
No le valen al rico sus millones.

---

[3]**Una... Trípoli** A Moor from a seaport on the NW coast of Libya [4]**¡ya... verla!** I am already tired of seeing it! [5]**le... sonido** its sound surprised him [6]**de placer estremecido** quivering with delight

POSTREADING ACTIVITIES

READING COMPREHENSION

Answer the following questions in Spanish based on the readings.

Mientras tú

1. ¿Qué actividades del marido parecen disgustarle a la esposa?
2. ¿Está Ud. de acuerdo con lo que dice la poeta del hombre?
3. Compare la vida profesional de la mujer con la del marido. ¿Cuál cree Ud. que es más fácil, la vida del hombre o la de la mujer?
4. ¿Por qué cree Ud. que la poeta dice que a pesar de todo lo mencionado la esposa va a pretender que «es una señora feliz»?

Hombre pequeñito

1. ¿Qué quiere la mujer del poema? ¿Por qué?
2. ¿Por qué se compara con un canario? ¿Qué representa la jaula?
3. ¿Por qué dice que el hombre es «pequeñito»?
4. ¿Qué quiere decir la expresión «te amé un cuarto de hora; no me pidas más»?

La perla de la mora

1. ¿Cómo era la perla de la mora?
2. ¿Qué hizo la mora con la perla?
3. ¿Por qué llora la gente al verla?
4. ¿Qué le dice la mora al mar?
5. ¿Le ha pasado a Ud. algo parecido?

El árabe hambriento

1. ¿Qué se encontró el árabe en el desierto?
2. ¿Qué pensó que había dentro del envoltorio? ¿Por qué?
3. ¿Qué piensa Ud. de la reacción del árabe al encontrar las perlas?

STRUCTURES

A. Ser *and* estar

Rewrite the following sentences, using the present tense of **ser** and **estar.** Justify your choice.

1. La perla rosada _____ de la mora loca.
2. El árabe hambriento _____ medio muerto.
3. El esposo _____ acomodado en su sillón.
4. El hombre y la mujer _____ casados.
5. Ella _____ una señora feliz.
6. No _____ avellanas, solamente _____ perlas.
7. La mujer _____ encerrada en una jaula.
8. El hombre _____ pequeñito porque _____ muy egoísta.
9. El árabe y la mora _____ tristes.
10. Sus caprichos _____ pasajeros.

B. Use of the Preterit Tense

The preterit tense is used to indicate (1) completed events or actions at a definite moment in the past; (2) the beginning of an action; (3) the end of an action; and (4) an interruption or sudden change in the past.

1. El marido **llegó** a la medianoche.
2. La estudiante **comenzó** a pintar un cuadro.
3. Cuando **terminó** de pintar, se **retiró** a su habitación.
4. La tormenta **interrumpió** la fiesta.

Rewrite the following sentences, using the preterit tense of the verbs in parentheses.

1. Ella (echar) _____ con desdén una gran perla al mar.
2. El árabe se (encontrar) _____ un envoltorio de vejiga.
3. A él le (sorprender) _____ el sonido.
4. La mujer (estar) _____ varios meses en la jaula del hombre pequeñito.
5. La gente (ver) _____ a la mora de Trípoli llorando junto a la roca.

6. El árabe (levantar) _____ estremecido el envoltorio de vejiga.
7. El canario (salir) _____ un día de su jaula.
8. La esposa (soportar) _____ piropos de mal gusto en el trabajo.

C. *Use of the Imperfect Tense*

The imperfect tense is used to indicate (1) continuing actions or states of being in the past; (2) repeated, habitual actions in the past; (3) past actions whose beginnings or endings are unimportant or unknown; (4) time of day in the past; (5) description in the past.

1. La mora **lloraba** cuando tiró la perla al mar.
2. Ella **iba** todos los días a la oficina.
3. La mora **tenía** una gran perla.
4. ¿Qué hora **era?**
5. La perla que tenía **era** rosada.

Rewrite the following sentences, using the imperfect tense of the verbs in parentheses.

1. Al rico no le (valer) _____ de nada sus millones.
2. Ellos (ser) _____ muy felices al lado del mar.
3. El hombre no (entender) _____ a su mujer.
4. La mujer (querer) _____ su independencia.
5. La mora loca (llorar) _____ todos los días junto al mar.

D. *Preterit versus Imperfect*

Complete the following paragraph using the correct form of the preterit or imperfect tense of the verbs in parentheses. Justify your choice.

Mientras ella (trabajar) _____ en casa cuidando a los niños, el esposo (ir) _____ a los bares con los amigos y (piropear) _____ constantemente a todas las mujeres bonitas. La esposa (pensar) _____ con tristeza que para los hombres la vida (ser) _____ mucho más fácil. Un día ella (decidir) _____ salir a traba-

jar también y pronto (encontrar) _____ que la vida fuera de su casa (ser) _____ aún más difícil de lo que (pensar) _____.
En la oficina (tener) _____ que soportar a otros hombres que (actuar) _____ igual que su marido.

E. Present Participles

To form the present participle of most Spanish verbs, the endings **-ando** (**-ar** verbs) or **-iendo** (**-er, -ir** verbs) are added to the stem of the infinitive.

piropear → **piropeando**
comer → **comiendo**
salir → **saliendo**

Some verbs have irregular present participles:

decir →	**diciendo**	**morir** →	**muriendo**
dormir →	**durmiendo**	**pedir** →	**pidiendo**
ir →	**yendo**	**servir** →	**sirviendo**
leer →	**leyendo**	**venir** →	**viniendo**

Write original sentences using the present participles of the following verbs.

1. tratar
2. trabajar
3. saber
4. vivir
5. leer
6. hacer
7. ir
8. esperar
9. correr

F. The Present Progressive Tense

The present progressive tense is used to describe an action in progress at a specific moment in time. It is formed with the present tense of the verb **estar** plus the present participle of the verb to be conjugated.

El músico **está hablando** con don Samuel en la tienda.

Rewrite the following sentences, changing the verbs to the present progressive form.

EXAMPLE: Él **habla** mucho
*Él **está hablando** mucho.*

1. El músico toca en el parque.
2. El señor rico mira los relojes que vende don Samuel.
3. El árabe se muere del hambre y la fatiga.
4. La mora loca corre frente al mar.
5. El marido toma cerveza con los amigos.

G. *Past Participles*

Regular past participles are formed by adding **-ado** to the stem of **-ar** verbs and **-ido** to the stem of **-er** and **-ir** verbs.

hablar → **hablado**
comer → **comido**
vivir → **vivido**

The following verbs have irregular past participles.

abrir	→	**abierto**	**morir**	→	**muerto**
cubrir	→	**cubierto**	**poner**	→	**puesto**
decir	→	**dicho**	**resolver**	→	**resuelto**
describir	→	**descrito**	**romper**	→	**roto**
escribir	→	**escrito**	**ver**	→	**visto**
hacer	→	**hecho**	**volver**	→	**vuelto**

Write the past participles of the following verbs.

1. morir
2. incomunicar
3. cuidar
4. encontrar
5. resolver
6. seguir
7. soportar
8. poner
9. envolver
10. jugar
11. acabar
12. acomodarse
13. llorar
14. volar
15. perder

H. The Present Perfect Tense

The present perfect tense is formed with the present indicative of the auxiliary verb **haber** plus the past participle of the verb to be conjugated. Note that when the past participle is an integral part of a perfect tense, it always ends in **-o.** The present perfect is used to describe an action that has recently taken place.

Yo **he hablado** mucho. *I **have talked** a lot.*

Rewrite the following sentences, using the present perfect tense of the verbs in parentheses.

1. El violinista está muy contento porque (vender) ____ su violín.
2. Don Samuel (sacar) ____ de su caja ochocientos pesos.
3. El árabe no (morir) ____ en el desierto.
4. Los canarios (ser) ____ encerrados en una jaula.
5. El sonido de las avellanas (estremecer) ____ al hombre.

Developing Your Writing Skills

Write a composition of at least 65 words, summarizing the main points of the poems you have read in this section. Use the following suggestions and as many of the words and expressions in the vocabulary list as possible.

- ***Writing Strategy***

1. Choose a title.
2. Select a topic sentence for each paragraph and jot down a list of related ideas you want to discuss in each paragraph.
3. List a few key phrases to use in the conclusion.

• *Vocabulary*

moro	fatiga	avellana
árabe	envoltorio	pero
loco	levantar	perla
sorprender	rosado	hambriento
muerto	sonido	tirar
hambre	decir	mar
frío	placer	jaula
acomodarse	escapada	soltar
halagador	soportar	televisión
piropear	cerveza	esposo

EXPRESSING YOUR IDEAS

In preparation for class discussion of the following questions, jot down your answers to the questions in outline form. Then practice stating your thoughts aloud to improve your oral skills.

1. En el poema *Mientras tú* hay un conflicto entre los esposos descrito desde el punto de vista de la mujer. Si Ud. tuviera que crear un poema desde el punto de vista del hombre, ¿qué comentarios haría? ¿Qué ideas incluiría?
2. Después de leer el poema *Hombre pequeñito,* ¿qué piensa Ud. del problema de la mujer?
3. En *El árabe hambriento,* el hombre se pone triste cuando se encuentra un envoltorio lleno de perlas. En una situación similar, ¿cómo habría reaccionado Ud.? ¿Por qué?
4. ¿Qué quiere decir la expresión «En ciertas ocasiones no le valen al rico sus millones»? ¿Está Ud. de acuerdo? ¿Por qué?

Los ticunas pueblan la tierra

HUGO NIÑO

Prereading Activities

Basic Vocabulary

Nouns

la **aldea** village
el **arroyo** stream
el **ave** (*f.*) bird
la **avispa** wasp
la **choza** hut
el **dolor** pain
la **enseñanza** teaching
la **figurilla** small figure
el **fondo** bottom
la **luna** moon
el **mito** myth
la **piel** skin
el **pueblo** people
la **rodilla** knee
el/la **sabio/a** wise person
la **selva** jungle
el **ser** being
  el **ser humano** human being
el **sitio** place
el **sueño** dream
la **tierra** Earth

Verbs

adornar to decorate
caer to fall
crecer (zc) to grow
dudar to doubt
entristecer (zc) to sadden
envejecer (zc) to age
golpearse to hit oneself
impedir (i) to prevent
marcharse to go away
perderse (ie) to lose one's way
picar to sting
poblar (ue) to populate
proyectar to project
relatar to tell, to recount
reventar (ie) to burst
tejer to weave

Adjectives

agónico(-a) moribund, dying
débil weak
inflamado(-a) inflamed, swollen
pesado(-a) heavy
raro(-a) strange
sumergido(-a) submerged
tibio(-a) mild, tepid, lukewarm

(continued)

Other Useful Words

así thus, in this way
según according to, as
yendo *pres. part. of* **ir;** going

Useful Expressions

a través de by means of
como de costumbre as usual
darse cuenta de to realize, to come to the realization of
desde el principio from the beginning, all along
ponerse en pie to stand up
quedarse dormido(-a) to fall asleep

VOCABULARY USAGE

Match the words in *Column A* with the definitions in *Column B.*

A

____ 1. sabio
____ 2. luna
____ 3. avispa
____ 4. ave
____ 5. sitio
____ 6. arroyo
____ 7. rodilla
____ 8. aldea
____ 9. mito

B

a. insecto que pica
b. persona muy inteligente que sabe mucho
c. tradición alegórica y fantástica de un pueblo
d. satélite de la tierra
e. parte de la pierna
f. lugar donde está algo
g. población pequeña
h. corriente pequeña de agua
i. animal vertebrado cubierto de plumas, con pico, dos pies y dos alas

USING VOCABULARY IN CONTEXT

A. Which words or phrases do you associate with the following passages from *Los ticunas pueblan la tierra,* the mythological tale of the creation of **los ticunas,** a South American tribe?

____ 1. La explicación alegórica del origen de un pueblo.

____ 2. La historia principal es contada por los viejos. Ellos se la enseñan a los jóvenes, y más tarde éstos se la transmiten a sus descendientes.

____ 3. Al golpearse, la rodilla se reventó y de ella salieron los pequeños seres que empezaron a crecer rápidamente.

____ 4. No existía en la tierra sitio más bello. Todo era tibio allí; ni el calor ni la lluvia entorpecían la harmonía del lugar.

____ 5. Se metió ceremoniosamente en el agua del arroyo hasta que estuvo casi enteramente sumergido. Se lavó la cara, se inclinó hacia adelante y se miró entristecido en el espejo del agua.

a. paraíso terrenal
b. nacimiento mítico
c. tradición oral
d. baño ritual
e. mito

B. Complete the following passage about the mythological figure Yuche. Fill in the blanks with the appropriate form of the words from the vocabulary list. Make sure the paragraph makes sense.

selva	rodilla	tierra
dolor	crecer	arroyo
bañarse	poblar	tener
figurilla	ser	envejecer
solo	choza	

Yuche vivía en una _____ pequeña cerca de un _____ cristalino en la _____ del Amazonas. Cierta vez fue a _____ al arroyo y notó al mirarse en el espejo del agua que se estaba _____. Estaba preocupado porque la _____ iba a quedarse sin nadie, completamente _____. Cuando regresaba a su pequeña choza sintió un _____ en medio de la pierna. Al día siguiente notó que en su _____ había dos _____ humanas: un hombre y una mujer. Los dos pequeños _____ salieron de su rodilla y empezaron a _____ mientras Yuche moría. Los primeros ticunas _____ muchos hijos y _____ la tierra.

Cognates and Word Formation

Some Spanish verbs ending in **-ficar** have an English cognate ending in *-fy*.

notificar *notify*
simplificar *simplify*

Guess the English cognates of the words in italics.

1. Sólo los sabios pueden *modificar* el mito.
2. La historia de la *creación* de los ticunas es muy simple.
3. ¿Cuál es el *origen* de tu *clan?*
4. La avispa en un *insecto.*
5. Los viejos enseñan el mito *principal.*
6. La arena era *fina* y blanca.
7. ¿Quién es el *protector* de los pieles-negras?
8. Esta costumbre no puede *existir* aquí.
9. La figurilla era una ser *minúsculo.*

10. En el *interior* de la rodilla había vida.
11. Los jóvenes no sabían *narrar* bien.
12. ¿Me puedes *relatar* el mito?
13. Yuche tenía la rodilla muy *inflamada*.
14. De su cuerpo agónico se *proyectaban* otros seres.
15. Yuche se sintió invadido por una gran *melancolía*.

Anticipating the Story

Answer the following questions about *Los ticunas pueblan la tierra*. The questions are designed to get you thinking about the content of the story before you start reading.

1. ¿Qué le sugiere el título *Los ticunas pueblan la tierra?* Mencione varias posibilidades.
2. ¿Dónde cree Ud. que tiene lugar la acción del cuento? Use el dibujo que acompaña a este cuento como guía para su respuesta.
3. Mire el dibujo otra vez y formule varias preguntas sobre su contenido.
4. ¿Qué es un mito? ¿Qué mitos conoce?
5. En general, ¿cuáles son los temas más comunes en los mitos? Haga una lista de algunos de los mitos importantes de su cultura.

Los ticunas pueblan la tierra

Hugo Niño

Los ticunas pueblan la tierra, del antropólogo colombiano Hugo Niño (1947–), es un mito sobre el origen de una tribu suramericana de la región del Amazonas. Los textos de Hugo Niño tratan de recuperar leyendas relacionadas con el folklore de las culturas indígenas de Latinoamérica. En 1976, Niño se ganó el premio Casa de las Américas por su libro *Primitivos relatos contados otra vez,* en el cual aparece el cuento que a continuación leeremos.

Éste es el mito, la historia de la creación, la explicación del origen del pueblo de los ticunas, llamados pieles-negras[1] por sus vecinos, porque así es como adornan su cuerpo en las ceremonias a los dioses, a los protectores del clan. Ésta es la historia principal según es narrada por los viejos. Ellos se la enseñan a los más jóvenes, y más tarde éstos se la enseñan a sus descendientes; así ha sido desde el principio; que no se duda de la enseñanza del mito y nadie puede modificarlo por su deseo. Sólo los sabios lo cambian y lo transforman.

Éste es, pues, el mito, como se relata en la aldea de Puerto Nariño, a la orilla izquierda del Amazonas,[2] territorio de Colombia, donde ahora viven ticunas de muchas partes.

Yuche vivía desde el principio solo en el mundo. En compañía de las perdices, los monos y los grillos[3] había visto envejecer la tierra. A través de los monos, las perdices y los grillos se daba cuenta de que el mundo vivía y de que la vida era tiempo y el tiempo... muerte.

No existía en la tierra sitio más bello que aquél donde Yuche vivía; era una pequeña choza en un claro[4] de la selva y muy cerca de un arroyo enmarcado en playas de arena fina.[5] Todo era tibio allí; ni el calor ni la lluvia entorpecían la placidez[6] de aquel lugar.

Dicen que nadie ha visto el sitio, pero todos los ticunas esperan ir allí algún día.

---

[1]**pieles-negras** blackskins [2]**orilla... Amazonas** left bank of the Amazon (a river in South America) [3]**las perdices... grillos** partridges, monkeys, and crickets [4]**claro** clearing [5]**playas... fina** beaches with fine sand [6]**entorpecer la placidez** to disturb the peacefulness

Una vez Yuche fue a bañarse al arroyo, como de costumbre. Llegó a la orilla y se metió en el agua[7] hasta que se estuvo casi enteramente sumergido. Al lavarse la cara se inclinó hacia adelante[8] mirándose en el espejo del agua; por primera vez notó que había envejecido.

El verse viejo le entristeció profundamente:

—Estoy ya viejo... y solo. ¡Oh!, si muero, la tierra va a quedar más sola todavía.

Triste y despaciosamente regresó a su choza.

El susurro[9] de la selva y el canto de las aves lo llenaban ahora de infinita melancolía.

Yendo en camino sintió un dolor en la rodilla. ¿Lo había picado algún insecto? No pudo darse cuenta, pero pensó que había podido ser una avispa. Comenzó a sentir que un pesado sopor lo invadía.

—Es raro como me siento. Me voy a acostar en mi choza.

Siguió caminando con dificultad y al llegar a su choza se acostó y se quedó dormido.

Tuvo un largo sueño. Soñó que mientras más soñaba, más se envejecía y más débil se ponía[10] y que de su cuerpo agónico se proyectaban otros seres.[11]

Despertó muy tarde, al otro día. Quiso levantarse, pero el dolor se lo impidió. Entonces se miró la inflamada rodilla y notó que la piel se había vuelto transparente. Le pareció que algo en su interior se movía. Al acercar más los ojos vio con sorpresa que, allá en el fondo, dos minúsculos seres trabajaban; se puso a observarlos.

Las figurillas eran un hombre y una mujer: el hombre templaba un arco[12] y la mujer tejía un chinchorro.[13]

Intrigado, Yuche les preguntó:

—¿Quiénes son ustedes? ¿Cómo llegaron ahí?

Los seres levantaron la cabeza, lo miraron, pero no respondieron y siguieron trabajando.

Al no obtener respuesta, hizo un máximo esfuerzo para ponerse en pie, pero cayó sobre la tierra. Al golpearse,[14] la rodilla

---

[7]**meterse en el agua** to get into the water [8]**inclinarse... adelante** to lean forward [9]**susurro** murmuring [10]**ponerse** to become [11]**se... seres** other beings were being created [12]**templar un arco** to temper *or* prepare a bow [13]**chinchorro** Indian hammock [14]**Al golpearse** When he hit himself

se reventó y de ella salieron los pequeños seres que empezaron a crecer rápidamente, mientras él moría.

Cuando terminaron de crecer, Yuche murió.

Los primeros ticunas se quedaron por algún tiempo allí, donde tuvieron varios hijos; pero más tarde se marcharon porque querían conocer más tierras y se perdieron.

Muchos ticunas han buscado aquel lugar, pero ninguno lo ha encontrado.

POSTREADING ACTIVITIES

READING COMPREHENSION

First indicate whether the following statements are *True* (T) or *False* (F). Then change the false statements to make them agree with what is described in *Los ticunas pueblan la tierra.*

____ 1. Este mito es sobre el origen de los vecinos de los ticunas.
____ 2. Los jóvenes aprenden la historia de los viejos.
____ 3. Sólo los sabios pueden cambiar o transformar el mito.
____ 4. Los ticunas viven a la orilla izquierda del Amazonas.
____ 5. Yuche vivía en compañía de los descendientes de los ticunas.
____ 6. Los monos, las perdices y los grillos se daban cuenta de que el mundo vivía.
____ 7. Yuche vivía en una casa elegante junto a una roca.
____ 8. El calor y la lluvia eran comunes en el lugar donde vivía Yuche.
____ 9. Cuando Yuche se miró en el espejo del mar, notó que había envejecido.
____ 10. Yuche estaba triste porque tenía hambre y fatiga.
____ 11. De la rodilla de Yuche salieron unos pequeños seres que empezaron a crecer poco a poco.

STRUCTURES

A. *Preterit versus Imperfect*

Complete the following paragraph with the correct form of the preterit or imperfect tense of the verbs in parentheses. Justify your choice.

Yuche (vivir) _____ desde el principio solo en el mundo en un lugar paradisíaco. No (existir) _____ en la tierra sitio más bello que aquél. La naturaleza (ser) _____ exuberante y los animales (vivir) _____ en harmonía.

Un día, Yuche (llegar) _____ a la orilla del arroyo y (entrar) _____ en el agua. Allí (ver) _____ su cara reflejada en el agua y (pensar) _____ que ya se (estar) _____ poniendo viejo.

Después del baño, Yuche (comenzar) _____ a sentir que un pesado sopor lo (invadir) _____. Triste y despaciosamente (regresar) _____ a su choza y (acostarse) _____ a dormir la siesta. Al despertar, Yuche (observar) _____ que de su rodilla hinchada (salir) _____ dos seres pequeños. (Ser) _____ un hombre y una mujer. Pronto las dos figuras (comenzar) _____ a crecer muy rápidamente y cuando (terminar) _____ de crecer, Yuche (morir) _____.

B. *The Past Progressive Tense*

The past progressive indicates that an action was in progress in the past. It is formed with the imperfect tense of the auxiliary verb **estar** plus the present participle of the conjugated verb.

La mujer **estaba ayudando** al hombre.

Rewrite the following sentences, changing the verbs to the past progressive tense.

EXAMPLE: Yuche **mira** las aves.
*Yuche **estaba mirando** las aves.*

1. El ticuna camina con dificultad.
2. Muchos indios buscan aquel lugar.

3. Los sabios transforman el mito.
4. El primer hombre vive solo en el mundo.

C. *The Pluperfect Tense*

The pluperfect tense is used to express a past action completed prior to another past action. It is formed with the imperfect of the auxiliary verb **haber (había, habías, había, habíamos, habíais, habían)** plus the past participle of the main verb.

Yuche **había visto** envejecer la tierra.

Rewrite the following sentences, changing the verbs in parentheses to the pluperfect tense.

1. Nadie (ver) _____ ese sitio ideal.
2. Lo (picar) _____ un insecto.
3. Él pensó que (poder) _____ ser una avispa.
4. Muchos ticunas (buscar) _____ ese lugar sin encontrarlo.

D. *Reflexive Verbs*

A verb is reflexive when the subject and the object of the action are the same. This verb form uses the reflexive pronouns (**me, te, se, nos, os, se**), which are usually placed before the verb.

La mujer **se baña** en el río.
Yuche **se acuesta** en su choza.

Rewrite the following sentences, using the appropriate form of the reflexive verbs in parentheses.

1. Los esposos (levantarse) _____ del chinchorro.
2. El indio (meterse) _____ en el agua como de costumbre.
3. Al llegar a su choza, Uds. (acostarse) _____ en la cama.
4. Nosotros (golpearse) _____ la rodilla.
5. Ellos (perderse) _____ en la selva.

Reflexive pronouns may be attached to the infinitive and the present participle. However, they *must* be attached to affirmative commands.

Él va a dormir**se.** *or* Él **se** va a dormir.
Ellos están durmiéndo**se.** *or* Ellos **se** están durmiendo.

but:

Duérme**te.**
Vamos + **nos** = Vámo**nos**

Complete the following sentences with the appropriate reflexive form of the verbs indicated in parentheses.

1. Una vez el anciano fue a (bañarse) _____ en un arroyo.
2. Estaba (mirarse) _____ en el espejo del agua cuando vio que (haberse) _____ envejecido mucho.
3. (Irse) _____, le dijo el indio a su mujer.
4. Al yo (lavarse) _____ la cara por la mañana, noté que todavía era muy joven.
5. Nosotros estábamos (adornarse) _____ para la fiesta cuando ella nos llamó.

E. Demonstrative Adjectives and Pronouns

In Spanish the ending of the demonstrative adjective must agree in gender and number with the noun it modifies. **Este (esta, estos, estas)** is equivalent to *this* and points out a particular person or object near the speaker. **Ese (esa, esos, esas)** and **aquel (aquella, aquellos, aquellas)** are both equivalent to *that,* but **ese** normally refers to something nearer the speaker or the person spoken to, and **aquel** to something farther away.

Esta perdiz está deliciosa.
This *partridge is delicious.*

Ese libro es interesante.
That *book* (close to you) *is interesting.*

Aquella choza está muy lejos.
That *hut is very far.*

Rewrite the following sentences, using the correct forms of the demonstrative adjectives.

1. A nosotros nos gustó la información sobre (*this*) _____ mito.
2. Hugo Niño hace un buen recuento del mito de los ticunas en (*this*) _____ narración.
3. Muchos ticunas han buscado en las montañas colombianas (*that*) _____ lugar remoto que mencionaste.
4. Quiero que me pases (*those*) _____ figurillas que están cerca de ti.
5. Me parece que (*these*) _____ indios eran muy interesantes.

Demonstrative pronouns have the same forms as demonstrative adjectives, except that they have a written accent mark. They agree in gender and number with the nouns they replace. Since there are no neuter demonstrative adjectives in Spanish, the neuter demonstrative pronouns bear no written accent. The neuter forms refer to whole ideas or unidentified nouns.

¿Quieres este mono o **ése?**
¿Qué es **eso?**
¿Qué es **esto?** ¿Y **aquello?**

Rewrite the following sentences, using the appropriate demonstrative pronouns.

1. Ellos les enseñan el mito a los jóvenes y (los jóvenes) _____ a su vez se lo enseñan a sus hijos.
2. No existía en la tierra un sitio más bello que (*that one–far away*) _____ donde vivía Yuche.
3. (*Those–close to you*) _____ son las figurillas que quiero comprar.
4. —¿Qué es (*that*) _____? —No sé.

Developing Your Writing Skills

Write a short essay of at least 70 words in Spanish, summarizing the main points of *Los ticunas pueblan la tierra*. Use the following suggestions and as many of the words and expressions in the vocabulary list as possible.

- ***Writing Strategy***

1. Choose a title.
2. Select a topic sentence for each paragraph and jot down a list of related ideas you want to discuss in each paragraph.
3. Plan the order in which you will present your basic ideas.
4. List a few key phrases to use in the conclusion.

- ***Vocabulary***

mito	nadie	perdices
ticunas	transformar	bello
enseñar	compañía	claro
selva	sitio	origen
cambiar	choza	clan
Amazonas	historia	principio
existir	adornar	sabios
pequeña	más tarde	izquierda
creación	modificar	monos
vecinos	orilla	vivir
jóvenes		

Expressing Your Ideas

Prepare one of the following questions to discuss in class with three or four classmates. Once you have discussed it thoroughly, present a composite version of your discussion to the rest of the class.

1. ¿Conoce Ud. algún mito universal? ¿Cuál es? ¿Qué narra? Haga un pequeño resumen.
2. ¿Se parece el mito de los ticunas a otro mito conocido por Ud.? ¿Cuál? ¿En qué se parecen?
3. ¿Le gusta leer mitos? ¿Por qúe? Haga una lista de lo que podemos aprender a través de los mitos.
4. Haga un resumen de los aspectos que más le interesaron en el cuento *Los ticunas pueblan la tierra.*

REVIEW EXERCISE

After reviewing the vocabulary and grammar covered in Part One, complete the paragraph below by supplying the correct verb forms or the Spanish equivalents of the words in parentheses.

Ayer nosotros (terminar) _____ de leer (*this*) _____ unidad (*use a preposition*) _____ libro *Graded Spanish Reader.* Aquí (leer) _____ un cuento corto sobre un hombre (*rich*) _____ que (querer) _____ más y más dinero, un mito (*about*) _____ el origen (*of the Ticuna people*) _____ en Colombia y cuatro poemas sobre una (*Moor*) _____ loca y un (*Arab*) _____ hambriento, una mujer (*unfortunate*) _____ porque no tenía libertad y otra mujer que tenía problemas con su marido. La mora (*was crying*) _____ porque (*she had lost*) _____ su perla y el árabe (*was not happy*) _____ porque sólo (*had found*) _____ perlas. En estos dos últimos poemas es evidente que lo que (*is good*) _____ para una persona no es necesariamente bueno para la otra.

PART TWO

Part Two consists of six readings of increasing difficulty, divided into five sections. The first section contains a poem, *La United Fruit Co.*, by the 1971 Chilean Nobel Laureate, Pablo Neruda (born Neftalí Reyes). The second section includes two poems, *Poema XX*, by Neruda, and *Regresos*, by the Colombian poet Meira Delmar (born Olga Chams Eljach). The third section contains a minidrama, *No hay que complicar la felicidad*, by the Argentine writer Marco Denevi. The fourth section consists of a more challenging short story, *Un día de estos*, by the 1982 Nobel Laureate from Colombia, Gabriel García Márquez. The last section includes a short story, *El ausente*, by the Spanish writer Ana María Matute. To facilitate comprehension of the reading material in this unit, consider the reading strategies outlined in the following study guide.

STUDY GUIDE

Prereading Activities

Before you begin working with the selections in this unit, you should complete several activities which will make the reading easier and more profitable and will prepare you for class discussion.

1. For each selection, begin with the Prereading Activities, paying particular attention to the vocabulary exercises and to the rules provided in the Cognates and Word Formation section. Apply these rules to words you encounter as you read, and

try to guess the meaning of unfamiliar words by observing how they are used in context.

2. Answer all the questions in the Anticipating the Story section, trying to predict the content of the material you are about to read.

3. Follow these suggestions for grammar review for each selection.
   a. Before reading *La United Fruit Co., Poema XX,* and *Regresos,* review the uses of the preterit tense, past participles, infinitives, and the present perfect tense.
   b. Before reading *No hay que complicar la felicidad,* review the following grammar points covered in the exercises at the end of this play: the reflexive construction and the infinitive.
   c. Prior to reading *Un día de estos,* review the following points of grammar at the end of the selection: past progressive, preterit and imperfect, and pluperfect tenses.
   d. Study reflexive verbs and the pluperfect tense before reading *El ausente.*

Reading

1. In preparation for reading, quickly skim the selection to grasp the gist.

2. Scan the Reading Comprehension activities and reread the selection searching for specific information to complete the activities. While scanning, try to identify the key sentences or ideas of each paragraph.

Postreading Activities

Before beginning the Postreading Activities, consider the following suggestions.

1. Review the grammar explanations in each section before doing the section Developing Your Writing Skills. In these writing activities you will practice the vocabulary and grammatical structures you have learned in a context that has meaning for you.

2. In preparation for the Expressing Your Ideas activity at the end of each section, jot down your thoughts on the topic you have chosen for discussion. Then practice stating your thoughts aloud to improve your oral skills.

Poesía I

Prereading Activities

Basic Vocabulary

Nouns

la **bandeja** tray

la **bandera** flag

la **cintura** waistline

la **corona** crown

el **fantasma** ghost

la **mosca** fly

el **racimo** bunch, cluster (*of grapes:* **racimo de uvas**)

Verbs

atraer to attract, to lure

derramar to spill, to scatter

deslizarse to slip away, to slide

regalar to give (*as a present*)

repartir to distribute, to hand out

reservarse to rescue, to keep (*for onself*)

restregar (ie) to rub

rodar (ue) to roll

sepultar to bury

sonar (ue) to sound

zumbar to buzz

Adjectives

azucarado(-a) sugary

borracho(-a) drunk

decidido(-a) determined, resolute

dulce sweet

inquieto(-a) restless

leve light

sabio(-a) intelligent

sanguinario(-a) bloody

Useful Expressions

lo más jugoso the juiciest part

mientras tanto meanwhile

VOCABULARY USAGE

A. Match the words in *Column A* with the definitions in *Column B*.

A	B
____ 1. mosca	a. símbolo de un país
____ 2. fantasma	b. un cadáver
____ 3. muerto	c. lo que hacen las moscas alrededor de las frutas
____ 4. bandera	d. divide el cuerpo humano en dos partes: superior e inferior
____ 5. zumbar	e. aparición fantástica
____ 6. cintura	f. plátanos, bananos o uvas
____ 7. racimo	g. insecto

B. The following sentences refer to *La United Fruit Co.* Rearrange them into a logical order, numbering them from 1 to 4 on the lines provided.

____ 1. Mientras tanto, los indios mueren en la pobreza.
____ 2. Estas compañías se han reservado lo más jugoso de los productos de cada país.
____ 3. Muchas de las compañías norteamericanas en Centroamérica han hecho negocios con dictadores sanguinarios.
____ 4. Los dictadores, a su vez, se han repartido entre sí las riquezas de sus países.

USING VOCABULARY IN CONTEXT

A. Which words related to *La United Fruit Co.* do you associate with the following descriptions?

____	1. Líder supremo con autoridad absoluta.	a. bandeja
____	2. Producto agrícola de los países tropicales.	b. dictador
____	3. Institución dedicada a la instrucción.	c. estatua
____	4. Figura de piedra o mármol de un dictador.	d. plátanos
____	5. Se usa para servir la comida y es usualmente de forma ovalada.	e. colegio
____	6. Sistema de gobierno autocrático.	f. América Central
____	7. La cintura de América.	g. tiranía

B. The following paragraph refers to *La United Fruit Co.* Choose the appropriate words from the list provided to complete the paragraph so that it makes sense.

explotación	criticar	sanguinario
lo más jugoso	reservarse	regalar

El poeta chileno Pablo Neruda ____ a las dictaduras ____ de Centro América y a las grandes compañías extranjeras por la ____ de los países centroamericanos. Los dictadores les reparten a las compañías fruteras ____ de su país y ____ el dinero que les ____ estas compañías.

COGNATES AND WORD FORMATION

In Spanish adverbs generally end in **-mente** instead of the English *-ly*.

extraordinariamente	*extraordinarily*
lentamente	*slowly*

Spanish words ending in **-ción** generally correspond to English words ending in *-tion*.

la acción	*action*
la nación	*nation*

Spanish words ending in **-ante, -ente, -ento** generally correspond to English words ending in *-ing, -ant, -ent.*

interesante	*interesting*
ignorante	*ignorant*
prominente	*prominent*
violento	*violent*

Spanish words ending in **-dad** have English equivalents ending in *-ty*. These words are always feminine in Spanish.

la personalidad	*personality*

It is helpful to delete the infinitive ending (**-ar, -er, -ir**) of *some* Spanish verbs to recognize their English cognates.

plantar	*to plant*
demandar	*to demand*
observar	*to observe*
pretender	*to pretend*
absorber	*to absorb*
repeler	*to repel*
preferir	*to prefer*
permitir	*to permit*
admitir	*to admit*

Scan the poem *La United Fruit Co.* and then make a list of all the cognates that you were able to recognize. (Hint: There are more than ten.)

ANTICIPATING THE POEM

A. Answer the following questions about *La United Fruit Co.* The questions are designed to get you thinking about the content of the poem before you start reading.

1. ¿Qué le sugiere el título *La United Fruit Co.*? Haga una lista de posibilidades.
2. Mire el dibujo que aparece al principio de esta sección. ¿Cuál cree Ud. que es el tema de *La United Fruit Co.*? Justifique su respuesta.
3. ¿Qué quiere decir la expresión «Repúblicas Bananas»?
4. ¿Qué insectos relaciona Ud. con las frutas? ¿Qué características tienen dichos insectos?

B. En poesía se usa siempre un lenguaje figurado en el que se emplean figuras y tropos retóricos (*figures of speech*) para codificar el mensaje. En *La United Fruit Co.,* Pablo Neruda establece un sistema de comparaciones a través del símil y la metáfora. El símil expresa de manera explícita la correspondencia entre dos entidades por medio de las palabras **como, parece** o **es similar.** Por ejemplo, **Ana es tan bonita como una rosa.** La metáfora expresa de manera implícita o no evidente la correspondencia entre dos entidades. Ejemplo: **Elena es una hermosa flor.**

Diga si las selecciones siguientes son símiles o metáforas.

1. Los barcos se deslizaron como bandejas con el tesoro de los países centroamericanos.
2. Los dictadores son moscas sanguinarias.
3. Los indios son racimos de fruta muerta.
4. La compañía frutera se reservó lo más jugoso, la costa central, la dulce cintura de América.
5. El acto de creación del mundo es como una ópera cómica.

La United Fruit Co.

PABLO NERUDA

Por su originalidad y por su dedicación a los problemas sociales, el poeta chileno Pablo Neruda (1904–1973) se considera como uno de los poetas más importantes del mundo. La obra poética de Neruda se puede dividir en cinco etapas que van desde una preocupación inicial con el estilo y los sentimientos hasta una angustia existencial y melancólica. En 1971, Neruda se ganó el Premio Nóbel de Literatura.

La United Fruit Co. es un buen ejemplo de poesía comprometida. En este poema, Neruda critica la intervención de las multinacionales en la economía y en la política de Hispanoamérica.

Cuando sonó la trompeta,[1] estuvo
todo preparado en la tierra
y Jehová repartió el mundo
a Coca-Cola Inc., Anaconda,
Ford Motors, y otras entidades:
la Compañía Frutera Inc.
se reservó lo más jugoso,
la costa central de mi tierra,
la dulce cintura de América.
Bautizó de nuevo sus tierras
como «Repúblicas Bananas»,
y sobre los muertos dormidos,
sobre los héroes inquietos
que conquistaron la grandeza,
la libertad y las banderas
estableció la ópera bufa,[2]
enajenó los albedríos,[3]
regaló coronas de César,
desenvainó[4] la envidia, atrajo
la dictadura de las moscas,
moscas Trujillos,[5] moscas Tachos,[6]

---

[1]**Cuando... trompeta** When the trumpet sounded (at the moment of Creation) [2]**bufa** comic [3]**enajenó... albedríos** alienated their free will [4]**desenvainar** to unsheath [5]**Trujillos: Héctor B. Trujillo** president of the Dominican Republic from 1952–1960. His brother Rafael was president from 1930–1938 and from 1942–1952. [6]**Tachos** reference to the Somoza family that ruled Nicaragua from 1937–1979

moscas Carías,[7] moscas Martínez,[8]
moscas Ubico,[9] moscas húmedas
de sangre humilde y mermelada,
moscas borrachas que zumban
sobre las tumbas populares,
moscas de circo, sabias moscas
entendidas[10] en tiranía.

Entre las moscas sanguinarias
la Frutera desembarca,
arrasando[11] el café y las frutas,
en sus barcos que deslizaron
como bandejas el tesoro
de nuestras tierras sumergidas.

Mientras tanto, por los abismos
azucarados de los puertos,
caían indios sepultados
en el vapor de la mañana:
un cuerpo rueda, una cosa
sin nombre, un número caído,
un racimo de fruta muerta
derramada en el pudridero.[12]

POSTREADING ACTIVITIES

READING COMPREHENSION

Answer the following questions in Spanish based on the reading.

1. ¿Por qué es sarcástico el comienzo del poema? ¿Qué hizo Jehová?

---

[7]**Carías: Andino Carías** dictator of Nicaragua from 1933–1949 [8]**Martínez: Tomás Martínez** dictator of Nicaragua from 1863–1890 [9]**Ubico: Jorge Ubico** dictator of Guatemala from 1931–1944 [10]**entendidas** expert [11]**arrasar** to destroy [12]**derramada... pudridero** thrown in the garbage heap

2. ¿Qué es la ópera bufa? ¿Por qué usa el poeta este término?
3. ¿Quiénes son las moscas? ¿Por qué es apropriada la comparación?
4. ¿Qué hacen las compañías fruteras con el tesoro de las tierras hispanas?
5. ¿Cómo afecta a los indios el comportamiento de las compañías fruteras?
6. ¿Con qué compara el poeta a los indios en los cuatro últimos versos?
7. ¿Qué piensa Ud. del contenido de este poema? ¿Está de acuerdo con Pablo Neruda? ¿Por qué?

STRUCTURES

A. *The Preterit Tense*

According to the poem, The United Fruit Company exploited the people of Central America. Through a series of economic and political measures, the company enriched itself at the expense of poor, developing nations. Rewrite the following paragraph, using the correct form of the preterit tense of the verbs in parentheses to indicate the series of actions that took place.

La Compañía Frutera Inc. (bautizar) _____ de nuevo los países centroamericanos como «Repúblicas Bananas», (establecer) _____ la ópera bufa, (enajenar) _____ los albedríos, (atraer) _____ la dictadura de las moscas y (explotar) _____ el trabajo de los indios.

B. *Past Participles*

Combine the past participles in *Column A* with the nouns in *Column B* to form sentences that describe conditions in Central America according to *La United Fruit Co.* by Neruda. Make all necessary changes and additions, and compare your ideas with a classmate.

EXAMPLE: *Los indios caen sepultados por el trabajo excesivo.*

	A	B
____	1. entendido	a. políticos
____	2. caído	b. héroe
____	3. inquieto	c. racimo de fruta
____	4. sepultado	d. indios
____	5. azucarado	e. moscas
____	6. derramado	f. muertos

DEVELOPING YOUR WRITING SKILLS

Write a short essay of at least 80 words in Spanish, summarizing the main points of *La United Fruit Co.* Use the following suggestions and as many of the words and expressions in the vocabulary list as possible.

• *Writing Strategy*

1. Choose a title.
2. Select a topic sentence for each paragraph and jot down a list of related ideas you want to discuss in each paragraph.
3. Plan the order in which you will present your ideas.
4. List a few key phrases to use in the conclusion.

• *Vocabulary*

United Fruit Co.	República Banana	ópera bufa
dictadura de las moscas	borracho	zumbar
tumba popular	café	fruta
tesoro	indio	sepultado
racimo	muerto	número
pudridero	rodar	cuerpo

EXPRESSING YOUR IDEAS

Do you think multinational companies today generally exploit underdeveloped countries for their own profit? Or do they tend to contribute to the well-being of those countries? In preparation for a class debate on this topic, jot down your ideas in outline form and get ready to defend your opinion.

Poesía II

PREREADING ACTIVITIES

BASIC VOCABULARY

Nouns

el **alma** (*f.*) soul
el **balcón** balcony
el **brazo** arm
el **camino** way, path
el **cielo** sky
el **corazón** heart
el **cuerpo** body
el **dolor** pain, grief
las **escaleras** staircase, stairs
la **frente** forehead
la **infancia** infancy, childhood
la **lluvia** rain
la **mirada** glance
el **oído** inner ear
el **olvido** forgetting (*acción de olvidar*)
la **sombra** shade, shadow, darkness
el **sueño** dream
el **rostro** face, countenance
la **voz** voice

Verbs

asomarse to lean out
besar to kiss
borrar to erase
buscar to look for
cruzar to cross
encontrar (ue) to find
girar to spin, to swing
hallar to find
hallarme to find myself
oír to hear
quedar to remain, to stay
querer (ie) to love
sentir (ie) to feel
señalar to point out, to show
subir to go up, to climb

Adjectives

fijo(-a) still
  ojos fijos still eyes
perdido(-a) lost
tibio(-a) warm

(*continued*)

Useful Expressions

a ciencia cierta to know for certain
a lo lejos in the distance
a veces sometimes
acaso perhaps, maybe
en torno around
entonces then
  de entonces of that time (*in the past*)
¿qué importa? what difference does it make?
quedarse un rato to stay a while
tal vez perhaps
tantas veces so many times

Vocabulary Usage

A. Select the terms in *Column B* most closely related to the words in *Column A*.

A	B
____ 1. subir	a. agua
____ 2. oír	b. niño, niñez
____ 3. mirada	c. ojo
____ 4. infancia	d. mostrar
____ 5. alma	e. escalera
____ 6. señalar	f. espíritu
____ 7. rostro	g. en torno
____ 8. alrededor	h. oído
____ 9. lluvia	i. cara
____ 10. olvidar	j. dar vueltas
____ 11. girar	k. no recordar

B. Write complete sentences of your own, using the following expressions.

1. a lo lejos
2. a veces
3. quedarse un rato
4. entonces
5. tantas veces
6. a ciencia cierta

Using Vocabulary in Context

A. What association can you make with the following verses from *Poema XX* by Pablo Neruda and *Regresos* by Meira Delmar? Remember that poets convey feelings and images through original manipulation of the language. More than one answer may be correct.

____	1. «Pensar que no la tengo. Sentir que la he perdido».	a. canto de pájaros
____	2. «A lo lejos alguien canta».	b. tristeza
____	3. «De otro. Será de otro. Como antes de mis besos».	c. retorno a la infancia
____	4. «Oír la noche inmensa, más inmensa sin ella».	d. jardín
____	5. «Quiero volver a la que un día llamamos todos nuestra casa».	e. infinitud
____	6. «el eco ausente de las jaulas»	f. distancia
____	7. «Quiero cruzar el patio tibio de sol y rosas y cigarras».	g. desesperación

B. Fill in the blanks with the appropriate words from the vocabulary lists. Make sure the paragraphs make sense.

1. brazo, escribir, ojo, triste, olvidarla, querer, tener

Pablo Neruda quiere _____ unos versos _____ sobre un amor que _____ en el pasado. En su poema, él recuerda los _____ de su amada y las veces que la tuvo entre sus _____. Él ya no la _____, pero no puede _____.

2. hallarse, patio, perdido, muro, infancia, jaula

Meira Delmar se siente _____ y quiere volver a su _____ para poder _____ a sí misma. Recuerda de su antigua casa, el _____ rodeado de ____ encalados y lleno de sol, rosas y ____ de pájaros.

Cognates and Word Formation

Guess the English cognates of the following words.

1. versos
2. inmensa
3. causar
4. eco
5. infinito
6. contentar
7. música
8. distancia

Anticipating the Poems

Answer the following questions about *Poema XX* and *Regresos*. The questions are designed to get you thinking about the content of the poems before you start reading.

1. ¿Qué le sugiere el título *Regresos*? ¿Y *Poema XX*? Haga una lista de posibilidades.
2. Mire el dibujo al principio de esta sección y trate de relacionarlo con el contenido de los poemas. ¿Qué tipo de personajes espera encontrar? ¿Qué temas?
3. ¿Qué importancia tiene el pasado en su vida? ¿Recuerda algún episodio amoroso de su juventud o algún lugar donde haya vivido en su infancia? Haga una breve descripción.

Poema XX

Pablo Neruda

Poema XX de Pablo Neruda es un ejemplo representativo de su etapa sentimental. Viene de la colección titulada *Veinte poemas de amor y una canción desesperada* (1924), el libro más popular de Neruda en Hispanoamérica. Este poemario contiene variados temas de amor, abandono y soledad. En *Poema XX,* Neruda alude a un amor pasado que todavía no ha podido olvidar.

Puedo escribir los versos más tristes esta noche.

Escribir, por ejemplo: «La noche está estrellada,[1]
y tiritan,[2] azules, los astros, a lo lejos».

El viento de la noche gira en el cielo y canta.

Puedo escribir los versos más tristes esta noche.
Yo la quise, y a veces ella también me quiso.

En las noches como ésta la tuve entre mis brazos.
La besé tantas veces bajo el cielo infinito.

Ella me quiso, a veces yo también la quería.
Cómo no haber amado sus grandes ojos fijos.

Puedo escribir los versos más tristes esta noche.
Pensar que no la tengo. Sentir que la he perdido.

Oír la noche inmensa, más inmensa sin ella.
Y el verso cae al alma como al pasto el rocío.[3]

Qué importa que mi amor no pudiera guardarla.
La noche está estrellada y ella no está conmigo.

Eso es todo. A lo lejos alguien canta. A lo lejos.
Mi alma no se contenta con haberla perdido.

---

[1]**estrellada** starry [2]**tiritar** to shiver [3]**como al pasto el rocío** like dew upon the grass

Como para acercarla mi mirada la busca.
Mi corazón la busca, y ella no está conmigo.

La misma noche que hace blanquear[4] los mismos árboles.
Nosotros, los de entonces, ya no somos los mismos.

Ya no la quiero, es cierto, pero cuánto la quise.
Mi voz buscaba el viento para tocar su oído.

De otro. Será de otro. Como antes de mis besos.
Su voz, su cuerpo claro. Sus ojos infinitos.

Ya no la quiero, es cierto, pero tal vez la quiero.
Es tan corto el amor, y es tan largo el olvido.

Porque en noches como ésta la tuve entre mis brazos,
mi alma no se contenta con haberla perdido.

Aunque éste sea el último dolor que ella me causa,
y éstos sean los últimos versos que yo le escribo.

Regresos

MEIRA DELMAR

Meira Delmar (c. 1923–   ) es el seudónimo de la poeta colombiana Olga Chams Eljach. Como su seudónimo («del mar») indica, el mar es uno de los temas predominantes en su obra ya que la poeta ha vivido la mayor parte de su vida en Barranquilla, un importante puerto caribeño en la costa norte de Colombia. En *Regresos,* Meira Delmar vuelve al pasado y a los años de su niñez en busca de recuerdos que le ayuden a encontrarse a sí misma.

Quiero volver a la que un día
llamamos todos nuestra casa.
Subir las viejas escaleras,
abrir las puertas, las ventanas.

---

[4]**blanquear** to whiten

Quiero quedarme un rato, un rato,
oyendo aquella misma lluvia
que nunca supe a ciencia cierta
si era de agua o si era música.

Quiero salir a los balcones
donde una niña se asomaba
a ver llegar las golondrinas[5]
que con diciembre regresaban.

Tal vez la encuentre todavía[6]
fijos los ojos en el tiempo,
con una llama[7] de distancias
en la pequeña frente ardiendo.[8]

Quiero cruzar el patio tibio
de sol y rosas y cigarras.[9]
Tocar los muros encalados,[10]
el eco ausente de las jaulas.

Acaso aún estén volando
en torno suyo las palomas,[11]
y me señalen el camino
que va borrándose en la sombra.

Quiero saber si lo que busco
queda en el sueño o en la infancia.
Que voy perdida y he de hallarme
en otro sitio, rostro y alma.

---

[5]**golondrinas** swallows [6]**Tal... todavía** Maybe I will still find her [7]**llama** flame [8]**arder** to burn [9]**cigarras** cicadas [10]**muros encalados** whitewashed walls [11]**Acaso... palomas** Perhaps the pigeons are still flying around them (*the bird cages*)

POSTREADING ACTIVITIES

READING COMPREHENSION

Select the word or phrase that best completes each statement according to the readings.

Poema XX

____ 1. El tema del poema es...
   a. la noche.
   b. la naturaleza.
   c. el amor.
   d. escribir versos.

____ 2. Los versos que escribe el poeta son...
   a. tristes.
   b. indiferentes.
   c. lejanos.
   d. infinitos.

____ 3. ¿Qué sentía el poeta hacia su amada?
   a. La quería muchísimo.
   b. Era indiferente.
   c. Pensaba que era de otro.
   d. Se contenta con haberla perdido.

____ 4. ¿Amaba la mujer al poeta?
   a. No se sabe.
   b. Nunca lo amó.
   c. Sí, lo quiso.
   d. Era totalmente indiferente.

____ 5. ¿Por qué cree el poeta que todavía la quiere?
   a. Porque el amor es muy largo.
   b. Porque no se contenta con haberla perdido.
   c. Porque ella es de otro.
   d. Porque todavía son los mismos.

Regresos

____ 1. ¿Adónde quiere volver la poeta?
   a. a la época de su infancia
   b. a la casa donde ahora vive

c. a un patio ardiente
d. a un balcón distante

____ 2. ¿Quién es la «niña» que se asomaba a los balcones?
a. su hermana
b. ella misma
c. una amiga
d. una paloma

____ 3. ¿Cómo es el patio que se describe en el poema?
a. ardiente
b. fijo
c. harmonioso
d. moderno

____ 4. ¿Qué quiere recuperar la poeta en el patio?
a. unas palomas ausentes
b. el camino de su vida
c. sol, rosas y cigarras
d. unas jaulas de pájaros

____ 5. ¿Cómo se siente la poeta en relación con su vida presente?
a. contenta
b. ausente
c. indiferente
d. perdida

STRUCTURES

A. *The Infinitive*

The infinitive is used in Spanish in the following situations: (1) as a direct object; (2) as the object of a preposition; (3) with **al** to express the idea of *on* or *upon* doing something; (4) as a noun.

1. Quiero **quedarme** un rato en tu casa.
2. Ella se asomaba a **ver** las golondrinas.
3. Al **salir** vio las jaulas vacías.
4. El **amar** sin complicaciones no es interesante.

Rewrite the following paragraphs, using the infinitives listed below. More than one answer may be correct. Review the poems before completing these exercises.

olvidar	crear	sentir
pensar	blanquear	oír
haberla	recordar	amar

En *Poema XX,* Neruda nos dice que puede _____ los versos más tristes sobre el amor. Se emociona al _____ que no tiene a su amada y al _____ que la ha perdido para siempre. _____ la noche inmensa es triste porque está sin ella. Su alma no se contenta con _____ perdido. La noche que hace _____ los árboles le hace _____ al poeta que si _____ es muy corto, _____ es muy largo.

quedarse	saber	volver
llegar	subir	hallarse
abrir		

En *Regresos,* Delmar desea _____ a la casa de su infancia para _____ las viejas escaleras y _____ las puertas y ventanas. Quiere _____ un rato oyendo la lluvia que todavía no sabe si era de agua o de música. La poeta recuerda que cuando era niña se asomaba a ver _____ las golondrinas que regresaban en diciembre. En sus recuerdos del pasado desea _____ si lo que busca es parte de un sueño o de su infancia. Cree que está perdida, pero que pronto va a _____ a sí misma.

B. The Present Perfect Tense

Answer the following questions, using the present perfect tense of the verbs in italics. Use object pronouns wherever possible.

EXAMPLE: ¿Quiere Ud. **abrir** puertas y ventanas?
*Ya las **he abierto.***

1. ¿Va él a *escribir* unos versos tristes?
2. ¿*Recuerdan* ellos sus bromas de la niñez?
3. ¿*Borran* los estudiantes la pizarra después de la clase?
4. ¿*Ve* el hombre a su amada a lo lejos?
5. ¿*Muere* el amor del poeta con el tiempo?
6. ¿Se *halla* la señora a sí misma?

DEVELOPING YOUR WRITING SKILLS

Working in pairs, create a five line poem (*cinquain*) according to the following directions.

Verse 1: State the subject in one word (noun).
Verse 2: Describe the subject in two words (nouns or adjectives).
Verse 3: Define an action about the subject in three words (verbs, infinitives, gerunds, etc.).
Verse 4: State an emotion about the subject in four words (a short sentence).
Verse 5: Summarize the theme in one word.

Try to use the vocabulary and grammar you have learned in this section.

EXPRESSING YOUR IDEAS

Prepare one of the following sets of questions to discuss in class with two classmates. At the end of your discussion, summarize your observations for the other members of the class.

1. ¿Qué opina Ud. del *Poema XX*? ¿Es romántico? ¿Ha tenido Ud. una experiencia similar? ¿Es verdad que es difícil olvidar un amor perdido? ¿Por qué?
2. Haga una descripción simple de su primera casa. ¿Cómo era? ¿Cuántas habitaciones tenía? ¿Tenía patio? Descríbala. ¿Qué es lo que más recuerda de su infancia en esta casa? ¿Qué emociones siente al recordarla?

No hay que complicar la felicidad

MARCO DENEVI

PREREADING ACTIVITIES

BASIC VOCABULARY

Nouns

el **ademán** expression, look, gesture

los **celos** jealousy

el **disparo** gunshot

Verbs

adivinar to guess

alimentar to feed

complacer (zc) to please

despojar to strip, to take away

fingir (j) to feign, to pretend

reír (i) to laugh

Useful Expressions

al cabo de after, upon finishing something

bajo los árboles under the trees

basta that's enough

cuidado beware

dejar de (+ *infinitivo*) to stop (*doing something*)

demasiado simple too simple

ponerse de pie to stand up

tener una expresión sombría to have a somber expression

VOCABULARY USAGE

A. Write complete sentences of your own, using the following expressions.

1. dejar de
2. ponerse de pie
3. al cabo de

4. tener una expresión sombría
5. tener celos

B. Translate the following sentences.

1. No hay que complicar la felicidad.
2. ¿Lo dices para que yo tenga celos?
3. Lo has adivinado.
4. Él se pasea haciendo ademanes de furor.

Using Vocabulary in Context

A. Which words do you associate with each description from *No hay que complicar la felicidad*?

____	1. El esposo tiene una expresión sombría.	a. violencia
____	2. Se pone violentamente de pie.	b. inseguridad
____	3. Ellos vuelven a besarse.	c. tristeza
____	4. El hombre hace ademanes de furor.	d. reacción
____	5. Él siente celos de vez en cuando.	e. amor

B. The following paragraph refers to *No hay que complicar la felicidad.* Choose the appropriate words and expressions from the list provided to complete the paragraph so that it makes sense.

fingir	celos	complacer
bajo los árboles	demasiado simple	amor

La escena entre los amantes tiene lugar ____ en un parque. El infeliz protagonista cree que el ____ sin complicaciones es ____ y que es necesario dudar y tener ____ para amar de verdad. Su amiga decide ____ que hay otro hombre en su vida para ____ al novio celoso.

Cognates and Word Formation

A. Scan *No hay que complicar la felicidad* in order to find the Spanish cognates of the following words.

1. violently
2. stimulus
3. to confess
4. to complicate
5. simple
6. to suffer
7. to disappear
8. monotonous
9. instant
10. to spy
11. to descend

B. Give the English equivalents of the following words.

1. felicidad
2. popularidad
3. individualidad
4. responsabilidad
5. moralidad

Anticipating the Play

Answer the following questions about *No hay que complicar la felicidad.* The questions are designed to get you thinking about the content of the play before you start reading.

1. ¿Qué le sugiere el título *No hay que complicar la felicidad*? ¿Cómo se puede complicar la felicidad? ¿A qué tipo de personas les gusta complicarla? ¿Ha conocido a personas así? ¿Qué características tienen?
2. Mire el dibujo al principio de esta sección. Según lo que ve en el dibujo, ¿puede anticipar el contenido del drama?
3. ¿Cómo cree Ud. que es la relación entre los personajes?

No hay que complicar la felicidad

MARCO DENEVI

El escritor argentino Marco Denevi (1922–   ) se dio a conocer (*made a name for himself*) con su novela *Rosaura a las diez* (1955). También ha escrito muchos minidramas y dramas en un acto que han sido bien recibidos por la crítica. *No hay que complicar la felicidad,* a pesar de su brevedad, presenta un complejo cuadro de la naturaleza humana.

Un parque. Sentados bajo los árboles, ella y él se besan.

Él: Te amo.

Ella: Te amo.

Vuelven a besarse.

Él: Te amo.

Ella: Te amo.

Vuelven a besarse.

Él: Te amo.

Ella: Te amo.

Él se pone violentamente de pie.

Él: ¡Basta! ¿Siempre lo mismo? ¿Por qué, cuando te digo que te amo, no contestas que amas a otro?

Ella: ¿A qué otro?

Él: A nadie. Pero lo dices para que yo tenga celos. Los celos alimentan al amor. Despojado de ese estímulo, el amor languidece.[1] Nuestra felicidad es demasiado simple, demasiado monótona. Hay que complicarla un poco. ¿Comprendes?

Ella: No quería confesártelo porque pensé que sufrirías.[2] Pero lo has adivinado.

Él: ¿Qué es lo que adiviné?

---

[1]**languidecer** to languish [2]**pensé que sufrirías** I thought you would suffer

Ella se levanta, se aleja unos pasos.

Ella: Que amo a otro.

Él: Lo dices para complacerme. Porque yo te lo pedí.

Ella: No. Amo a otro.

Él: ¿A qué otro?

Ella: No lo conoces.

Un silencio. Él tiene una expresión sombría.

Él: Entonces ¿es verdad?

Ella: (*Dulcemente*) Sí. Es verdad.

Él se pasea haciendo ademanes de furor.[3]

Él: Siento celos. No finjo, créeme. Siento celos. Me gustaría matar a ese otro.[4]

Ella: (*Dulcemente*) Está allí.

Él: ¿Dónde?

Ella: Allí, detrás de aquellos árboles.

Él: ¿Qué hace?

Ella: Nos espía. También él es celoso.

Él: Iré en su busca.[5]

Ella: Cuidado. Quiere matarte.

Él: No le tengo miedo.

Él desaparece entre los árboles. Al quedar sola, ella ríe.

Ella: ¡Qué niños son los hombres! Para ellos, hasta el amor es un juego.

Se oye el disparo de un revólver. Ella deja de reír.

Ella: Juan.

---

[3]**Él... furor.** He walks up and down gesturing angrily. [4]**Me... otro.** I would like to kill that other one. [5]**Iré en su busca.** I will go after him.

Silencio.

Ella: (*Más alto*) Juan.

Silencio.

Ella: (*Grita*) ¡Juan!

Silencio. Ella corre y desaparece entre los árboles. Al cabo de unos instantes se oye el grito desgarrador[6] *de ella.*

Ella: ¡Juan!

Silencio. Después desciende el telón.[7]

POSTREADING ACTIVITIES

READING COMPREHENSION

Answer the following questions in Spanish based on the reading.

1. ¿Dónde tiene lugar la acción? ¿Dónde están sentados él y ella? ¿Qué hacen?
2. ¿Por qué reacciona él tan violentamente?
3. ¿Por qué quiere sentir celos?
4. ¿Cómo considera él su felicidad?
5. ¿Qué le responde ella? ¿Y cómo reacciona él?
6. ¿Dónde le dice ella que está el otro?
7. ¿Por qué se ríe ella al quedarse sola?
8. ¿Qué se oye de pronto?
9. ¿Qué cree Ud. que pasa cuando el hombre desaparece entre los árboles?
10. ¿Qué piensa Ud. de la actitud del hombre ante su felicidad?

[6]**grito desgarrador** heartbreaking cry [7]**desciende el telón** the curtain falls

STRUCTURES

A. *Reflexive Verbs*

Reflexive verbs are conjugated with the reflexive pronouns **me, te, se, nos, os, se.** The reflexive pronoun precedes the conjugated form of the verb. It may also be attached to the end of an infinitive, an affirmative command, or a gerund.

Ellos **se** bañan en el río.
Ellos van a bañar**se** en el río.
Báñen**se** en el río.
Están bañándo**se** en el río.

The reflexive **se** also indicates a reciprocal action.

Ellos **se** dan la mano.
Ellos **se** besan.

Complete the following sentences, using the appropriate past tense of the reflexive verbs in parentheses.

1. Ellos (besarse) _____ en el parque todos los días.
2. De pronto, el esposo (ponerse) _____ de pie violentamente.
3. La esposa (levantarse) _____ haciendo ademanes de furor.
4. Nosotros (pasearse) _____ por el parque cuando sonó un disparo.
5. Al oír el disparo, ella (alejarse) _____ unos pasos.

B. *The Infinitive*

Rewrite the paragraph below, using the following infinitives.

ir	tener	quedarse
complicar	amar	querer
matar	jugar	complacerle
saber	besar	creer

Al _____ a su esposa varias veces, el esposo quiso _____ si ella verdaderamente le amaba. Él pensaba que había que _____ la felicidad para _____ unas buenas relaciones. Para _____, la esposa le confesó que amaba a otro, pero esto no era verdad.

Lleno de celos, el esposo quería _____ al otro y por eso decidió _____ en su busca. Al _____ sola, la esposa se rió mucho porque pensaba que para _____ a otra persona no había necesidad de _____ esta clase de juegos. Para ella, _____ era _____ totalmente en el otro.

DEVELOPING YOUR WRITING SKILLS

Create a short dialogue between a man and a woman in love who disagree about something. Try to use the vocabulary and grammatical structures studied so far. Your minidrama should be at least 85 words in length.

• *Writing Strategy*

Use these four steps to help you develop the dialogue and action in your minidrama. You may work with the steps in any order that suits your writing style.

1. Decide on what the man and woman will disagree about.
2. Decide on the characterization. What type of persons are they? Will you exaggerate their personalities for dramatic impact?
3. Decide on the theme of the minidrama. What will it attempt to convey?
4. Decide on the tone of the minidrama. Will it be humorous, sarcastic, pessimistic, tragic, etc.?

EXPRESSING YOUR IDEAS

Select one of the following topics, jot down your ideas in outline form, and prepare to discuss it in class with three or four classmates. Once you have discussed it thoroughly, present a composite version of your findings to the rest of the class.

1. Discuta el tono del drama y dé ejemplos para apoyar su opinión.
2. Analice la personalidad del hombre. ¿Qué piensa Ud. sobre su manera de ser? ¿Ha conocido a alguien así?
3. Invente una conclusión apropiada. Haga conjeturas para explicar lo que Ud. cree que pasó al final del drama.
4. ¿Qué cree Ud. que piensa la mujer cuando oye el disparo? ¿Qué opinión tiene ella de la actitud del hombre? ¿Por qué consiente en complicar la situación?

Un día de estos

GABRIEL GARCÍA MÁRQUEZ

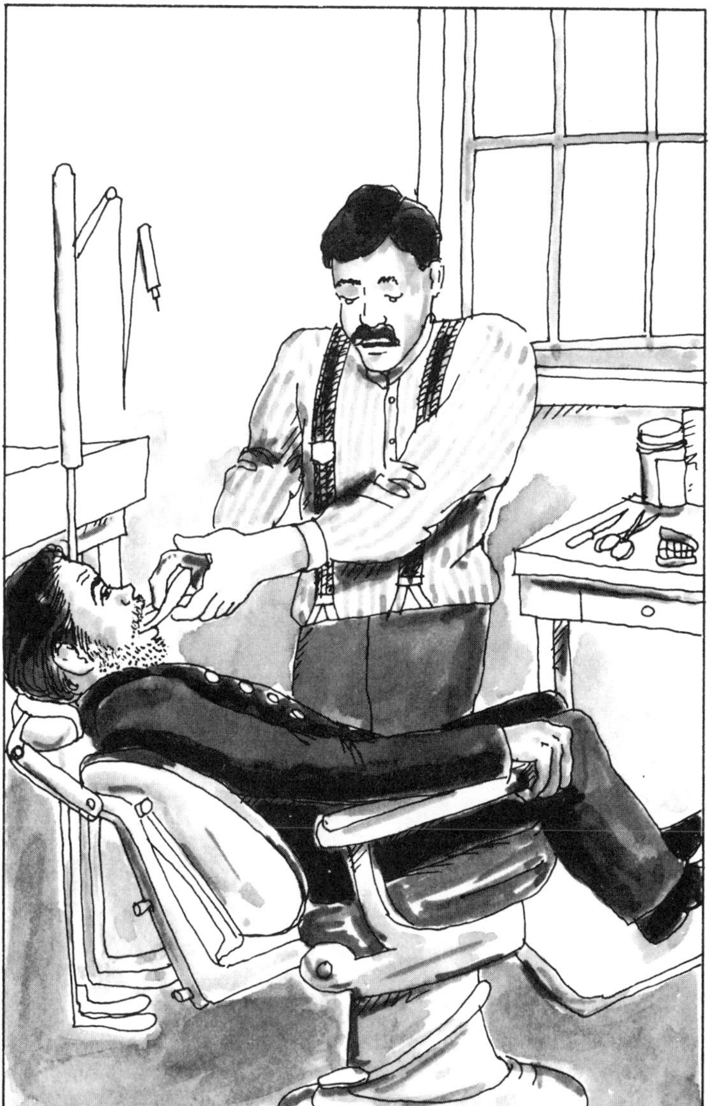

PREREADING ACTIVITIES

BASIC VOCABULARY

Nouns

el **alcalde** mayor
la **barba** beard
la **cacerola** cooking pan, pot
la **dentadura** denture
 la **dentadura postiza** false teeth
el **diente** tooth
la **fresa** drill
el **gabinete** office
el **gatillo** dental forceps, trigger
la **gaveta** drawer
la **mandíbula** jaw
la **mejilla** cheek
la **muela** tooth
 la **muela cordal** wisdom tooth
 la **muela dañada** (o **picada**) decayed tooth
la **muñeca** wrist, doll
las **pinzas** forceps, pliers
el **puente** bridge
el **puñado** handful, fistful
el/la **sordo/a** deaf person
el **suspiro** sigh

Verbs

afeitarse to shave
amanecer to dawn, to break (*daybreak*)
apresurarse to hurry up
doler (ue) to hurt
 me duele la cabeza my head is hurting
hervir (ie) to boil
pedalear to pedal
pulir to polish
temblar (ie) to shake

Adjectives

cauteloso(-a) cautious
dolorido(-a) aching
hinchado(-a) swollen
marchito(-a) withered

(continued)

Useful Expressions

buen(-a) madrugador/a early riser

cajita de cartón small cardboard box

camisa a rayas striped shirt

camisa sin cuello shirt without collar

es la misma vaina it's all the same damn thing

hacer buches to gargle

¡mejor! so much the better!

pasar la cuenta to send the bill

pomos de loza porcelain flasks

punta del zapato the tip of the shoe

rodar (ue) (algo) con to move (something) with

sacar (qu) una muela to pull out a tooth

salita de espera waiting room

secarse (qu) las lágrimas to dry one's tears

Vocabulary Usage

A. Select the word that does not belong to each group.

1. dentadura, muela, cordal, cuenta, puente
2. gaveta, silla, mesa, pedal, mejilla
3. pantalones, camisa, zapato, fresa
4. mejilla, mano, ojo, muñeca, cacerola
5. pomos de loza, gaveta, gatillo, fresa, pinzas
6. dolorido, hinchado, desesperado, anestesiado

B. Write complete sentences of your own, using the following expressions.

1. secarse las lágrimas
2. hacer buches
3. sacar una muela
4. pasar la cuenta
5. ser buen(-a) madrugador/a

USING VOCABULARY IN CONTEXT

A. The following descriptions refer to *Un día de estos*. Which word do you associate with each description?

___ 1. Persona que se ocupa con lo relativo a los dientes y enfermedades de la boca.	a. mejilla
___ 2. Nombre de los dientes grandes y posteriores.	b. muñeca
___ 3. Parte del brazo que se articula con la mano.	c. muelas
___ 4. Instrumento para arreglar los dientes.	d. barba
___ 5. Conjunto de dientes y muelas de una persona.	e. dentista
___ 6. Oficina para recibir las visitas de los pacientes.	f. fresa
___ 7. Pelo que nace en la cara debajo de la boca.	g. gabinete
___ 8. Parte saliente del rostro debajo de los ojos.	h. dentadura

B. The following paragraph describes a scene from *Un día de estos*. Choose the appropriate words from the list provided to complete the paragraph so that it makes sense.

sillón	ojo	abrir
gabinete	barba	hervido
muela	mejilla	gatillo
desesperación	pomos de loza	

El hombre que entró al ____ del dentista tenía la ____ izquierda muy hinchada y una ____ de cinco días porque no se había podido afeitar. Se sentó en el ____ verde, recostó la cabeza y ____ la boca. El dentista vio en sus ____ muchas noches de ____. Cautelosamente cogió los instrumentos ____ que tenía en una vidriera llena con ____. Después abrió las piernas y apretó la ____ dañada con el ____ caliente.

COGNATES AND WORD FORMATION

It is often possible to form a noun from certain Spanish **-ar** verbs by dropping the infinitive ending and adding **-a** or **-o.**

practicar → la práctic**a**
abandonar → el abandon**o**

Nouns ending in **-ción** are usually derived from **-ar** verbs.

conversar → la conversa**ción**
operar → la opera**ción**

A. Give the Spanish **-ar** verbs from which the following nouns are derived.

1. desesperación
2. obstinación
3. examinación
4. observación
5. situación

B. Give the English cognates of the words in italics.

1. Después de observar la muela dañada, ajustó la *mandíbula* con una cautelosa presión de los dedos.
2. Llevó a la mesa de trabajo los *instrumentos* hervidos.
3. El *dentista* sin título le sacó una muela al alcalde.
4. Es necesario *pedalear* la fresa.
5. El alcalde se despidió con un saludo *militar.*

ANTICIPATING THE STORY

Answer the following questions about *Un día de estos.* The questions are designed to get you thinking about the content of the story before you start reading.

1. ¿Qué le sugiere el título *Un día de estos*? Haga una lista de posibilidades.
2. Mire la ilustración que aparece al principio de esta selección

y trate de anticipar el contenido del cuento. ¿Dónde cree que tiene lugar la acción? ¿Qué tipo de personajes espera encontrar?

3. ¿Le gusta ir al dentista? ¿Por qué? ¿Qué emociones asocia con la visita al dentista?
4. Usualmente, ¿cómo son los gabinetes de los dentistas? Haga una breve descripción. ¿Qué es lo que más le llama la atención en ellos? ¿Por qué?

Un día de estos

GABRIEL GARCÍA MÁRQUEZ

Gabriel García Márquez (1928–   ) nació en Aracataca, un pequeño pueblo en la costa norte de Colombia. Toda su obra, tanto las novelas como los cuentos, ha despertado un interés extraordinario en lectores de todo el mundo. Con *Cien años de soledad* (1967), García Márquez se convirtió en uno de los escritores hispanoamericanos más leídos en los Estados Unidos y en ganador del Premio Nóbel de Literatura en 1982. *Un día de estos* pertenece al ciclo de Macondo, el lugar mítico donde tiene lugar la acción de *Cien años de soledad*. En *Un día de estos*, los eventos ocurren en un pequeño pueblo gobernado por un político corrupto.

El lunes amaneció tibio y sin lluvia. Don Aurelio Escovar, dentista sin título y buen madrugador, abrió su gabinete a las seis. Sacó de la vidriera[1] una dentadura postiza montada aún en el molde de yeso[2] y puso sobre la mesa un puñado de instrumentos que ordenó de mayor a menor, como en una exposición. Llevaba una camisa a rayas, sin cuello, cerrada arriba con un botón dorado, y los pantalones sostenidos con cargadores elásticos.[3] Era rígido, enjuto,[4] con una mirada que raras veces correspondía a la situación, como la mirada de los sordos.

Cuando tuvo las cosas dispuestas sobre la mesa, rodó la fresa hacia el sillón de resortes[5] y se sentó a pulir la dentadura postiza. Parecía no pensar en lo que hacía, pero trabajaba con obstinación, pedaleando en la fresa incluso cuando no se servía de ella.[6]

Después de las ocho hizo una pausa para mirar el cielo por la ventana y vio dos gallinazos[7] pensativos que se secaban al sol en el caballete[8] de la casa vecina. Siguió trabajando con la idea de que antes del almuerzo volvería a llover. La voz destemplada[9] de su hijo de once años lo sacó de su abstracción.

—Papá.

—Qué.

---

[1]**vidriera** glass showcase [2]**molde de yeso** molding made out of plaster [3]**los pantalones... elásticos** pants held up by suspenders [4]**enjuto** lean [5]**sillón de resortes** dentist's chair [6]**pedaleando... de ella** pedaling away at the drill even when not using it [7]**gallinazos** buzzards [8]**caballete** roof ridge [9]**destemplada** shrill

—Dice el alcalde que si le sacas una muela.

—Dile que no estoy aquí.

Estaba puliendo un diente de oro. Lo retiró a la distancia del brazo y lo examinó con los ojos a medio cerrar. En la salita de espera volvió a gritar su hijo.

—Dice que sí estás porque te está oyendo.

El dentista siguió examinando el diente. Sólo cuando lo puso en la mesa con los trabajos terminados, dijo:

—Mejor.

Volvió a operar la fresa. De una cajita de cartón donde guardaba las cosas por hacer, sacó un puente de varias piezas y empezó a pulir el oro.

—Papá.

—Qué.

Aún no había cambiado de expresión.

—Dice que si no le sacas la muela te pega un tiro.[10]

Sin apresurarse, con un movimiento extremadamente tranquilo, dejó de pedalear en la fresa, la retiró del sillón y abrió por completo la gaveta inferior de la mesa. Allí estaba el revólver.

—Bueno —dijo—. Dile que venga a pegármelo.

Hizo girar el sillón hasta quedar de frente a la puerta, la mano apoyada en el borde de la gaveta. El alcalde apareció en el umbral.[11] Se había afeitado la mejilla izquierda, pero en la otra, hinchada y dolorida, tenía una barba de cinco días. El dentista vio en sus ojos marchitos muchas noches de desesperación. Cerró la gaveta con la punta de los dedos y dijo suavemente.

—Siéntese.

—Buenos días —dijo el alcalde.

—Buenos —dijo el dentista.

Mientras hervían los instrumentos, el alcalde apoyó el cráneo en el cabezal de la silla[12] y se sintió mejor. Respiraba un olor glacial. Era un gabinete pobre: una vieja silla de madera, la fresa de pedal y una vidriera con pomos de loza. Frente a la silla, una ventana con un cancel de tela[13] hasta la altura de un hombre. Cuando sintió que el dentista se acercaba, el alcalde afirmó los talones[14] y abrió la boca.

---

[10]**te pega un tiro** he will shoot you [11]**umbral** threshold [12]**apoyó... silla** leaned the back of his head on the headrest [13]**cancel de tela** cloth screen [14]**afirmó los talones** dug in his heels

Don Aurelio Escovar le movió la cara hacia la luz. Después de observar la muela dañada, ajustó la mandíbula con una cautelosa presión de los dedos.

—Tiene que ser sin anestesia —dijo.

—¿Por qué?

—Porque tiene un absceso.

El alcalde lo miró a los ojos.

—Está bien —dijo, y trató de sonreír. El dentista no le correspondió. Llevó a la mesa de trabajo la cacerola con los instrumentos hervidos y los sacó del agua con unas pinzas frías, todavía sin apresurarse. Después rodó la escupidera con la punta del zapato y fue a lavarse las manos en el aguamanil.[15] Hizo todo sin mirar al alcalde. Pero el alcalde no lo perdió de vista.

Era una cordal inferior. El dentista abrió las piernas y apretó la muela con el gatillo caliente. El alcalde se aferró a las barras de la silla, descargó toda su fuerza en los pies y sintió un vacío helado en los riñones,[16] pero no soltó un suspiro. El dentista sólo movió la muñeca. Sin rencor, más bien con una amarga ternura, dijo:

—Aquí nos paga veinte muertos,[17] teniente.

El alcalde sintió un crujido de huesos[18] en la mandíbula y sus ojos se llenaron de lágrimas. Pero no suspiró hasta que no sintió salir la muela. Entonces la vio a través de las lágrimas. Le pareció tan extraña a su dolor, que no pudo entender la tortura de sus cinco noches anteriores. Inclinado sobre la escupidera, sudoroso, jadeante, se desabotonó la guerrera y buscó a tientas el pañuelo en el bolsillo del pantalón. El dentista le dio un trapo limpio.

—Séquese las lágrimas —dijo.

El alcalde lo hizo. Estaba temblando. Mientras el dentista se lavaba las manos, vio el cielorraso desfondado y una telaraña polvorienta con huevos de araña e insectos muertos.[19] El dentista regresó secándose las manos. «Acuéstese —dijo— y haga buches de agua de sal.» El alcalde se puso de pie, se despidió con un

---

[15]**aguamanil** washstand [16]**sintió... riñones** felt an icy emptiness in his kidneys [17]**Aquí... muertos** Here you are paying us for twenty deaths (*you have caused*) [18]**crujido...** sound of bones being crushed [19]**el cielorraso... muertos** the cracked ceiling from which a dusty cobweb hung, full of spider eggs and dead insects

displicente saludo militar, y se dirigió a la puerta estirando las piernas, sin abotonarse la guerrera.

—Me pasa la cuenta —dijo.

—¿A usted o al municipio?

El alcalde no lo miró. Cerró la puerta, y dijo, a través de la red metálica:

—Es la misma vaina.

POSTREADING ACTIVITIES

READING COMPREHENSION

Answer the following questions in Spanish based on the reading.

1. ¿Por qué se levantó tan temprano don Aurelio Escovar?
2. ¿Qué sacó el dentista de la vidriera?
3. ¿Cómo estaba vestido?
4. ¿Qué hizo después de tener todos los instrumentos dispuestos sobre la mesa?
5. ¿Qué vio a través de la ventana al hacer una pausa?
6. ¿Qué le vino a decir su hijo?
7. ¿Quién era el paciente que buscaba sus servicios? Descríbalo.
8. ¿Qué le mandó decir el alcalde al dentista?
9. ¿Qué le contestó don Aurelio Escovar?
10. ¿Qué había en la gaveta de la mesa del dentista?
11. ¿Por qué decidió cerrar la gaveta?
12. Describa el interior del gabinete del dentista.
13. ¿Qué hizo el alcalde cuando sintió que el dentista se acercaba a él?
14. ¿Por qué decidió don Aurelio operar sin anestesia?
15. ¿Cómo reaccionó el alcalde?
16. ¿Qué opina Ud. del dentista? ¿Por qué?
17. ¿Qué significado tiene la telaraña con insectos muertos que el alcalde ve un poco después de que el dentista le saca la muela?
18. ¿Qué significa la respuesta del alcalde «Es la misma vaina»?

STRUCTURES

A. *The Past Progressive Tense*

What was don Aurelio Escovar doing when the mayor arrived? Describe the dentist's activities using the following verbs in the past progressive. Make all necessary changes and add any vocabulary items you feel are necessary. The first sentence is done for you.

trabajar	pedalear	pulir
mirar	examinar	ordenar

1. El dentista **estaba trabajando** en su gabinete.
2. ______________________________
3. ______________________________
4. ______________________________
5. ______________________________
6. ______________________________

B. *Preterit versus Imperfect*

Describe what took place in the dentist's office by completing the following sentences with the appropriate form of the preterit or imperfect tense of the verbs in parentheses.

1. El dentista (abrir) _____ su gabinete a las seis de la mañana. (Sacar) _____ de la vidriera una dentadura postiza y (poner) _____ sobre la mesa un puñado de instrumentos.
2. El dentista (ser) _____ rígido y enjuto. (Parecer) _____ no pensar en lo que (hacer) _____, pero (trabajar) _____ con obstinación. Esa mañana (llevar) _____ una camisa a rayas y pantalones con cargadores.
3. El alcalde (tener) _____ la mejilla hinchada y dolorida. (Llevar) _____ cinco días sin dormir y sin afeitarse.
4. El gabinete del dentista (ser) _____ pobre. (Haber) _____ allí una silla de madera vieja, una fresa de pedal y una vidriera.
5. El dentista (sacar) _____ los instrumentos y le (mover) _____ la cabeza al alcalde. El paciente entonces (sentir) _____ la presión de los dedos en la mejilla, lo (mirar) _____ a los ojos y (abrir) _____ la boca.

C. *The Pluperfect Tense*

Complete the following sentences, using the appropriate form of the pluperfect tense of the verbs in parentheses. Remember that the pluperfect tense is used to express a past action completed prior to another past action.

1. Cuando fue a ver al dentista, el alcalde no se (afeitar) _____.
2. En esos días (llover) _____ mucho en el pueblo.
3. Cuando el alcalde entró en el gabinete, el dentista no (cambiar) _____ de expresión.
4. Nosotros todavía no (abrir) _____ la gaveta inferior de la mesa cuando él llegó.
5. Para vengarse del alcalde, el dentista no (usar) _____ anestesia.
6. El alcalde y los políticos del pueblo (matar) _____ a muchas personas de la oposición.
7. Durante la mayor parte de la semana, el alcalde (sentir) _____ mucho dolor en la boca.

DEVELOPING YOUR WRITING SKILLS

Write a short essay of at least 85 words in Spanish about the behavior of the dentist in *Un día de estos*. Use the following suggestions and as many of the words and expressions in the vocabulary list as possible.

• *Writing Strategy*

Buttress your argument with information from some of the following sources:

1. The story
2. Relevant cases of human rights violations or political oppression
3. Your own standards of justice

• *Vocabulary*

matar	a escondidas	alcalde	gobierno
sanguinario	vengarse	torturar	dolorido
temblar	rencor	represión	pagar
desesperación	derramar	política	pueblo
muerto			

Expressing Your Ideas

Select one of the following topics, jot down your ideas in outline form, and prepare to discuss your opinions in class with three or four classmates. Once you have discussed your topic thoroughly, present a composite version of your conversation to the rest of the class.

1. Una de las imágenes más impactantes del cuento es la de la telaraña polvorienta con huevos de araña e insectos muertos en que se fija el alcalde tan pronto como el dentista le termina de sacar la muela. ¿Por qué cree Ud. que García Márquez utiliza esta imagen? ¿Qué significado político tiene esta imagen? ¿Qué otros animales se usan para crear el tono del cuento y relacionar las actividades ilegales del alcalde con las acciones del dentista?
2. ¿Cómo desarrolla García Márquez la función del dentista en el cuento? ¿Por qué sabe el lector que las medidas que toma el dentista son las apropiadas dentro del papel que se le asigna en el cuento? ¿Cuál es su papel? ¿Qué piensa Ud. de esta situación?

El ausente

ANA MARÍA MATUTE

PREREADING ACTIVITIES

BASIC VOCABULARY

Nouns

la **anguila** eel

el **arrepentimiento** repentance

el **berrinche** temper, rage, tantrum

el **cariño** affection, tenderness

la **congoja** anguish, anxiety

la **huerta** large vegetable garden

el **orgullo** pride

el **párpado** eyelid

el **ronquido** snore

la **tapia** mud wall, adobe wall

la **ternura** tenderness

la **venganza** vengeance

Verbs

amargar (gu) to make bitter, to cause bitterness

asear to clean

asomar to put out, to stick out

escurrirse to slide, to glide

jadear to pant, to heave

odiar to hate

Adjectives

colérico(-a) wrathful

desfallecido(-a) faint, very tired

sudoroso(-a) sweaty

torpe awkward, clumsy

(continued)

Useful Expressions

Allá él (ella, tú, etc.). It's his (her, your, etc.) business.

bien (mal) avenido(-a) on good (bad) terms

darle en la cabeza a uno/a to defeat, to frustrate someone

entrado(-a) en años elderly

fruncir (z) el ceño to frown, to scowl

mirar por encima de to look contemptuously upon

por añadidura furthermore, what is more

VOCABULARY USAGE

A. Select the definitions in *Column B* most closely related to the words in *Column A*.

A	B
____ 1. colérico	a. resentimiento que se conserva de una ofensa
____ 2. congoja	b. angustia y aflicción
____ 3. rencor	c. desanimado, cansado
____ 4. desfallecido	d. causar aflicción, tristeza
____ 5. amargar	e. violento, de mal genio

B. The following sentences refer to *El ausente*. Rearrange them into what you consider a logical order, numbering them from 1 to 5 on the lines provided.

____ 1. Todos sabían en el pueblo que Luisa y su esposo tenían un matrimonio mal avenido.

____ 2. Marcos se casó con otra mujer mayor que él pero que tenía dinero.

____ 3. Cuando era joven, Luisa se había enamorado locamente de Marcos.

____ 4. El mismo día de su boda, Luisa sintió arrepentimiento.

____ 5. Como era muy orgullosa, Luisa se casó sin amor con otro hombre sólo por darle en la cabeza a Marcos.

USING VOCABULARY IN CONTEXT

A. Which phrases do you associate with the following passages from *El ausente*?

____ 1. Se echó sobre la cama y lloró, porque había perdido su compañía. La casa estaba vacía y ella estaba sola.

____ 2. En la oscuridad, con los ojos abiertos, Luisa sintió de nuevo el calor de las lágrimas entre los párpados.

____ 3. Cuando se acostaban, ella le daba a él la espalda, y él se escurría como una anguila hacia el borde opuesto de la cama.

____ 4. Se había casado con un hombre a quien no quería, sólo por darle en la cabeza a Marcos, quien la había abandonado por otra mujer.

a. un matrimonio mal avenido
b. una mujer orgullosa
c. una mujer llorando
d. una mujer llena de desesperanza

B. The following paragraphs refer to *El ausente*. Choose the appropriate words and expressions from the lists provided to complete the paragraph so that it makes sense.

rencor	amargado	mal avenido
acostarse	colérico	ceño fruncido

Después de discutir, ella ____ temprano. Se sentía muy ____ porque sabía que ella y su esposo tenían un matrimonio muy ____. Mientras tanto, él se quedó en la sala, estaba con el _____ y sentía un poco de _____ hacia su esposa porque ella no parecía quererlo.

orgullo	huerta	berrinche
desfallecido	colérico	tapia

Amadeo estaba sucio y cansado. Se sentía _____ cada vez que su esposa tenía _____. En esos momentos se sentía _____ y por eso decidió salir a la _____ a arreglar la _____ que con tanto _____ había construido el verano pasado. Al poco rato se sintió mejor.

Cognates and Word Formation

Read the following paragraphs carefully and then circle all the cognates you recognize.

1. Su marido era un hombre taciturno y brusco que se ganaba la vida en un trabajo ingrato que le destruía su salud. Ella siempre lo había mirado con reprobación, porque no podía sofocar sus sentimientos y porque a veces pensaba que le tenía algo de rencor.
2. De joven, ella había tenido la cabeza llena de novelerías y de pensamientos pueriles. Pero ahora que era una mujer entrada en años sabía que él era lo más importante en su vida y lo único que le quedaba en el mundo.

Anticipating the Story

Answer the following questions about *El ausente*. The questions are designed to get you thinking about the content of the story before you start reading.

1. ¿Qué le sugiere el título *El ausente*? Haga una lista de posibilidades.
2. Mire el dibujo al principio de esta sección y haga una descripción de los personajes. ¿Cuántos años parecen tener? ¿Cómo son? ¿Dónde viven?
3. ¿Se casaría Ud. sin amor? ¿Por qué?
4. ¿Cuáles son las características de un matrimonio mal avenido?
5. Después de haber terminado una relación con una persona con quien Ud. había pasado mucho tiempo, ¿cómo se sintió? Explique sus sentimientos.

El ausente

ANA MARÍA MATUTE

Ana María Matute (1926–   ) nació en Barcelona, España. Con la publicación de *Los Abel* inicia una carrera literaria llena de éxitos. Por la calidad de su obra, Matute ha sido reconocida con varios premios importantes (Planeta, Nadal, Nacional de Literatura, Gijón y otros) y ha sido candidata por su país para el Premio Nóbel de Literatura. Entre las obras que han sido traducidas a varios idiomas se destacan *Primera memoria, La trampa* e *Historias de Artámila* (1975). *El ausente,* que pertenece a *Historias de Artámila,* capta de un modo directo el drama de un matrimonio mal avenido.

Por la noche discutieron. Se acostaron llenos de rencor el uno por el otro. Era frecuente eso, sobre todo en los últimos tiempos. Todos sabían en el pueblo —y sobre todo María Laureana, su vecina— que eran un matrimonio mal avenido. Esto, quizá, la amargaba más. «Quémese la casa y no salga el humo[1]», se decía ella, despierta, vuelta de cara a la pared. Le daba a él la espalda, deliberada, ostentosamente. También el cuerpo de él parecía escurrirse como una anguila hacia el borde opuesto de la cama. «Se caerá al suelo», se dijo, en más de un momento. Luego, oyó sus ronquidos y su rencor se acentuó. «Así es. Un salvaje, un bruto. No tiene sentimientos». En cambio ella, despierta. Despierta y de cara a aquella pared encalada, voluntariamente encerrada.

Era desgraciada. Sí: no había por qué negarlo, allí en su intimidad. Era desgraciada, y pagaba su culpa de haberse casado sin amor. Su madre (una mujer sencilla, una campesina) siempre le dijo que era pecado casarse sin amor. Pero ella fue orgullosa. «Todo fue cosa de orgullo. Por darle en la cabeza a Marcos. Nada más». Siempre, desde niña, estuvo enamorada de Marcos. En la oscuridad, con los ojos abiertos, junto a la pared, Luisa sintió de nuevo el calor de las lágrimas entre los párpados. Se mordió los labios. A la memoria le venía un tiempo feliz, a pesar de la pobreza. Las huertas, la recolección de la fruta... «Marcos». Allí, junto a la tapia del huerto, Marcos y ella. El sol brillaba y se oía el rumor de la acequia,[2] tras el muro. «Marcos». Sin embargo,

---

[1]**Quémese... humo** Don't wash your dirty linen in public [2]**acequia** irrigation ditch

¿cómo fue?... Casi no lo sabía decir: Marcos se casó con la hija mayor del juez: una muchacha torpe, ruda, fea. Ya entrada en años, por añadidura. Marcos se casó con ella. «Nunca creí que Marcos hiciera eso.[3] Nunca». ¿Pero cómo era posible que aún le doliese,[4] después de tantos años? También ella había olvidado. Sí: qué remedio. La vida, la pobreza, las preocupaciones, le borran a una esas cosas de la cabeza. «De la cabeza, puede... pero en algún lugar queda la pena. Sí: la pena renace,[5] en momentos como éste... ». Luego, ella se casó con Amadeo. Amadeo era un forastero,[6] un desgraciado obrero de las minas. Uno de aquéllos que hasta los jornaleros[7] más humildes miraban por encima del hombro. Fue aquél un momento malo. El mismo día de la boda sintió el arrepentimiento. No le amaba ni le amaría nunca. Nunca. No tenía remedio. «Y ahí está: un matrimonio desavenido. Ni más ni menos. Este hombre no tiene corazón, no sabe lo que es una delicadeza. Se puede ser pobre, pero... Yo misma, hija de una familia de aparceros.[8] En el campo tenemos cortesía, delicadeza... Sí: la tenemos. ¡Sólo este hombre!» Se sorprendía últimamente diciendo: «este hombre», en lugar de Amadeo. «Si al menos hubiéramos tenido un hijo[9]... ». Pero no lo tenían, y llevaban ya cinco años de matrimonio.

Al amanecer le oyó levantarse. Luego, sus pasos por la cocina, el ruido de los cacharros.[10] «Se prepara el desayuno». Sintió una alegría pueril: «Que se lo prepare él. Yo no voy». Un gran rencor la dominaba. Tuvo un ligero sobresalto:[11] «¿Le odiaré acaso?» Cerró los ojos. No quería pensarlo. Su madre le dijo siempre: «Odiar es pecado, Luisa». (Desde que murió su madre, sus palabras, antes oídas con rutina, le parecían sagradas, nuevas y terribles.)

Amadeo salió al trabajo, como todos los días. Oyó sus pisadas y el golpe de la puerta. Se acomodó en la cama, y durmió.

Se levantó tarde. De mal humor aseó la casa. Cuando bajó a dar de comer a las gallinas la cara de comadreja[12] de su vecina María Laureana asomó por el corralillo.

---

[3]**Nunca... eso.** I never thought Marcos would do that. [4]**doler** to hurt [5]**renacer** to reappear, to be revived [6]**forastero** stranger, outsider [7]**jornalero** day laborer [8]**aparcero** tenant farmer [9]**Si... hijo** If only we had had a child . . . [10]**cacharro** coarse earthen pot [11]**sobresalto** fright [12]**comadreja** weasel

—Anda, mujer: mira que se oían las voces anoche.

Luisa la miró, colérica.

—¡Y qué te importan a ti, mujer, nuestras cosas!

María Laureana sonreía con cara de satisfacción.

—No seas así, muchacha... si te comprendemos todos, todos... ¡Ese hombre no te merece, mujer!

Prosiguió en sus comentarios, llenos de falsa compasión. Luisa, con el ceño fruncido, no la escuchaba. Pero oía su voz, allí, en sus oídos, como un veneno[13] lento. Ya lo sabía, ya estaba acostumbrada.

—Déjale,[14] mujer... déjale. Vete con tus hermanas, y que se las apañe solo.[15]

Por primera vez pensó en aquello. Algo le bullía en la cabeza:[16] «Volver a casa». A casa, a trabajar de nuevo la tierra. ¿Y qué? ¿No estaba acaso acostumbrada? «Librarme de él». Algo extraño la llenaba: como una agria[17] alegría de triunfo, de venganza. «Lo he de pensar», se dijo.

Y he aquí que ocurrió lo inesperado. Fue él quien no volvió.

Al principio, ella no le dio importancia. «Ya volverá», se dijo. Habían pasado dos horas más desde el momento en que él solía entrar por la puerta de la casa. Dos horas, y nada supo de él. Tenía la cena preparada y estaba sentada a la puerta, desgranando alubias.[18] En el cielo, azul pálido, brillaba la luna, hermosa e hiriente.[19] Su ira[20] se había transformado en una congoja íntima, callada. «Soy una desgraciada. Una desgraciada». Al fin, cenó sola. Esperó algo más. Y se acostó.

Despertó al alba, con un raro sobresalto. A su lado la cama seguía vacía. Se levantó descalza y fue a mirar: la casucha[21] estaba en silencio. La cena de Amadeo intacta. Algo raro le dio en el pecho, algo como un frío. Se encogió de hombros y se dijo: «Allá él. Allá él con sus berrinches». Volvió a la cama, y pensó: «Nunca faltó de noche[22]». Bien, ¿le importaba acaso? Todos los hombres faltaban de noche en sus casas, todos bebían en la taberna, a veces más de la cuenta. Qué raro: él no lo hacía nunca. Sí: era un

---

[13]**veneno** poison [14]**Déjale** Leave him [15]**que... solo** let him manage by himself [16]**Algo... cabeza.** Something was swarming in her mind.
[17]**agria** sour [18]**desgranar alubias** to shell green beans [19]**hiriente** offensive, cutting [20]**ira** rage [21]**casucha** shabby little house [22]**Nunca... noche.** He never stayed away at night.

hombre raro. Trató de dormir, pero no pudo. Oía las horas en el reloj de la iglesia. Pensaba en el cielo lleno de luna, en el río, en ella. «Una desgraciada. Ni más ni menos».

El día llegó. Amadeo no había vuelto. Ni volvió al día siguiente, ni al otro.

La cara de comadreja de María Laureana apareció en el marco de la puerta.

—Pero, muchacha... ¿qué es ello? ¿Es cierto que no va Amadeo a la mina? ¡Mira que el capataz lo va a despedir![23]

Luisa estaba pálida. No comía. «Estoy llena de odio. Sólo llena de odio», pensó, mirando a María.

—No sé —dijo—. No sé, ni me importa.

Le volvió la espalda y siguió en sus trabajos.

—Bueno —dijo la vecina—, mejor es así, muchacha... ¡para la vida que te daba!

Se marchó y Luisa quedó sola. Absolutamente sola. Se sentó desfallecida. Las manos dejaron caer el cuchillo contra el suelo. Tenía frío, mucho frío. Por el ventanuco[24] entraban los gritos de los vencejos,[25] el rumor del río entre las piedras. «Marcos, tú tienes la culpa... tú, porque Amadeo... ». De pronto, tuvo miedo. Un miedo extraño, que hacía temblar sus manos. «Amadeo me quería. Sí: él me quería». ¿Cómo iba a dudarlo? Amadeo era brusco, desprovisto de ternura, callado, taciturno. Amadeo —a medias palabras ella lo entendió— tuvo una infancia dura, una juventud amarga. Amadeo era pobre y ganaba su vida —la de él, la de ella y la de los hijos que hubieran podido tener[26]— en un trabajo ingrato que destruía su salud. Y ella: ¿tuvo ternura para él? ¿Comprensión? ¿Cariño? De pronto, vio algo. Vio su silla, su ropa allí, sucia a punto de lavar. Sus botas, en el rincón, aún llenas de barro.[27] Algo le subió, como un grito. «Si me quería... acaso ¿será capaz de matarse?»

Se le apelotonó la sangre en la cabeza.[28] «¿Matarse?» ¿No saber nunca nada más de él? ¿Nunca verle allí: al lado, pensativo, las manos grandes enzarzadas[29] una en otra, junto al fuego; el pelo negro sobre la frente, cansado, triste? Sí: triste. Nunca lo

---

[23]**el capataz... despedir** the foreman is going to fire him [24]**ventanuco** shabby window [25]**vencejo** swift (*bird*) [26]**los hijos... tener** the children they could have had [27]**barro** mud [28]**Se... cabeza.** Blood rushed to her head. [29]**enzarzadas** clasped together

pensó: triste. Las lágrimas corrieron por sus mejillas. Pensó rápidamente en el hijo que no tuvieron, en la cabeza inclinada de Amadeo. «Triste, estaba triste: Es hombre de pocas palabras y fue un niño triste, también. Triste y apaleado.[30] Y yo: ¿qué soy para él?»

Se levantó y salió afuera. Corriendo, jadeando, cogió el camino de la mina. Llegó sofocada y sudorosa. No, no sabían nada de él. Los hombres la miraban con mirada dura y reprobativa. Ella lo notaba y se sentía culpable.

Volvió llena de desesperanza.[31] Se echó sobre la cama y lloró, porque había perdido su compañía. «Sólo tenía en el mundo una cosa: su compañía». ¿Y era tan importante? Buscó con ansia pueril la ropa sucia, las botas embarradas.[32] «Su compañía. Su silencio al lado. Sí: su silencio al lado, su cabeza inclinada, llena de recuerdos, su mirada». Su cuerpo allí al lado, en la noche. Su cuerpo grande y oscuro pero lleno de sed, que ella no entendía. Ella era la que no supo: ella la ignorante, la zafia,[33] la egoísta. «Su compañía». Pues bien, ¿y el amor? ¿No era tan importante, acaso? «Marcos... ». Volvía el recuerdo; pero era un recuerdo de estampa,[34] pálido y frío, desvaído.[35] «Pues, ¿y el amor? ¿No es importante?» Al fin, se dijo: «¿Y qué sé yo qué es eso del amor? ¡Novelerías!»

La casa estaba vacía y ella estaba sola.

Amadeo volvió. A la noche le vio llegar, con paso cansino.[36] Bajó corriendo a la puerta. Frente a frente, se quedaron como mudos, mirándose. Él estaba sucio, cansado. Seguramente hambriento. Ella sólo pensaba: «Quiso huir de mí, dejarme, y no ha podido. No ha podido. Ha vuelto».

—Pasa, Amadeo —dijo, todo lo suave que pudo, con su voz áspera de campesina—. Pasa, que me has tenido en un hilo...[37]

Amadeo tragó[38] algo: alguna brizna,[39] o quién sabe qué cosa, que mascullaba entre los dientes.[40] Pasó el brazo por los hombros de Luisa y entraron en la casa.

---

[30]**apaleado** beaten, abused [31]**desesperanza** hopelessness, despair [32]**embarradas** muddy [33]**zafia** uncivil, rude one [34]**recuerdo de estampa** fleeting memory, a vague recollection [35]**desvaído** faded [36]**con paso cansino** weary pace [37]**tener en un hilo** to be worried stiff [38]**tragar** to swallow [39]**brizna** blade (*of grass*) [40]**mascullar... dientes** to chew, to mumble

POSTREADING ACTIVITIES

READING COMPREHENSION

A. Answer the following questions in Spanish based on the reading.

1. ¿Dónde tiene lugar la acción? Describa el lugar.
2. ¿Quiénes son los personajes? Mencione las características predominantes de cada uno.
3. ¿Por qué considera Ud. que éste es un matrimonio mal avenido? ¿Quién tiene la culpa? ¿Por qué?
4. ¿Quién es Marcos? ¿Qué relación tenía con Luisa? ¿Qué pasó entre ellos?
5. ¿Cuál es el problema de Luisa? ¿Qué opina Ud. de sus sentimientos hacia Marcos?
6. ¿Qué papel juega la madre de Luisa?
7. ¿Cómo había sido la vida de Amadeo, especialmente su niñez y su juventud?
8. ¿Cómo reacciona Luisa cuando Amadeo, por primera vez, no viene a dormir a casa por la noche? ¿De qué se da cuenta Luisa?
9. Compare a Amadeo con los otros hombres en el pueblo. ¿Cómo se diferencia de ellos?
10. ¿Qué opina Ud. de las relaciones entre Luisa y Amadeo?

B. Comment on the following aspects of *El ausente*.

1. Identifique primero la figura retórica y luego analice el significado de las siguientes comparaciones. Relaciónelas con el contenido del cuento.
   a. El cuerpo de él parecía escurrirse como una anguila.
   b. La cara de comadreja de la vecina se asomó por el corralillo.
   c. Oía su voz como un veneno.
   d. Frente a frente, se quedaron como mudos.
2. ¿Cuál es el tema de *El ausente*?
3. Teniendo en cuenta el tema del cuento, sugiera un título diferente que nos prepare mejor para su lectura.
4. Hágales preguntas a sus compañeros de clase sobre otros aspectos que le hayan interesado en el cuento.

STRUCTURES

A. Reflexive Verbs

Rewrite the following sentences, using the appropriate form of the reflexive verbs in parentheses.

1. Al amanecer, ella lo oyó (levantarse) _____.
2. Luisa y su marido (acostarse) _____ llenos de rencor todos los días.
3. El cuerpo de Amadeo parecía (escurrirse) _____ como una anguila hacia el borde opuesto de la cama.
4. Esa misma noche, Amadeo (caerse) _____ de la cama y (despertarse) _____ de mal humor.
5. La madre de Luisa le había dicho que no debía (casarse) _____ sin amor.
6. Cuando lo vio, Luisa (morderse) _____ los labios para no insultarlo.
7. Su primer amor (haberse casado) _____ con una mujer mayor que él.
8. Luisa (acomodarse) _____ en la cama y (dormirse) _____ hasta el día siguiente.
9. Esa misma mañana, Luisa y su marido (levantarse) _____ tarde.
10. Como estaba muy cansada, Luisa (sentarse) _____ a desgranar unas alubias.
11. Amadeo, ¿quieres (levantarse) _____? ¡Ya es tarde!
12. ¡Ay, María Laureana!, (quedarse) _____ como muda cuando lo vi entrar.

Certain Spanish verbs are inherently reflexive even though they do not have a reflexive meaning, that is, the subject and the object of the action are not the same. These verbs have no reflexive equivalents in English and must be learned as such.

burlarse de	*to make fun of*
darse cuenta de	*to realize*
quejarse de	*to complain about*

Rewrite the following sentences, using the appropriate reflexive pronouns when necessary.

1. Luisa _____ sorprendió al verlo entrar por la puerta.
2. Como estaba solo, _____ preparó el desayuno.
3. Cuando _____ levantó, _____ aseó la casa.
4. Se dice que los mineros _____ burlaban de él.
5. Tú siempre _____ quejas de lo mismo.
6. La vecina _____ marchó y Luisa _____ quedó sola.
7. Luisa _____ miró hacia afuera por el ventanuco.
8. Ella _____ dio cuenta de que no podía vivir sin él.
9. La vecina _____ lavó los cacharros.
10. Amadeo nunca _____ quedaba en la calle por la noche.

B. *The Pluperfect Tense*

Read the following paragraph, in which Luisa's mother is thinking about her daughter's present situation with her husband and complete her thoughts with the appropriate form of the pluperfect tense.

¡Pobre hija mía! Ya le (advertir) _____ muchas veces que una mujer no se debe casar sin amor. Si Marcos ya (casarse) _____ con la hija del juez, ¿por qué tenía Luisa que seguir amargándose la vida con su recuerdo durante todos estos años? (Conocerse) _____ cuando eran muy jóvenes, pero con el matrimonio de Marcos todo (cambiar) _____. Además, Luisa también (decidir) _____ casarse con Amadeo para darle en la cabeza a Marcos y ahora tenía que sufrir las consecuencias. Sé que el primer amor de Luisa (ser) _____ una experiencia inolvidable en su juventud, pero ahora debe darse cuenta de que ha entrado en una etapa distinta de su vida.

Developing Your Writing Skills

Write a short essay of at least 90 words in Spanish summarizing Luisa's predicament and suggesting ways to improve her relationship with Amadeo. Use the following suggestions and as many of the words and expressions in the vocabulary list as possible.

• *Writing Strategy*

1. Choose a title.
2. Select a topic sentence for each paragraph and then jot down a list of related ideas you want to discuss in each paragraph.
3. Plan the order in which you will present your ideas.
4. List a few key phrases to use in your conclusion.

• *Vocabulary*

olvidarse	mejorar	novelería
ternura	venganza	dar en la cabeza
casarse	amargar	arrepentimiento
orgullo	congoja	entrado en años
mal avenido	rencor	por añadidura
olvidar	recordar	alimentar
dejar de	fingir	secarse las lágrimas
ya no	además	sin embargo
acaso	tal vez	acomodarse
entonces	finalmente	esposo
darse cuenta	discutir	desgraciado

EXPRESSING YOUR IDEAS

Choose one of the following topics and prepare to discuss it in class with three or four classmates. Once you have discussed your topic thoroughly, present a composite version of your conversation to the rest of the class.

1. Explique el punto de vista de la madre sobre el matrimonio y la importancia que tienen sus ideas en la cultura hispana.
2. Dé una versión del problema entre Luisa y Amadeo desde el punto de vista de Amadeo.
3. Dé una versión del problema entre los esposos desde el punto de vista de la vecina.
4. Discuta el tono de la historia y la intención de la autora en *El ausente*.
5. Luisa y Amadeo hablan mucho sobre su problema la noche en que él regresa a casa. Escriba un diálogo sobre su posible conversación.

Review Exercise

A. Rewrite the following paragraph, using the infinitives below. More than one answer may be correct.

dejarla	darle	casarse	llegar
hacerlo	acostarse	huir	escurrirse

A la noche Luisa le vio _____ con paso cansino. Pensó que Amadeo había querido _____ de ella, _____, y no había podido _____. Pensó también en las muchas veces que el cuerpo de su marido parecía _____ indiferentemente hacia el borde opuesto de la cama. Su madre le había dicho que era pecado _____ sin amor. Pero ella era orgullosa y se había casado con Amadeo solamente para _____ en la cabeza a Marcos, su primer amor.

B. Use the preterit or the imperfect tense of the infinitives in parentheses to describe Amadeo's thoughts concerning his problems with Luisa. Justify your choices.

Ese mismo día que me (ir) _____ de la casa (quedarse) _____ pensando en si había actuado correctamente. Luisa y yo (llevar) _____ más de cinco años de casados y todavía no nos (poder) _____ comunicar. (Deber) _____ imaginarme que algo muy grande le (molestar) _____ a Luisa esa misma tarde de agosto que le propuse matrimonio, porque me (aceptar) _____ casi sin pensarlo. (Saber) _____ que en su juventud había tenido amores con el marido de la hija del juez, pero lo que nunca me (poder) _____ imaginar (ser) _____ que había aceptado mi propuesta de matrimonio porque estaba despechada (*angry*). Luisa no había podido borrar el recuerdo de su novio y (querer) _____ darle en la cabeza a Marcos. Sí, (pensar) _____ abandonarla para que supiera que yo también (tener) _____ orgullo. Pero ahora no sé si debo volver.

Part Three

Part Three contains a one-act play, *Los fantoches,* by the Guatemalan playwright Carlos Solórzano. This play is presented in two parts so that it may be covered more effectively in the classroom. To facilitate comprehension of the reading material in this unit, consider the reading strategies outlined in the following study guide.

Study Guide

Prereading Activities

Before you begin working with *Los fantoches,* you should complete several activities which will make the reading easier and more profitable and will prepare you for class discussion.

1. The words and expressions used in this play are generally more difficult and varied than those used in previous selections. Here again you should begin with the Prereading Activities, paying particular attention to the vocabulary exercises and to the rules provided in the Cognates and Word Formation section. Apply these rules to words you encounter as you read, and try to guess the meaning of unfamiliar words by their context.

2. Answer all the questions in the Anticipating the Story section, trying to predict the content of the material you are about to read.
3. Review the following points of grammar covered in this unit: the present subjunctive, the future tense, the conditional tense, formal and informal commands, and the imperfect subjunctive.

Reading

1. In preparation for reading, quickly skim each part of the play to grasp the gist.
2. Scan the Reading Comprehension activities and reread the selection searching for specific information to complete the activities. While scanning, try to identify the key sentences or ideas in the dialogue.

Postreading Activities

Before beginning the Postreading Activities, consider the following suggestions.

1. Review the grammar explanations in each section before doing the section Developing Your Writing Skills. In these writing activities practice the vocabulary and grammatical structures you have learned in a context that has meaning for you.
2. In preparation for the Expressing Your Ideas activity at the end of each section, jot down your thoughts on the topic you have selected for discussion. Then practice stating your ideas aloud to improve your oral skills.

Los fantoches
Mimodrama para marionetas en dos partes

CARLOS SOLÓRZANO

PREREADING ACTIVITIES

BASIC VOCABULARY

Nouns

la **articulación** joint
el **bigote** moustache
la **calabaza** pumpkin
el **cartucho** cartridge
el/la **conejo/a** rabbit
la **corbata** tie
la **coyuntura** joint, articulation
el/la **fantoche** puppet
la **gorra** cap, hat
la **maldad** badness, wickedness, evil
las **mallas** tights
el/la **muñeco/a** puppet, doll, dummy
el **músculo** muscle
las **patillas** sideburns
la **peluca** wig
la **penumbra** semi-darkness
el **peso** weight
la **pestaña** eyelash
el **petardo** firecracker
el **pico** sharp point
pico de bambú bamboo strips
el **polvo** dust, powder
la **pólvora** gunpowder
la **punta** point, tip
el **remordimiento** remorse
el **tambor** drum

Verbs

aburrirse to get bored
alcanzar to reach
enojarse to get angry
estallar to explode, to blow up
golpear to hit, to strike, to drum, to beat
incorporarse to get up
pinchar to prick

(continued)

Adjectives

acaricidor(-a) caressing
arrobado(-a) fascinated
brillante glittering, shiny
ciego(-a) blind
defectuoso(-a) defective, faulty
embelesado(-a) fascinated
inestable unstable
jorobado(-a) hunchbacked

Useful Expressions

a tus años at your age
caer de bruces to fall flat on one's face
dar un manotazo to slap
estar de espaldas to have one's back turned
latido del corazón heart-beat
no valer nada not to be worth a thing, to be worthless
tocarle (qu) a uno el turno to be one's turn

Vocabulary Usage

A. Select the word that does not belong to each group.

1. bigote, patillas, pestaña, barba, boca, pelo
2. petardo, pico, pólvora, polvo, explosivo
3. gorra, mallas, corbata, tambor, zapato, vestido
4. penumbra, luz, oscuridad, sombra
5. conejo, burro, calabaza, rana, víbora

B. Match the words in *Column A* with the definitions in *Column B*.

A

____ 1. músculo
____ 2. corbata
____ 3. articulación, coyuntura
____ 4. bigote
____ 5. pólvora
____ 6. tambor
____ 7. muñeco

B

a. instrumento musical de percusión
b. mezcla inflamable
c. pelo que cubre el labio superior
d. figurilla humana o fantoche
e. unión de dos huesos
f. tela que se anuda al cuello para adorno
g. órgano fibroso cuya contracción produce el movimiento en los seres vivientes

C. Write complete sentences of your own, using the following expressions.

1. caer de bruces
2. no valer nada
3. dar un manotazo
4. estar de espaldas
5. a tus años
6. incorporarse
7. tocarle a uno el turno

USING VOCABULARY IN CONTEXT

A. Read the following excerpts from *Los fantoches* and choose the correct meaning for the italicized words or phrases.

____ 1. «Esta obra tiene su origen en la *costumbre* mexicana de la ‹Quema del Judas› ».
   a. costume
   b. customhouse
   c. tradition

____ 2. «Los muñecos *han ido cambiando poco a poco* y adoptando diferentes formas de hombres y mujeres que representan a los personajes más populares del momento, en la política, en el cinematógrafo, etc.»
   a. have been changing little by little
   b. have changed with the times
   c. have disregarded the cultural trends

____ 3. «Los personajes, vestidos todos con mallas coloridas *de manera caprichosa,* tendrán la cara pintada del mismo color del vestido... »
   a. in a witty or fanciful way
   b. following a set pattern
   c. with definite colors in mind

____ 4. «EL JOVEN: Representa un atleta con grandes músculos, la cara *rubicunda* y el andar fanfarrón».
   a. rugged
   b. painted in red
   c. ruddy

B. The following paragraph refers to *Los fantoches.* Choose the appropriate words from the list provided to complete the paragraph so that it makes sense.

cartucho	vestido	muñeco
cara	drama	malla
representar		

En *Los fantoches* se ha elegido una serie de _____ para representar con ellos el _____ contemporáneo de la «Quema del Judas». Los personajes aparecen _____ con _____ coloridas y con la _____ pintada del mismo color del vestido. Los fantoches _____ los personajes más populares del momento. En vez de corazón, los muñecos llevan un _____ de pólvora en el pecho.

COGNATES AND WORD FORMATION

Scan the first two pages of *Los fantoches* and find the Spanish cognates of the following words.

1. popular
2. figures
3. rigid
4. movement
5. pantomime
6. bamboo
7. traitor
8. humanity
9. different
10. traditional
11. author
12. to represent
13. arts
14. existence
15. cruel
16. plastic

Anticipating the Play

Answer the following questions about *Los fantoches.* The questions are designed to get you thinking about the content of the play before you start reading.

1. ¿Qué le sugiere el título *Los fantoches?* Haga una lista de posibilidades.
2. Mire el dibujo que aparece al principio de esta sección. ¿Cuál cree Ud. que es el tema del drama? ¿Qué tipo de personajes espera encontrar? ¿Dónde puede tener lugar la acción?
3. Los personajes que aparecen en el drama tienen nombres genéricos o apodos (*nicknames*). ¿Qué puede deducir de los personajes a través de los nombres siguientes? Haga una lista de características para cada uno.
   a. El Joven e. El Cabezón
   b. La Mujer f. El Judas
   c. El Viejito g. El Artista
   d. El Viejo h. La Niña
4. ¿Qué significa la muerte para Ud.? ¿Y la vida?
5. En su opinión, ¿cuál órgano vital considera más importante en el cuerpo humano? ¿Por qué?

Los fantoches

Mimodrama para marionetas en dos partes

CARLOS SOLÓRZANO

Carlos Solórzano (1922–   ) está titulado para ejercer en arquitectura. Tiene además un doctorado en literatura por la Universidad Nacional de México, donde es profesor de drama y literatura. Ha hecho estudios avanzados de drama en Francia (1948–1951) y ha dirigido muchas obras importantes de teatro en México. La mayoría de sus dramas examinan la condición humana a través de simbolismos religiosos y meditaciones filosóficas. En las dos últimas décadas, Solórzano se ha dedicado a escribir novelas y dramas en un acto.

En *Los fantoches,* Solórzano se vale del teatro de marionetas para explorar el destino del ser humano después de la muerte. *Los fantoches* está basado en la «Quema de Judas», una tradición mexicana que se celebra el Sábado de Gloria. Durante este rito, la gente del pueblo quema simbólicamente en las calles fantoches de papel que representan figuras políticas o personajes populares del momento.

PERSONAJES

El Viejo que hace a los muñecos
Su hija, Niña

LOS FANTOCHES

La Mujer, que ama
El Joven, que trabaja
El Artista, que sueña
El Cabezón, que piensa
El Viejito, que cuenta
El Judas, que calla

LUGAR: Este mundo encerrado

I

DECORADO

Un almacén en que se guardan muñecos de «carrizo»[1] *y papel pintado en el estilo popular. Se ven por todas partes figuras grotescas y coloridas.*

---

[1]**muñecos de «carrizo»** puppets made of reeds

Una sola pequeña ventana en lo alto de uno de los muros grisáceos. Una pequeña puerta.

Al correrse el telón[2] *está la escena en penumbra, luego entra por la ventanilla un rayo de luz que va aumentando y entonces se ve a los fantoches en posturas rígidas que recuerdan las del sueño. Al hacerse la luz total*[3] *se van incorporando uno tras otro con movimiento de pantomima. Este movimiento se alternará, a juicio del director, con movimientos reales y otros rítmicos según la ocasión.*

ACLARACIÓN AL LECTOR EXTRANJERO

Esta obra tiene su origen en la costumbre mexicana de la «Quema del Judas». El Sábado de Gloria,[4] *consumada la Pasión de Cristo, el pueblo da salida a su deseo de venganza, todos los años, quemando en las calles públicamente unos muñecos gigantescos hechos en bambú y papel pintado a los que se ata una cadena de petardos en las coyunturas y a lo largo de todo el cuerpo, con lo cual se castiga, simbólicamente, al traidor más grande de la Humanidad.*

Los muñecos han ido cambiando poco a poco y adoptando diferentes formas de hombres y mujeres que representan a los personajes más populares del momento, en la política, el cinematógrafo, etc., pero subsisten otros tradicionales en el arte popular como el Diablo y la Muerte.

En Los fantoches *se ha elegido una serie de muñecos, especialmente significativos para el gusto del Autor, para hacerse representar con ellos un drama contemporáneo, de la misma manera que algunos pintores mexicanos han hecho la trasposición de «Los Judas» a las artes plásticas para sugerir con ellos la existencia de un mundo que, tras su brillante colorido aparente, encierra un fondo desgarrado y cruel.*[5]

Los personajes, vestidos todos con mallas coloridas de manera caprichosa, tendrán la cara pintada del mismo color del vestido y representarán «tipos» conocidos dentro de la tradición de los muñecos de arte popular de la manera siguiente:

EL JOVEN: *Representa un atleta con grandes músculos, la cara rubicunda y el andar fanfarrón.*[6] *Grandes ruedas rojas en las mejillas. Pelo brillante hecho con piel de conejo teñida*[7] *de negro. Lleva un tambor colgado del cuello.*

---

[2]**Al... telón** When the curtain goes up [3]**Al... total** When the lights are fully on [4]**Sábado de Gloria** Easter Saturday [5]**encierra... cruel** hides a heartrending and cruel underworld [6]**fanfarrón** boastful [7]**teñida** dyed

EL VIEJITO: *Figura muy conocida, representa un anciano jorobado, de cara picaresca y andar defectuoso. Pelo y barba hechos con piel de borrego.*[8]

LA MUJER: *Vestido blanco, en el que son muy visibles «los picos» del bambú. Es «la muñeca del arte popular». Ojos muy grandes, enormes pestañas y las mejillas muy rojas. Pelo rojizo que cae en cascada.*

EL ARTISTA: *Representa un «joven romántico». Traje a rayas, patillas y bigote con grandes puntas y gran corbata. Una gorra negra.*

EL CABEZÓN: *Es una de las figuras más conocidas en el arte popular: Gran cabeza de calabaza hecha de cartón por la que asoma una cara pintada del mismo color que la calabaza. Vestido con hojas. Andar inestable a causa del gran peso de la cabeza.*

EL JUDAS: *Cara y vestido verdes con dos grandes serpientes en los brazos, «las sierpes de la maldad», en cuyas cabezas centellean*[9] *los ojos cobrizos.*[10]

EL VIEJO QUE HACE LOS MUÑECOS: *Representa la figura de un anciano con hábito monacal blanco hasta el suelo. Gran barba y peluca larga hecha de fibra blanca.*

LA NIÑA, SU HIJA: *Representa una «muerte catrina»*[11] *vestida de niña, blanco, con volantes y encajes.*[12] *Gorra, medias y zapatitos blancos. Máscara de la «Muerte sonriente».*[13]

Durante la representación irá cambiando la luz solar hasta hacerse brillante y luego convertirse en luz de tarde para terminarse en luz azul de luna. Todos los fantoches llevan pintados un cartucho en el pecho y las ramificaciones en el cuerpo como un sistema circulatorio visible.

El Joven: (*Incorporándose.*) Ya es de día.

El Viejito: Uno más. (*Se moverá siempre como si le dolieran las articulaciones.*)

El Joven: Es un hermoso día.

El Viejito: Dices siempre lo mismo al despertar.

El Joven: No hay que perder el tiempo. A trabajar. (*Se sienta y se apodera de un tambor. Con este tambor, a veces sonoro, a veces sordo, expresará el latido del corazón y la naturaleza de sus emociones.*)

---

[8]**borrego** lamb [9]**centellear** to sparkle [10]**cobrizos** copper-colored [11]**«muerte catrina»** Mexican slang for a skeleton dressed in a cowboy outfit [12]**con... encajes** with ruffles and lace [13]**Máscara... sonriente.** Smiling Death's mask.

La Mujer: Ah... ya empezaste a trabajar... Hagan que se calle. (*El JOVEN la ve embelesado mientras baja el ruido del tambor. La MUJER se despereza con voluptuosidad.*) Qué sueños tan acariciadores.

El Joven: (*Hosco.*) Deberías trabajar tú también.

El Artista: Sí... pero en algo bello, algo artístico, como yo...

El Joven: Ja... Ja... (*Golpea fuerte.*)

Comienza el golpeteo sonoro.

La Mujer: ¿Qué haces?

El Artista: Estoy cambiando estas rayas color de rosa, que el Viejo me ha pintado, por otras color violeta.

La Mujer: (*Coqueta.*) Me gusta lo que haces; pero ¿no hacías lo mismo ayer?

El Artista: No, ayer cambié las rayas violeta por otras color de rosa.

La Mujer: (*Con admiración ingenua.*) Debe de ser difícil.

El Joven: (*Golpeando.*) Es absurdo.

El Artista: Pero es bello. Tú no eres artista. No puedes saber...

El Viejito: ¿Quieres callarte con ese maldito ruido? Vas a volvernos locos —qué tonto es—.

El Joven: Sí. (*Con ira.*) Ya sé lo que piensan de mí... : Un burro de carga...[14] (*Golpea aun más fuerte.*)

La Mujer: ¿Por qué te enojas?... ¿Sabes?... Tienes un pelo que me gusta. Tú eres el único a quien el Viejo (*señala para fuera*) ha puesto un pelo tan brillante.

El Joven: (*Arrobado, suspende el trabajo.*) ¿Te parece?

La Mujer: Me gusta el pelo brillante.

---

[14]**un burro de carga** beast of burden (*meaning the person who does the work of a donkey*)

El Artista: Cualquier pelo puede ser brillante si lo pintas de negro...

El Viejito: Eso se dice a tus años.

El Artista: Yo con el arte puedo hacer que parezca lo que no es.

El Viejito: Tú eres un fanfarrón.

El Artista: ¿Cómo te atreves? (*Se lanza contra el VIEJITO pero la MUJER se interpone y los separa.*)

El Viejito: Ay... Ay...

La Mujer: ¿Qué pasa?

El Viejito: Me has lastimado[15] con uno de los picos de tu vestido. (*Al JOVEN.*) ¿Quieres callarte tú, imbécil?

La Mujer: Déjalo... (*Al CABEZÓN que está sentado con la cabeza entre las manos.*) Y tú, ¿qué haces?

El Cabezón: Pienso; para algo me ha hecho el viejo esta cabeza tan grande.

La Mujer: (*Coqueta.*) Me gustan las cabezas grandes.

El Cabezón: (*Al principio la ve arrobado, luego se endurece.*)[16] No; debo pensar todo el día.

La Mujer: (*Desilusionada.*) ¿Para qué?

El Cabezón: Para saber.

La Mujer: Saber ¿qué?

El Cabezón: Lo que se puede deducir... Por ejemplo; cómo llegar a esa ventana, cómo alcanzar la luz.

La Mujer: Me gusta esta penumbra.

El Cabezón: (*Burlón.*) A ti, todo te gusta.

La Mujer: No... no soy tan tonta... A veces también me aburro.

---

[15]**lastimar** to hurt [16]**luego se endurece** and then he hardens

El Cabezón: ¿Por qué no tratas de pensar?

La Mujer: No puedo... Mira qué cabeza tan pequeña me ha puesto el viejo... (*Al ARTISTA.*) Tal vez tú puedas ayudarme.

El Artista: ¿A qué?

La Mujer: A suprimir estos picos de mi vestido. Me separan de todo... Te daré un beso. (*Se acerca al ARTISTA.*)

El Artista: (*Gritando.*) Ay... Ay... Me has pinchado.

La Mujer: (*Riéndose.*) Es divertido. Así no me aburro... ¿Y tú, Viejito?

El VIEJITO cuenta con movimiento mecánico unos papeles que tiene en la mano.

El Cabezón: (*Poniéndose de pie increpa*[17] *al VIEJITO.*) No me deja pensar por estar contando esos papeles. Todo el día haces lo mismo... Es estúpido.

La Mujer: (*Con simpatía.*) ¿Tienes muchos?

El Cabezón: Claro... Como lleva mucho tiempo encerrado aquí, ha ido juntando esos papeles de colores que son restos de los materiales con que el Viejo nos hizo.

El Viejito: ¿Y qué?... No molesto a nadie...

El Cabezón: No puedes pasarte todo el tiempo contando.

El Joven: Déjalo... Métete en tus asuntos.[18] (*Golpea fuerte.*)

El Cabezón: (*Cubriéndose los oídos.*) ¿Quién puede pensar en nada cuando se está rodeado de idiotas... ?

El Joven: Ya estoy harto de eso... Te voy a romper esa cabezota... (*Se abalanza*[19] *contra él pero tropieza y cae de bruces. Todos ríen...*)

El Cabezón: ¡Idiotas!

La Mujer: No se peleen... ¿Es mucho pedir que podamos vivir en paz? (*Al VIEJITO.*) ¿Y ese papel rojo?

---

[17]**increpar** to scold [18]**Métete... asuntos.** Mind your own business.
[19]**abalanzar** to rush at

El Viejito: (*Enseñándole.*) Es resto del material con que el Viejo hizo un diablo. Sólo tengo tres. Son muy valiosos.

El Artista: A mí me gustan sólo los rosas y los violetas.

El Viejito: No valen nada... Hay muchos...

De pronto, otra figura que estaba en la penumbra se pone de pie con movimientos angustiosos y contorsionados. Es JUDAS. Siempre estará de espaldas al público. Los fantoches lo ven asombrados.

La Mujer: Se ha levantado.

El Joven: (*Golpeando.*) Siempre se levanta tarde... Es un holgazán...[20]

La Mujer: Hoy me parece más alto que otros días.

El Viejito: (*Contando.*) Es igual que siempre. Te gusta engañarte a ti misma.[21]

La Mujer: Bueno... Es como si no supiera algo de lo que pasa aquí... Me hago la ilusión de que hay algo nuevo que descubrir.

El Viejito: Nunca hay nada nuevo en ninguna parte. (*Comienza a contar, ahora en voz alta.*) Uno, dos, tres...

El Cabezón: (*Dando un violento manotazo.*) Ah, no... En voz alta no...

El VIEJITO sigue contando en voz alta.

La Mujer: Hoy sé algo nuevo de él. (*Señala a JUDAS.*) Sé que tiene un nombre.

El Viejito: (*Distraído.*) ¿Un nombre?

La Mujer: Sí. Ayer oí a la niña decirlo. Se llama Judas.

El Viejito: ¿Judas?

El Joven: (*Tirando violentamente del brazo de la MUJER.*) ¿Te gusta? di ¿te gusta?

La Mujer: (*Contenta.*) ¿Estás celoso?... Me gustan las dos ser-

---

[20]**holgazán** lazybones, loafer [21]**Te... misma.** You like to fool yourself.

pientes de oro que el Viejo le puso en los brazos. Quisiera verle la cara. (*Al JOVEN, provocativa.*) ¿Crees que es guapo?

El Joven: (*Brutal.*) No tengo tiempo para pensar en eso. Tengo que trabajar. (*Vuelve a su lugar y sigue el golpeteo silencioso.*)

El Viejito: Dicen que hizo algo malo.

La Mujer: No lo creo... Tiene un cuerpo hermoso... Además, si fuera malo, el viejo no lo habría puesto aquí, encerrado con nosotros.

El Cabezón: A lo mejor, el viejo es malo también.

La Mujer: ¿Cómo puede ser malo si nos ha hecho a imagen y semejanza suya?

El Cabezón: Tenemos cabeza y piernas y brazos como él, pero no somos iguales.

El Viejito: Es que él es ciego... nos hace al tacto.[22] No sabe cómo es él, ni cómo somos nosotros... (*A la MUJER.*) ¿O tú crees que alguno aquí es perfecto, tú con ese vestido lleno de picos... ?

La Mujer: Cállate. No todo es tan feo aquí... Estamos juntos, podemos hablar, caminar. Estamos viviendo el tiempo. ¿Qué más quieres?

El Cabezón: Lo que nunca he podido comprender es por qué nos tiene encerrados.

El Joven: Ya nos tocará nuestro turno de salir.

La Mujer: Sí, como los que se fueron ayer, y antier[23] y todos los días.

El Joven: ¿A dónde habrán ido?

El Artista: A distintos lugares... A la libertad.

La Mujer: ¿La libertad? ¿Qué es eso?

El Artista: No lo sé bien... Algo que está fuera de aquí; algo azul y brillante, una meseta elevada, o la cresta más alta en el oleaje del mar.[24]

---

[22]**nos hace al tacto** he makes us by touch (*without looking at us*) [23]**antier** (*fam.*) = **anteayer** [24]**la... mar** the highest crest of the surf

La Mujer: Me gustaría ir ahí... A la libertad...

El Joven: ¿Para qué?

La Mujer: Pues... para alcanzar algo que no tengo. (*Se palpa el pecho.*) De pronto he sentido como si esto me pesara más.

El Viejito: No te preocupes. El Viejo nos ha puesto a todos la misma cantidad de polvo negro y un cartucho del mismo tamaño.

El Cabezón: Creo que ese cartucho es lo que nos atormenta.

La Mujer: Quizás. Me has puesto triste.

El Cabezón: Bah... Todos los días te levantas muy alegre, te entristeces otro rato y luego cantas. Todos los días igual.

La Mujer: Es cierto. Resulta monótono. ¿No?

El Joven: Lo monótono es la felicidad.

El Viejito: Sólo así se llega a viejo.

El Artista: Lo que ustedes no saben es que el polvo que llena el cartucho tiene un nombre.

Todos: ¿Un nombre?

El Artista: Sí. Lo vi ayer... En la caja que traía el viejo decía: Pólvora, explosivo.

El Cabezón: (*Se pone de pie violentamente.*) Explosivo. Eso es... Es lo que se siente... algo que va a estallar...

El Viejito: (*Poniéndose también de pie.*) Yo no siento eso... A mí me duelen las coyunturas. Sobre todo las de las manos.

El Cabezón: (*Irónico.*) Es de tanto contar. ¡Explosivo!... Sí... algo que va a estallar aquí y aquí y aquí. (*Se palpa los lugares en que tiene los cartuchos.*)

La Mujer: Basta.

El Joven: (*Al CABEZÓN.*) Idiota. ¿No ves que la asustas?

El Cabezón: (*Sentándose.*) Yo también me asusté...

Siliencio. De pronto JUDAS comienza una pantomima de angustia, siempre de espaldas.

La Mujer: ¿Qué hace?

El Viejito: Se tortura.

La Mujer: ¿Por qué?

El Viejito: Por remordimientos...

POSTREADING ACTIVITIES

READING COMPREHENSION

I

Answer the following questions in Spanish based on the reading.

1. ¿Dónde tiene lugar la acción?
2. ¿Quiénes son los personajes? Describa cómo están vestidos.
3. ¿Qué representa cada uno de ellos?
4. ¿Qué llevan todos los fantoches en el pecho? ¿Qué significa esto?
5. ¿Qué simboliza el tambor que el Joven toca todo el tiempo?
6. ¿Por qué se siente la Mujer separada de los demás?
7. ¿Cuál es la función del Cabezón en el drama?
8. ¿Quién aparece siempre de espaldas? ¿Por qué? Describa a este personaje.
9. ¿En qué se ocupa el Artista?
10. Y el Viejito, ¿qué hace todo el tiempo? ¿Por qué? ¿Qué simbolizan sus papeles?
11. ¿Cómo hace el Viejo Barbudo a los fantoches? ¿Por qué?
12. ¿Cuál es la reacción de los fantoches hacia el cartucho que llevan en el pecho?
13. ¿Qué es la libertad para ellos?

STRUCTURES

A. The Present Subjunctive

To form the present subjunctive, drop the **-o** ending of the first-person singular of the present indicative, and add the following endings.

-ar verbs	**-e, es, -e, -emos, -éis, -en**
-er and **-ir** verbs	**-a, -as, -a, -amos, -áis, -an**

The following verbs are irregular in the present subjunctive.

dar	→	**dé, des, dé, demos, deis, den**
estar	→	**esté, estés, esté, estemos, estéis, estén**
haber	→	**haya, hayas, haya, hayamos, hayáis, hayan**
ir	→	**vaya, vayas, vaya, vayamos, vayáis, vayan**
saber	→	**sepa, sepas, sepa, sepamos, sepáis, sepan**
ser	→	**sea, seas, sea, seamos, seáis, sean**

Complete the following sentences creatively, using the present tense of the subjunctive.

1. Nosotros esperamos que el sueño...
2. Queremos que el Joven que toca el tambor...
3. Tal vez él...
4. Es tiempo de que Uds...
5. El pueblo no quiere que el alcalde...
6. El Joven no quiere que la Mujer...
7. Los fantoches prefieren que el Judas...
8. El Cabezón duda que el Viejito...
9. La Mujer no cree que el Artista...
10. El Viejo Barbudo no quiere que los fantoches...
11. Tememos que este envoltorio que llevamos en el pecho...
12. Dudo mucho que esa puerta...
13. El Viejo Barbudo espera que nosotros...
14. Tal vez tú...
15. Le he pedido al Viejo que...

B. The Future Tense

The future tense is used in Spanish to refer to an action that *will, shall,* or *is going to* take place. The future is not used to express willingness, as it is in English. In Spanish this is expressed with the verb **querer.**

¿Quieres abrir laventana? — ***Would you like** to open the window?*

To form the future tense, the endings **-e, -ás, -á, -emos, -éis, -án** are attached to the infinitive of regular verbs.

llegaré	*I will arrive*
comeré	*I will eat*
dormiré	*I will sleep*

The following verbs have irregular stems in the future tense, but the endings remain the same.

cabr-	⟶ **caber**	**querr-**	⟶ **querer**
dir-	⟶ **decir**	**sabr-**	⟶ **saber**
habr-	⟶ **haber**	**saldr-**	⟶ **salir**
har-	⟶ **hacer**	**tendr-**	⟶ **tener**
podr-	⟶ **poder**	**valdr-**	⟶ **valer**
pondr-	⟶ **poner**	**vendr-**	⟶ **venir**

Complete the following sentences, using the appropriate form of the future tense of the verbs in parentheses.

1. Todos los fantoches (tener) _____ la cara pintada.
2. Los personajes (representar) _____ tipos conocidos de la política o del cine.
3. La luz (ir) _____ iluminando el escenario poco a poco.
4. El movimiento de pantomima se (alternar) _____ con otros movimientos reales.
5. El Viejito se (mover) _____ siempre despaciosamente.
6. El Cabezón no (salir) _____ por la ventana.
7. No creo que los que se fueron (volver) _____.
8. El Viejo Barbudo le (poner) _____ un cartucho explosivo a cada uno de los fantoches que haga.
9. Judas siempre (estar) _____ de espaldas.
10. Yo les (contar) _____ lo que pasa afuera.

11. La Niña (empujar) _____ la puerta con violencia.
12. Ella hoy no (elegir) _____ a nadie.
13. Ellos no (ayudar) _____ al Artista.
14. El Cabezón se (revolver) _____ en su silla.

In Spanish, the future tense is also used to express probability in the present.

¿Dónde **estará** Judas? *I wonder where Judas is?*

Rewrite the following sentences, using the future to express probability.

1. ¿Qué hora es?
2. ¿Cuándo me toca mi turno?
3. ¿A quién se lleva la Niña esta vez?
4. El Viejito tiene unos setenta años.
5. ¿Es el Viejo Barbudo una representación del Creador?

C. *Formal* Ud. *and* Uds. *Commands*

Formal **Ud.** and **Uds.** commands have the same forms as the corresponding **Ud.** or **Uds.** forms of the present subjunctive.

hablar ⟶ **hable Ud.**
venir ⟶ **venga Ud.**
salir ⟶ **salgan Uds.**

Object and reflexive pronouns are placed immediately *after* the *affirmative* command form and are attached to it. In *negative* commands, however, they are placed *before* the verb form.

Ayúde**me** a mirar por la ventana.
No **me** ayude.

A. Rewrite the following sentences, providing the **Ud.** command form of the verbs in parentheses.

1. (Quemar) _____ al Judas el Sábado de Gloria.
2. (Dejar) _____ el petardo en la mesa.
3. Viejo, (ayudar) _____ a la Mujer a quitarse los picos del vestido.
4. (Traer) _____ la cuerda para colgar al muñeco.
5. (Cambiar) _____ las rayas color rosa por otras color violeta.

B. Rewrite the preceding sentences, replacing all object nouns with the corresponding pronouns. Then make each sentence negative.

EXAMPLE: Saque **los cartuchos** de aquí.
*Sáque**los** de aquí.*
*No **los** saque de aquí.*

Developing Your Writing Skills

Write a short essay of at least 130 words in Spanish analyzing the characters in *Los fantoches*. Use the following suggestions and include briefly all five topics provided below.

• *Suggested Topics*

1. Describa a la Mujer y sus preocupaciones. ¿Cuál es su función en el drama?
2. ¿Cómo es el Cabezón? ¿Qué simboliza?
3. ¿Por qué es importante el trabajo para el Joven? ¿Qué representa él? ¿Cómo es?
4. Describa las actividades diarias del Viejito. ¿Qué simbolizan sus papeles? ¿Qué representa este personaje?
5. ¿Qué función tiene el Artista? ¿Qué significado tienen sus acciones? ¿Cómo ve la vida? Compare sus ideas con las de los otros personajes.

• *Writing Strategy*

1. Choose a title.
2. Select a topic sentence for each paragraph and jot down a list of characteristics you want to consider for each puppet (appearance, personality, actions, preoccupations, thoughts,

wishes, etc.). Use the questions provided in the Suggested Topics as a guide.

3. List a few key phrases to use in your conclusion.

Expressing Your Ideas

Prepare one of the following topics to discuss in class with two classmates. At the end of your discussion, summarize your observations for the other members of the class.

1. **La libertad:** ¿Qué representa la libertad para Ud.? ¿Qué sentiría Ud. si no tuviera libertad para actuar? ¿Qué concepto tienen los fantoches de la libertad? ¿Está Ud. de acuerdo con ellos? ¿Por qué?
2. **Teatro de marionetas:** ¿Ha visto alguna vez por televisión una representación de marionetas? ¿Qué es lo que más le llama la atención de las marionetas? Usualmente, ¿qué representan? ¿Cuál le ha causado más impacto? Haga una descripción breve de su programa favorito.

Prereading Activities

II

Basic Vocabulary

Nouns

el **azar** chance
la **ceniza** ash
el **cohete** firework, skyrocket (*de fuegos artificiales*)
la **cuerda** rope
el **eje** shaft, frame
el **empujón** push, shove
el **estallido** explosion
el **hombro** shoulder
la **ley** law
la **semejanza** resemblance, likeness

(continued)

Verbs

acercar (qu) to bring near
apretar (ie) to squeeze, to tighten
arder to burn
arrebatar to snatch, to grab violently
arreglarse to tidy up, to straighten up
atar to tie
ceder to give way, to give in
colgar (ue) to hang
empujar to push
encerrar (ie) to shut in, to lock up
entregar to deliver, to hand over
juntarse to unite, to join, to put together
martillear to hammer
odiar to hate
quemar to burn
revolverse (ue) to gyrate
suceder to happen, to occur

Adjectives

atónito(-a) astonished, amazed
desenfrenado(-a) unbridled, uncontrolled
encendido(-a) lit, turned on
jadeante panting
medroso(-a) fearful

Useful Expressions

al azar at random
dar saltitos to skip
dar saltos to jump
de pronto suddenly
de rodillas on one's knees
estar de rodillas to kneel
hacer a un lado to push (*something*) to one side
ir de prisa to hurry up, to be in a hurry
pararse en puntas to stand on tip-toe
recobrar la calma to regain one's composure

VOCABULARY USAGE

A. Match the nouns in *Column A* with the infinitives in *Column B*. Be careful! More than one answer may be possible.

A	B
____ 1. cuerda	a. encender
____ 2. tambor	b. arder
____ 3. cohete	c. pinchar
____ 4. estallido	d. quemar
____ 5. pico	e. explotar
____ 6. pólvora	f. golpear
____ 7. ceniza	g. estallar
____ 8. petardo	h. atar

B. Select the word that does not belong to each group.

1. cohete, estallido, petardo, calabaza, arder
2. hombro, pico, músculo, rodilla, espalda, corazón
3. apretar, arder, estallar, explotar, quemar
4. juntarse, atar, apretar, confundirse, odiar
5. dar un manotazo, dar la espalda, golpear, pinchar, empujar

C. Write complete sentences of your own, using the following expressions.

1. ir de prisa
2. recobrar la calma
3. de pronto
4. de rodillas
5. dar saltos

Using Vocabulary in Context

A. Which words do you associate with the following descriptions?

____ 1. Envoltorio pequeño, negro y cilíndrico de pólvora.	a. la nada
____ 2. Aparato explosivo de gran fuerza detonante.	b. cartucho
____ 3. El no ser; lo que no existe.	c. ciego
____ 4. Casualidad.	d. bomba
____ 5. Parte del cuerpo humano que va del cuello al estómago.	e. estallido
____ 6. Ruido que hace una explosión.	f. pecho
____ 7. Persona que no puede ver.	g. azar
____ 8. Con gran temor.	h. medroso

B. The following paragraphs refer to *Los fantoches*. Choose the appropriate words from the lists provided to complete the paragraphs so that they make sense.

aniquilarnos libertad bomba
poner

Ahora sé que no tenemos _____. Sé también que desde que nos haces, en vez de corazón, _____ dentro de nosotros una _____ misma que va a _____.

acercar cartucho temeroso
encendido estallido

La Niña _____ un fósforo _____ al pecho de Judas. De pronto, el _____ se convirtió en una luz brillante. El _____ de la pólvora dejó a todos los fantoches _____ y tristes.

Cognates and Word Formation

You have already learned to examine unfamiliar Spanish words to see if they have cognates in English. The chart that follows will help you review some of the major equivalencies studied in Parts One and Two.

Spanish		English	
-ante	ignorante	*-ant*	ignorant
	durante	*-ing*	during
-ar	estimular	*-ate*	stimulate
-cia, -cio	importancia	*-ce*	importance
	tendencia	*-cy*	tendency
-ción	acción	*-tion*	action
-dad	dignidad	*-ty*	dignity
-ente	persistente	*-ent*	persistent
-ento	violento	*-ent*	violent
-ficar	simplificar	*-fy*	simplify
-mente	rápidamente	*-ly*	rapidly

In figuring out the meaning of a new word, it will be helpful to remember that Spanish words beginning with **esc-, esp-,** or **est-** usually have an equivalent English word beginning with *sc-*, *sp-*, or *st-*.

estudiante	*student*
escénico	*scenic*
espacio	*space*

Carefully read the following excerpts from *Los fantoches* and underline all the Spanish cognates you recognize.

1. «Mientras Judas hace su pantomima, el Viejito cuenta en voz alta, el Joven martillea fuertemente, el Artista se pasea viendo al cielo con actitud de ensueño, el Cabezón con la cabeza entre las manos se revuelve frenético en su asiento, la Mujer, en mitad de la escena, ve al vacío como en éxtasis. De pronto cesa el movimiento de espasmo y todo vuelve a la normalidad».
2. «Los fantoches quedan estáticos en actitud de ofrecerse».
3. «Creo que en el fondo eres tan ignorante como nosotros. Sin embargo podrías tener un gesto de piedad. ¿Por qué permitiste que esa niña se llevara al artista?... Pon una nueva medida a tu ministerio, un poco de lógica, o ¿no puedes?»

Los fantoches

CARLOS SOLÓRZANO

II

Mientras JUDAS hace su pantomima, el VIEJITO cuenta en voz alta, el JOVEN martillea fuertemente, el ARTISTA se pasea viendo al cielo con actitud de ensueño, el CABEZÓN con la cabeza entre las manos se revuelve frenético en su asiento, la MUJER, en mitad de la escena, ve al vacío como en éxtasis. De pronto cesa el movimiento de espasmo y todo vuelve a la normalidad.

La Mujer: (*Al VIEJITO.*) ¿Tú crees que volverán?

El Viejito: ¿Quiénes?

La Mujer: Los que se fueron.

El Artista: Si están libres, ¿a qué han de volver?

El Viejito: Llevo aquí mucho tiempo oyéndoles decir, cuando se marchaban, que habrían de volver algún día, pero no, aquí nadie vuelve, el que se va, no vuelve jamás.

Se oyen pasos afuera y luego la risa de la NIÑA.

La Mujer: Es el Viejo barbudo...

El Viejito: Viene con la Niña, con su hija...

La Mujer: Ah... Siempre que ella viene alguien se va... Tal vez me toque ahora mi turno para ir a la libertad.

El Joven: O a mí...

El Artista: O a mí...

El Viejito: Sería justo que me sacaran a mí. Llevo aquí encerrado tanto tiempo.

Los fantoches quedan estáticos en actitud de ofrecerse. Se descorre el cerrojo,[25] *la puerta se abre y entra el VIEJO BARBUDO, llevado de la mano por la NIÑA, vestida de blanco, que entra dando saltitos.*

---

[25]**descorrer el cerrojo** to unbolt the lock

La Niña: Me gustan estos fantoches... Si no fuera por ellos, ¿qué haría yo? La luz no es buena aquí...

El Viejito: (*Mueve la cabeza con una sonrisa ausente.*) Jo. Jo. Jo.

La Niña: Pero no importa. Los escojo al azar. (*Se pasea delante de los fantoches. De pronto en medio de una risa loca se pone a girar y a girar y en el lugar donde suspende su giro señala...*) Éste.

El Viejito: (*Que ha esperado con los ojos cerrados.*) ¿Quién es?

La Niña: Resultó ser el Judas... Me gusta este Judas... vamos... es tu turno. (*Lo empuja. El JUDAS inicia una marcha torpe, como si protestara, en una breve pantomima trata de increpar a los otros que lo ven asombrados.*) Ya les tocará a ellos también... (*La NIÑA lo empuja violentamente, el JUDAS sale girando como perdido en el aire, detrás de él la NIÑA, llevando de la mano al VIEJO BARBUDO que anda con torpeza.*)[26]

Se cierra la puerta tras ellos. Los fantoches vuelven a sus posturas normales.

La Mujer: (*Triste.*) Se lo llevaron a él... Le vi la cara. Era guapo...

El Artista: (*Airado.*) ¿Por qué le dan la libertad a Judas? Era un traidor.

El Joven: ¿Traidor?

El Artista: Sí, entregó a alguien, por algo que le dieron. No conozco bien la historia.

El Joven: Siempre estuvo aquí.

El Viejito: No. Era otro como él... Pero no era el mismo. Mañana, el Viejo le pondrá el cartucho explosivo a otro igual. Nunca ha faltado aquí un Judas. Siempre está de espaldas, sin hablar.

La Mujer: Somos menos ahora.

El Joven: Es triste.

---

[26]**andar con torpeza** to walk awkwardly

El Artista: Triste y monótono.

El Viejito: No es importante. Nada es importante.

El Cabezón: Mira... por la ventana...

El Viejito: (*Indiferente.*) ¿Qué?

El Cabezón: Me parece que están colgando a Judas... Es la niña la que lo cuelga de una cuerda.

El Viejito: No veo nada. Ni me importa.

La Mujer: Ni yo veo. (*Se para en puntas.*)

El Artista: (*Al CABEZÓN.*) Préstame tus hombros... Me subiré sobre de ti y veré... Les contaré lo que pasa...

El Joven: Yo quiero ver...

El Cabezón: (*Lo hace a un lado violentamente.*) Soy yo el que debe ver. Vamos... Ayúdenme.

El JOVEN, el ARTISTA y el CABEZÓN se suben uno en los hombros del otro. El CABEZÓN ve por la ventana.

El Joven: ¿Ves algo?

El Cabezón: Sí, Judas cuelga... la niña la acerca una cosa encendida... ¿qué va a pasar? (*De pronto se oye un violento estallido de cohetes acompañado de la risa de la NIÑA y de un grito estridente del CABEZÓN.*) No...

Caen los fantoches al suelo arrastrando los papeles del VIEJITO.

El Viejito: Imbéciles... Mira lo que han hecho con mis papeles... (*Se inclina a recogerlos.*)

El Cabezón: (*Balbuciendo.*)[27] ¿Qué pueden... importar... tus papeles... ante lo que... ha pasado... ?

Todos: ¿Qué ha pasado?

El Cabezón: La niña... acercó la cosa encendida al pecho...

---

[27]**balbucir** to stutter, to stammer

al cartucho. (*Todos se llevan la mano al pecho.*) Y de pronto... se hizo una luz más fuerte que la luz del día... Un río de fuego recorrió el cuerpo de Judas dejándole al descubierto los ejes que lo sostenían... Luego, una sacudida violenta...

Todos: ¿Y después?

El Cabezón: (*Hundiendo la cara entre las manos.*) Nada... Judas... Ya no era nada...

El Joven: ¿Cómo?... Si era Judas era algo...

El Artista: Era Judas y era a la vez otra cosa...

La Mujer: O dejó de ser Judas y se convirtió en algo diferente.

El Cabezón: No... No era nada. ¿Me oyen? Nada, polvo, cenizas... nada.

El Joven: Pero entonces... ¿Eso es lo que les pasa a los que se van?

La Mujer: Y eso... nada... ¿Qué es?

El Cabezón: Yo lo vi. (*Con desesperación.*) Nada.

El Artista: Ahora recuerdo. En el cajón del polvo negro decía: pólvora... explosivo... Peligro de muerte.

La Mujer: (*Con estupor.*) Muerte ¿es eso?... ¿Ser nada?...

El Cabezón: No lo comprendo. Lo vi y no puedo comprenderlo, con esta cabeza tan grande sobre los hombros.

El Viejito: (*Indiferente.*) Bah. Tonterías. Voy a contar mis papeles. (*Se sienta a contar.*)

El Joven: No te servirán de nada. Están hechos con el mismo material que nosotros. El día menos pensado... pum... al aire, al viento.

El Viejito: No... esto es algo, se puede tocar, contar. (*Cuenta en voz alta.*) Mil doscientos tres, mil...

El Joven: (*En un arrebato de ira se lanza sobre él, le arrebata los papeles y comienza a romperlos.*) Mira lo que hago con tus papeles.

El Viejito: No... No... son míos. (*Le arrebata algunos y se sienta en un rincón, con aire medroso y triste.*)

El Artista: Peleándose. Idiotas... Todos somos idiotas. ¿Qué esperamos aquí? Les pregunto.

La Mujer: ¿Esperar? Nada. Estamos viviendo.

El Artista: Si ése ha de ser nuestro fin, vamos a juntarnos todos, acerquemos a nosotros una cosa encendida y volaremos por el aire en un solo estallido, como una bomba gigantesca y todos ésos como nosotros a quienes el Viejo no ha puesto aún el terrible cartucho en el centro del cuerpo y mis rayas de colores y tus papeles y tu vestido con picos... Tal vez ésa... es la única libertad que podemos desear.

La Mujer: No... yo quiero convertirme en otra cosa... Algo que salga de mí... quiero, quiero.

El Cabezón: Un momento. Hay que recobrar la calma. Pensemos. A Judas le sucedió... eso... porque era malo... era traidor...

El Joven: Es verdad.

El Cabezón: (*Con esfuerzo.*) Quiere decir que el viejo lo destruyó porque era malo.

El Joven: Entonces el viejo es bueno.

El Artista: ¿Y si no es así? ¿Y si viene por cualquiera de nosotros y nos hace arder en el mismo fuego que a Judas?

La Mujer: Cállate. (*Con tristeza.*) Entonces la vida aquí no tendría sentido...

El Artista: (*Intenso.*) Sería... La desesperación.

El Viejito: Bah... los oigo hablar y no digo nada. Pero ya es tiempo de que me oigan... No hay nada de temible en lo que le pasó a Judas... Yo sé, desde hace tiempo, que a los fantoches como nosotros, hechos a semejanza de un anciano, ciego, que está sumido[28] en la indiferencia, les llega un día en que todo se disuelve en el viento. Pero pienso que ya es bastante hermoso sentir

[28]**sumir** to become immersed

el peso de este envoltorio negro en el centro del cuerpo y saber que eso le da sentido a nuestra presencia en este lugar... Yo lo sé desde hace mucho... pero creo que en el fondo hay que dar gracias a ese Viejo que nos ha puesto aquí... pues hemos vivido, hemos estado haciéndonos compañía, yo he tenido mis papeles de colores y a veces me ha sucedido que siento unas ganas muy grandes de gritar y si no lo he hecho fuertemente, es por temor de que este envoltorio se desbaratara[29] y me arrastrara[30] en un incendio voraz y aniquilador... (*Con tristeza.*) La Niña no ha querido llevarme... siempre me pongo en lugar visible... pero ya llegará... espero el momento.

La Mujer: (*De pronto con frenesí, al JOVEN.*) Ayúdame tú a vivir en algo, que quede después de que yo arda para siempre. Dame un beso.

El Joven: (*Señalando los picos.*) Me lastimaría.

La Mujer: No importa. Acércate... Odio estos picos que no me dejan sentirme confundida contigo, que no permiten nunca que dos sean uno solo, indivisible... Dos en uno. Sería bueno, para oponerle mayor resistencia a la niña.

El Joven: Sería inútil. Dos cartuchos de pólvora negra arden más de prisa que uno solo. No hay defensa.

El Cabezón: Es necesario inventar una.

El Artista: No... Ahora sé que todas las esperas conducen a la muerte. No hay defensa.

La Mujer: (*Con un paso provocativo.*) Ayúdame —tú.

El JOVEN la sigue. Ella huye y se acerca al mismo tiempo. Cuando el JOVEN está muy excitado, ella se deja caer. Él la levanta y sin reparar en los picos del vestido se confunde con ella en un abrazo y un beso espasmódicos... Luego, se separan, ella se arregla el vestido y los cabellos. Él queda en el suelo como herido.

La Mujer: Está bien. El Viejo se encargará de los demás.

El Joven: (*Como soñando.*) ¿El Viejo?

---

[29]**desbaratarse** to be wrecked, ruined [30]**arrastrar** to drag, to pull

De pronto se oyen los pasos afuera precedidos por la risa de la NIÑA. Todos los fantoches se ponen de pie al mismo tiempo.

El Artista: Vienen otra vez. ¿A quién le tocará ahora?

El Joven: No los dejemos entrar.

El Cabezón: Todos contra la puerta. El peso de cinco cuerpos es mayor que el de dos. Física pura.

El Viejito: (*Con una risita.*). Es inútil... Ella empujará la puerta y ustedes se sentirán livianos. ¡Nuestro cuerpo! Es tan deleznable[31] que al menor soplo suyo caería hecho pedazos. Nuestro peso, el peso de cinco fantoches, de diez, de mil, no bastaría para impedir que esa Niña cruel con un dedo abriera la puerta y entrara a elegir entre nosotros.

El Joven: Ya vienen.

El Artista: (*Con gran temor.*) A empujar.

El Cabezón: Con todas nuestras fuerzas. Así, con una viga.[32] (*Se apodera de una viga y todos juntos empujan.*) El brazo de palanca es largo, ayudará. Eso es científico e indudable...

A pesar de que empujan con todas sus fuerzas se ve que la puerta va cediendo; los fantoches van retrocediendo atónitos. Entran la NIÑA y el VIEJO.

La Niña: (*Burlona.*) No me querían dejar entrar. (*Ríe.*)

El Artista: No te rías.

La Niña: ¿Por qué?

El Artista: Eres cruel.

La Niña: No sé. Soy como soy. Mi padre es responsable de como soy.

El Artista: Pero ¿por qué? ¿Por qué nos haces esto? ¿Con qué derecho?

La Niña: (*Divertida.*) ¿Derecho? No conozco esa palabra...

---

[31]**deleznable** frail [32]**viga** beam

El Cabezón: No comprendo cómo pudo entrar. Eso es contra todas las leyes de la ciencia.

La Niña: ¿Por qué me ven tan extrañados? Es necesario que este lugar quede libre. Hay otros muñecos esperando a que mi padre les ponga las venas de pólvora.

La Mujer: (*De rodillas a la NIÑA.*) Yo quiero... uno nuevo.

La Niña: (*Se vuelve de espaldas con disgusto.*) Eso no es asunto mío.

La Mujer: (*De rodillas al VIEJO.*) Quiero uno nuevo.

El Viejo Barbudo: (*Sordo.*) ¿Eh?

La Mujer: Dame un pequeño fantoche con una pequeña bomba nueva. Él y yo (*señala al JOVEN*) nos hemos amado.

El VIEJO va a un rincón, toma un muñeco pequeño, y se lo da a la MUJER.

La Mujer: Lo quiero. Lo quiero. Duérmete y sueña. (*Lo arrulla*[33] *cantando en voz baja.*)

La Niña: (*Alegre.*) Es divertido. Todo esto me divierte mucho. Y bien. Hoy no elegiré al azar. Hoy vendrá alguien que me guste.

Todos: ¿Quién?

La Niña: (*Los ve con sonrisa cruel, mientras los fantoches en actitud de miedo retroceden.*) Tú (*señala al ARTISTA*).

Todos: ¡El Artista!

La Niña: ¿Artista? Nunca oí palabra más tonta. ¿Qué quiere decir?

El Artista: Nada... algo que es aún más inútil que todo lo demás.

La Niña: Vamos, de prisa. (*Lo empuja imperativa.*)

El Artista: No, no iré.

---

[33] **arrullar** to lull to sleep

La Niña: (*Riéndose.*) Se niega a ir.

El Artista: Conmigo tú no puedes nada.

La Niña: ¿No?

El Artista: No... yo hago que sea lo que no es, que el tiempo no transcurra, que el rosa sea violeta, que el sueño sea verdad, que la vida no termine.

La Niña: (*Con asombro.*) ¡Estás loco!

El Artista: Sí... pero no puedes hacerme nada. Yo te ignoro a ti, tengo el poder de olvidarte... de matarte en un pensamiento.

La Niña: (*Impaciente.*). Vamos.

El Artista: No iré.

La Niña: Voy a acercar a ti una llama y todos ellos volarán contigo por el aire...

La Mujer: No, mi pequeño.

El Joven: (*Se adelanta y se encara*[34] *con el ARTISTA.*) No... No tienes derecho. Es tu muerte. Sólo tuya.

El Artista: (*Con desesperanza.*) Ya sabía yo que me dejarían solo... en el último momento...

La NIÑA le da un empujón violento y sale tras él... El VIEJO BARBUDO se ha sentado mientras tanto de espaldas a los fantoches... Se oye otro violento estallido que los paraliza.

El Cabezón: (*Se acerca al VIEJO BARBUDO con aire de pedir una explicación.*) ¿Por qué haces esto? Explícame. Quiero comprender. No sé si lo que te propones es bueno o malo. Durante mucho tiempo pensé que esperábamos aquí algo luminoso, le habíamos llamado libertad... Ahora sé que desde que nos haces, pones dentro de nosotros, como condición para vivir, la bomba misma que ha de aniquilarnos... ¿Por qué entonces no nos haces felices? ¿O por qué no haces que la destrucción sea la felicidad al mismo tiempo? Contesta. (*El VIEJO continúa de espaldas. El CABEZÓN se dirige a la MUJER.*) Háblale tú. Tal vez una mujer...

---

[34]**encararse** to face, to confront

La Mujer: (*Se acerca al VIEJO BARBUDO con gran comedimiento.*[35] *Lleva al pequeño muñeco en los brazos.*) Tú sabes que te he querido, que pensaba en ti y te agradecía que me hubieras hecho diferente a ellos. Sabía que esa diferencia serviría para algo. Hoy sé que es sólo para prolongar nuestra estirpe[36] de fantoches pintados por tu mano, a tu capricho. Creí que nuestra tarea era la de ser felices y me gustaba todo y veía en nuestros colores la más variada colección de hermosuras. Nunca me preocupé por comprender pero ahora, me has dado un pequeño muñeco nuevo y lo quiero. ¿Por qué tengo que querer lo que no comprendo? ¿Por qué no hablas? ¿Eres mudo además de ser sordo y ciego? Habla. (*Llora.*)

El VIEJO calla.

El Viejito: Déjame hablarle. Yo soy viejo ya en este lugar. Por misterioso que él parezca he vivido mucho tiempo junto a su misterio. (*Le habla con familiaridad.*) No te pido explicaciones. Para mí es claro. No hay mucho que comprender; pero yo como tú, soy viejo y sé que nunca se es el mismo.[37] Cuando era joven también me desesperé y pregunté, pero tú ¿nunca te has hecho preguntas a ti mismo? ¿No has hallado la respuesta? Creo que en el fondo eres tan ignorante como nosotros. Sin embargo podrías tener un gesto de piedad. ¿Por qué permitiste que esa Niña se llevara al Artista, que era joven, y no a mí que tanto le he pedido que me lleve? He visto morir a muchos jóvenes y siempre me ha causado horror. Pon una nueva medida a tu ministerio, un poco de lógica, o ¿no puedes? ¿o lo que quieres es que nunca estemos satisfechos de nada? Tú mismo ¿estás satisfecho? Responde una vez, una sola vez.

El Joven: No contesta. ¿No sabe hablar?

El Viejito: Acaso nuestro error está en esperar de él una respuesta.

El Joven: Mira, se ha quedado dormido. No ha oído nada.

El Viejito: Está cansado como yo. Viejo y cansado.

---

[35]**comedimiento** courtesy [36]**estirpe** lineage [37]**nunca... mismo** one is never the same

La Mujer: Pero entonces ¿qué hay que hacer para que nos oiga? El duerme pero ha dejado a esa niña loca con libertad para elegir. Ella es la única que es libre. Todos nosotros atados de pies y manos con estas terribles cuerdas y ella libre y desenfrenada. (*Al VIEJO gritándole.*) ¿Es ésa la única libertad que has sido capaz de crear?

Se oye fuera de nuevo la risa de la NIÑA.

El Viejito: Dios mío... Dios mío... ¿A quién se llevará ahora?

El Joven: Valor. Hay que tener valor. (*Le tiende la mano a la MUJER que se la toma con desesperación y permanecen así, asidos de la mano.*)

El Cabezón: Si yo pudiera comprender la psicología de este Viejo...

La NIÑA, que venía corriendo, se detiene jadeante en el umbral de la puerta. Desde ahí observa a los fantoches con una mueca altanera.[38]

La Mujer: (*Apretando al muñeco pequeño.*) Que no sea yo... todavía.

El Joven: (*Apretando con calor la mano de la MUJER.*) Ni tú, ni yo...

El Viejito: Un tiempo antes... un tiempo después...

El Cabezón: (*A la NIÑA.*) Dame tiempo para que yo pueda explicarme a mí mismo...

La Niña: (*Interrumpe alegre.*) Volveré a seguir mi costumbre. Elegiré, como siempre, al azar. (*Se lanza de nuevo a girar vertiginosamente en mitad de la escena: Los fantoches hacen una pantomima en torno a ella como queriendo escabullirse*[39] *del dedo de la NIÑA que señala al vacío.*)

Música disonante.

Los Fantoches: No... yo no... yo no.

---

[38]**mueca altanera** arrogant grimace [39]**escabullirse** to escape, to slip away

(El VIEJO duerme tranquilamente. Súbitamente con un acorde disonante, fuerte, la NIÑA detiene su giro, en mitad de la escena, señalando con el índice al lunetario,[40] *con un gesto firme y amenazador, al mismo tiempo que se corre muy rápido el telón.)*

POSTREADING ACTIVITIES

READING COMPREHENSION

II

Answer the following questions in Spanish based on the reading.

1. ¿Cree el Viejito que los que se fueron volverán? ¿Por qué?
2. ¿Qué representa la Niña? ¿Cómo escoge a sus víctimas?
3. ¿Por qué dice el Viejito que «nunca ha faltado aquí un Judas»? ¿Qué quiere decir con esta expresión?
4. ¿Qué descubre el Cabezón cuando se asoma por la ventana? ¿Cómo reaccionan los fantoches?
5. Al saber el Artista que su fin va a ser la nada, ¿qué sugiere que todos ellos hagan?
6. ¿Qué piensa el Viejito del cartucho que lleva en el pecho? ¿Qué piensa él de la vida?
7. ¿Qué decide hacer la Mujer cuando sabe que también va a terminar como Judas? ¿Cambia su actitud?
8. ¿Se resignan los fantoches a morir? ¿Qué hacen?
9. ¿Por qué dice la Niña que debe llevarse un fantoche cada vez que entra al cuarto?
10. ¿Qué piensa Ud. de la actitud de los fantoches cuando la Niña decide llevarse al Artista?
11. ¿Cómo termina el drama? ¿A quién escoge la Niña? ¿Qué simbolismo encierra su último gesto?

---

[40]**lunetario** stall (*the spectator seats close to the stage*)

STRUCTURES

A. Tú *Commands*

To form affirmative **tú** commands, use the third-person singular of the present indicative.

hablar ⟶ **él *habla*** ⟶ **habla** (*tú*)
leer ⟶ **él *lee*** ⟶ **lee** (*tú*)

To form negative **tú** commands, use exactly the same form as the second-person singular of the present subjunctive.

no *hables*
no *leas*

Irregular Affirmative *tú* Commands

decir ⟶	**di**	**salir** ⟶	**sal**
hacer ⟶	**haz**	**ser** ⟶	**sé**
ir ⟶	**ve**	**tener** ⟶	**ten**
poner ⟶	**pon**	**venir** ⟶	**ven**

What advice would you give La Niña in *Los fantoches*? Use your imagination and combine the infinitives in *Column A* with the words and expressions in *Column B* to form affirmative **tú** commands. Make all necessary changes.

EXAMPLE: ***Deja*** *tranquilo a Judas.*

A	B
____ 1. dejar	a. en los pobres fantoches
____ 2. tocar	b. a quién le toca ahora
____ 3. pelear	c. la gorra del Artista
____ 4. ser	d. con el Viejito
____ 5. pensar	e. tu turno
____ 6. esperar	f. buena
____ 7. acercarse	g. las medias y zapaticos blancos
____ 8. quitarse	h. a mí con cuidado
____ 9. ponerse	i. tranquilo a Judas
____ 10. preguntar	j. los picos de bambú de la Mujer

Make negative **tú** commands from the following sentences.

1. Ella se pone el vestido de colores caprichosos.
2. Él empuja a Judas a un lado.
3. La Niña me alcanza la cuerda.
4. La Mujer se arregla el vestido y se acerca coqueta al Joven.
5. El Artista odia al Viejo Barbudo.
6. El Joven golpea el tambor.
7. El Cabezón se despierta temprano.
8. La Niña se ríe de los fantoches.
9. Tú finges tener celos.
10. ¡Tráemelo!

B. The Conditional Tense

The conditional is used in Spanish to express: (1) an action in the future as viewed from a time in the past; (2) courtesy; (3) probability. It usually conveys the meaning of *would* in English.

The endings **-ía, -ías, -ía, -íamos, -íais, -ían** are attached to the infinitive of regular verbs to form the conditional. Verbs that have irregular stems in the future (see page 142) also have irregular stems in the conditional.

caber ⟶ **cabría**
saber ⟶ **sabría**

Complete the following sentences, using the appropriate forms of the conditional tense of the verbs in parentheses.

1. Pensó que la viga no (bastar) _____ para impedir la entrada de la Niña.
2. Dijiste que me (escoger) _____ a mí.
3. Judas sabía que ellos lo (dejar) _____ solo.
4. Te he dicho que me (encantar) _____ estar junto a ti.
5. ¿Le (gustar) _____ a Ud. que fuera su turno?
6. ¡Qué (hacer) _____ yo sin ti!
7. ¿Qué (representar) _____ el Viejo en el drama que leímos?
8. ¡Tú (deber) _____ trabajar más!
9. (Ser) _____ bueno oponerle más resistencia a la Niña.

10. Sabía que Uds. no me (abandonar) _____.
11. Nosotros no los (dejar) _____ entrar.

C. *The Imperfect Subjunctive*

To form the imperfect subjunctive, drop the **-ron** ending of the third-person plural of the preterit indicative, and add the following endings: **-ra, -ras, -ra, ´-ramos, -rais, -ran,** or **-se, -ses, -se, ´-semos, -seis, -sen.** These are two different sets of endings for the imperfect subjunctive; the **-ra** endings are more common in Spanish America. Note the written accent mark on all the **nosotros** forms, e.g., **habláramos, hablásemos.**

habla**ron** ⟶ habla + **ra** ⟶ **hablara**
comie**ron** ⟶ comie + **ra** ⟶ **comiera**
vivie**ron** ⟶ vivie + **ra** ⟶ **viviera**

The imperfect subjunctive is always used after **como si.**

Los fantoches hablaban **como si tuvieran** miedo.

Complete the following sentences, using the imperfect subjunctive.

1. Los fantoches no querían que la Niña...
2. Ellos deseaban que la Niña...
3. El Viejo se movía como si...
4. ¿Qué haría yo si no...
5. Era importante que ellos...
6. El Joven actúa como si...
7. El Judas está de espaldas como si...
8. Al final del drama, los espectadores miran el escenario como si...
9. La Mujer quería que el Joven...
10. El Artista no quería que sus compañeros...

Developing Your Writing Skills

Write a short essay of at least 130 words in Spanish on one of the suggested topics.

• *Suggested Topics*

1. ¿Cuál es el mensaje que Solórzano quiere transmitirles a los espectadores de *Los fantoches*? ¿Qué técnicas usa? ¿Qué símbolos? ¿Cuál de las técnicas o símbolos considera Ud. más eficiente? Explique su respuesta.
2. Haga un análisis de los fantoches. ¿Por qué cambian de actitud cuando descubren que todos van a morir? ¿Cómo va cambiando cada uno de ellos? ¿Con cuál de ellos se identificaría Ud.? ¿Por qué?

• *Writing Strategy*

1. Choose a title.
2. Select a topic sentence for each paragraph and jot down a list of related ideas you want to discuss in each paragraph. Use the questions provided in the Suggested Topics as a guide.
3. List a few key phrases to use in your conclusion.

Expressing Your Ideas

Interview one of your classmates using the following questions as a guide. Feel free to add your own questions. Report your findings to the class.

1. ¿Te gustó el mimodrama *Los fantoches*? ¿Por qué?
2. ¿Cuál crees que es la intención del autor al utilizar marionetas en vez de personas reales?
3. ¿Cuál de los fantoches te gustó más? ¿Por qué?
4. ¿Qué piensas del papel de la Mujer? ¿Consideras que su papel es algo superficial o que por el contrario tiene un papel muy importante en el desarrollo del drama? Explica tu respuesta.
5. ¿Cómo habrías terminado tú el drama?

Review Exercise

After reviewing the vocabulary and grammar covered in Part Three, give the English equivalents of the following Spanish sentences. Pay particular attention to the italicized portions of each sentence.

1. *Déjame hablarle,* por favor.
2. *Elegiré* uno siempre al azar.
3. *Deberías trabajar* tú también.
4. Yo con el arte *puedo hacer que parezca lo que no es.*
5. No quería confesártelo porque *pensé que sufrirías.*
6. ¿Lo dices para que yo *tenga celos?*
7. Está de rodillas porque *no quiere que se lo lleven.*
8. Cuando lo empujó *cayó de bruces.*
9. Cuando le *tocó su turno,* él también le dio un manotazo.
10. Aun de espaldas *sentía el latido de su corazón.*
11. Por favor, *trata de recuperar la calma.*
12. El Viejito es un anciano *jorobado, de cara picaresca y andar defectuoso.*
13. Está seguro de que las figuras *se pondrían de pie* con movimientos angustiosos y contorsionados.
14. Es hora de que me *oigan.*
15. *Ayúdame a desconectarle* el cartucho que lleva en el pecho.

Part Four

In Part Four you will read three short stories, *Primer encuentro* by the Salvadoran science fiction writer Álvaro Menén Desleal, *Jaque mate en dos jugadas* by the Argentine writer W. I. Eisen, *Rosamunda* by the Spanish novelist Carmen Laforet, and the first chapter of *Como agua para chocolate* by the Mexican novelist Laura Esquivel. These selections, arranged in order of difficulty, are presented here in unedited form. To reduce the need to look up unfamiliar words, many new vocabulary items and difficult passages have been glossed and translated in the footnotes.

Study Guide

Prereading Activities

Before you begin working with the selections in this unit, you should complete several activities which will make the reading easier and more profitable and will also prepare you for class discussion.

1. For each selection, begin with the Prereading Activities, paying particular attention to the vocabulary exercises and to the rules in the Cognates and Word Formation section. Apply these rules to words you encounter as you read, and try to guess the meaning of unfamiliar words by observing how they are used in context.

2. Answer all the questions in the Anticipating the Story section, trying to predict the content of the material you are about to read.
3. Follow these suggestions for grammar review for each selection.
   a. Before reading *Primer encuentro,* review the use of prepositions, the preterit and imperfect tenses, the imperfect subjunctive, and the pluperfect tense.
   b. Before you read *Jaque mate en dos jugadas,* review the preterit and imperfect tenses, familiar commands, and the imperfect subjunctive.
   c. Study the uses of *if* clauses, reflexive verbs, and the impersonal **se** construction before reading *Rosamunda.*
   d. Prior to reading the first chapter of *Como agua para chocolate,* review the past tenses of the indicative and the subjunctive, the reflexive construction, and the passive **se.**

Reading

1. In preparation for reading, quickly skim the selection to grasp the gist.
2. Scan the Reading Comprehension section and reread the selection searching for specific information to complete the activities. While scanning, try to identify the key sentences or ideas of each paragraph.

Postreading Activities

Before beginning the Postreading Activities, consider the following suggestions.

1. Review the grammar explanations in each unit before doing the section Developing Your Writing Skills. In these writing activities you will practice the vocabulary and grammatical structures you have learned in a context that has meaning for you.
2. In preparation for the Expressing Your Ideas activity at the end of each section, jot down your thoughts on the topic you have chosen for discussion. Then practice stating your ideas aloud to improve your oral skills.

Primer encuentro

ÁLVARO MENÉN DESLEAL

Prereading Activities

Basic Vocabulary

Nouns

el **arma** (*f.*) weapon
el **encuentro** encounter, meeting
la **escala** access stairway, ladder
la **escotilla** hatchway, door
el **esfuerzo** effort
la **nave** spaceship
el **paso** step, transition
el **reflejo** gleam, reflection
el **retrocohete** retrorocket
la **suavidad** softness, smoothness
el **temor** fear
la **vista** gaze, sight, view

Verbs

apagar (gu) to turn off
aterrizar (c) to land
avisar to warn
destellar to sparkle
disponerse a to prepare to
encender (ie) to turn on
herir (ie) to hurt
parpadear to blink
posarse to land, to rest on
reprimir to suppress

Adjectives

cortés courteous, polite
dotado(-a) endowed with
entrenado(-a) trained
espantoso(-a) terrifying
horroroso(-a) horrible, frightful
preocupado(-a) worried

Useful Expressions

al pie de at the foot of
con todo nevertheless
consigo with him
dar la bienvenida a to welcome
sin titubear without hesitating

Vocabulary Usage

A. Select the word that does not belong to each group.

1. escotilla, nave, retrocohete, escala, tambor
2. horroroso, espantoso, doloroso, hermoso, desastroso
3. brillo, destello, reflejo, preocupación
4. rodilla, cabeza, boca, pierna, arma
5. gases, explosión, comité, apagar, encender, cohete

B. Match the words in *Column A* with the definitions in *Column B*.

A	B
____ 1. retrocohete	a. puerta de acceso a una nave espacial
____ 2. encuentro	b. vehículo que vuela a gran velocidad en el espacio
____ 3. nave	c. parte que sirve para parar una nave espacial
____ 4. escotilla	d. pararse, descansar
____ 5. destellar	e. acto de reunirse dos o más personas
____ 6. posarse	f. brillar

C. Write complete sentences of your own, using the following expressions.

1. al pie de
2. sin titubear
3. con todo
4. dar la bienvenida

USING VOCABULARY IN CONTEXT

A. Which words do you associate with the following passages from *Primer encuentro*?

____	1. No hubo explosión alguna. Se encendieron los retrocohetes, y la nave se acercó a la superficie del planeta.	a. temor
____	2. Se dispuso a esperar la salida de los lejanos visitantes, preocupado por hacer de aquel primer encuentro un trance grato.	b. cortesía
____	3. Él no pudo reprimir un grito de terror... Esperó, fijo en su sitio, el corazón al galope.	c. bienvenida
____	4. Cada uno de nosotros debe ser un embajador dotado del más fino tacto, de la más cortés de las diplomacias.	d. desembarco
____	5. Luego se abrió la escotilla, por la que se proyectó sin tardanza una escala de acceso.	e. aterrizaje

B. The following paragraph refers to *Primer encuentro*. Choose the appropriate words from the list provided to complete the paragraph so that it makes sense.

escotilla	planeta	horroroso
escala	nave	encuentro
con suavidad		

La visita de habitantes de otros ____ era inminente. Cuando las dos inmensas ____ espaciales aterrizaron ____, todos estaban reunidos esperando ese primer ____. Inmediatamente después se abrieron las ____ y los seres espaciales descendieron por ____ de acceso de metal dorado. Al acercarse a los visitantes, se hizo entonces evidente su ____ y espantosa forma.

Cognates and Word Formation

Words ending in **-sión** in Spanish are feminine and usually correspond to words ending in *-sion* or *-ssion* in English.

mansión *mansion*
pasión *passion*

Words ending in **-ico** in Spanish usually correspond to words ending in *-ic* or *-ical* in English.

básico *basic*
lógico *logical*

Guess the English cognates of the Spanish words in italics.

1. La *explosión* fue muy fuerte.
2. Ese comité no es *cívico*.
3. ¿No eran seres de este *planeta*?
4. La nave se posó entre polvo y *gases*.
5. Todos esperábamos su *visita*.
6. La bienvenida era *inminente*.
7. En *total* solo había dos naves.
8. ¿Prefieres las escalas de *metal*?
9. En dos *minutos* se apagaron los retrocohetes.
10. El *terror* no afectó las relaciones.

Anticipating the Story

Answer the following questions about *Primer encuentro*. The questions are designed to get you thinking about the content of the story before you start reading.

1. ¿Qué le sugiere el título *Primer encuentro*? Haga una lista de posibilidades.
2. Mire el dibujo que aparece al principio de esta sección y trate de anticipar el contenido del cuento. ¿Cuál cree Ud. que es el tema del cuento? ¿Qué tipo de personajes espera encontrar? ¿Dónde puede tener lugar la acción?
3. ¿Ha pensado en las posibilidades de vida en otros planetas? ¿Cómo se imagina a los seres extraterrestres? Haga una descripción.
4. ¿Cómo reaccionaría Ud. si viera de pronto a un extraterrestre? ¿Por qué?

Primer encuentro

ÁLVARO MENÉN DESLEAL

Álvaro Menéndez Leal nació en El Salvador en 1931. Menén Desleal es el seudónimo que utiliza en sus obras literarias. Por sus ideas políticas, estuvo exiliado en México por muchos años. Ha enseñado cursos de literatura y civilización latinoamericana en Alemania, Argelia, Francia y Estados Unidos. Entre sus obras más conocidas se encuentran *Hacer el amor en el refugio atómico* (1972) y *Los vicios de papá* (1978).

La mayoría de sus cuentos de ciencia-ficción tiene como tema el impacto de los adelantos científicos en una sociedad tecnológica y absurda. En *Primer encuentro,* uno de sus cuentos más breves que proviene de la colección *La ilustre familia androide* (1972), se describe el primer contacto entre seres de dos mundos diferentes.

No hubo explosión alguna. Se encendieron, simplemente, los retrocohetes, y la nave se acercó a la superficie del planeta. Se apagaron los retrocohetes y la nave, entre polvo y gases, con suavidad poderosa, se posó.

Fue todo.

Se sabía que vendrían. Nadie había dicho cuándo; pero la visita de habitantes de otros mundos era inminente. Así, pues, no fue para él una sorpresa total. Es más: había sido entrenado, como todos, para recibirlos. «Debemos estar preparados —le instruyeron en el Comité Cívico—; un día de estos (mañana, hoy mismo...), pueden descender de sus naves. De lo que ocurra[1] en los primeros minutos del encuentro dependerá la dirección de las futuras relaciones interespaciales... Y quizás nuestra supervivencia.[2] Por eso, cada uno de nosotros debe ser un embajador dotado del más fino tacto, de la más cortés de las diplomacias».

Por eso caminó sin titubear el medio kilómetro necesario para llegar hasta la nave. El polvo que los retrocohetes habían levantado le molestó un tanto;[3] pero se acercó sin temor alguno, y sin temor alguno se dispuso a esperar la salida de los lejanos visitantes, preocupado únicamente por hacer de aquel primer encuentro un trance grato[4] para dos planetas, un paso agradable y placentero.

---

[1]**De... ocurra** On whatever takes place [2]**Y... supervivencia.** And maybe our survival. [3]**le... un tanto** bothered him somewhat [4]**un trance grato** a pleasing moment

Al pie de la nave pasó un rato de espera, la vista fija en el metal dorado que el sol hacía destellar con reflejos que le herían los ojos; pero ni por eso parpadeó.

Luego se abrió la escotilla, por la que se proyectó sin tardanza una estilizada[5] escala de acceso.

No se movió de su sitio, pues temía que cualquier movimiento suyo, por inocente que fuera, lo interpretaran los visitantes como un gesto hostil. Hasta se alegró de no llevar sus armas consigo.

Lentamente, oteando,[6] comenzó a insinuarse, al fondo de la escotilla, una figura.

Cuando la figura se acercó a la escala para bajar, la luz del sol le pegó de lleno.[7] Se hizo entonces evidente su horrorosa, su espantosa forma.

Por eso, él no pudo reprimir un grito de terror.

Con todo, hizo un esfuerzo supremo y esperó, fijo en su sitio, el corazón al galope.[8]

La figura bajó hasta el pie de la nave, y se detuvo frente a él, a unos pasos de distancia.

Pero él corrió entonces. Corrió, corrió y corrió. Corrió hasta avisar a todos, para que prepararan sus armas: no iban a dar la bienvenida a un ser con *dos* piernas, *dos* brazos, *dos* ojos, *una* cabeza, *una* boca...

POSTREADING ACTIVITIES

READING COMPREHENSION

A. Select the word or phrase that best completes each statement according to *Primer encuentro.*

____ 1. La nave espacial... a la superficie del planeta.
   a. se encontró
   b. se alejó
   c. se acercó

---

[5]**estilizada** streamlined [6]**otear** to scan [7]**la luz... de lleno** sunlight struck it directly [8]**el corazón al galope** with his heart pounding

____ 2. La visita de habitantes de otros mundos era...
a. inminente.
b. necesaria.
c. diplomática.

____ 3. El Comité Cívico pensaba que todos los habitantes debían estar... para el encuentro.
a. placenteros
b. preparados
c. preocupados

____ 4. De los primeros minutos del encuentro dependerían...
a. los futuros experimentos.
b. las futuras relaciones interespaciales.
c. el futuro del Comité.

____ 5. Los retrocohetes habían levantado mucho...
a. polvo.
b. gas.
c. tacto.

____ 6. Él no se movió porque...
a. se sentía muy contento con el encuentro.
b. no quería que los visitantes tuvieran miedo.
c. tenía sus armas consigo.

____ 7. La figura que salió de la nave era...
a. agradable y placentera.
b. cortés y diplomática.
c. horrorosa y espantosa.

____ 8. El primer encuentro entre los dos seres de planetas diferentes va a ser...
a. grato.
b. violento.
c. diplomático.

____ 9. El protagonista de la historia es...
a. un ser terrestre.
b. un ser humano.
c. un ser de otro planeta.

B. Answer the following questions in Spanish based on the reading.

1. ¿Cómo sabía el protagonista que iban a llegar habitantes de otros planetas?
2. ¿Por qué era importante el primer encuentro?
3. ¿Tenía el protagonista miedo a ese primer encuentro?

4. ¿Cómo era el visitante que descendió de la nave? Descríbalo.
5. ¿Por qué corrió asustado el protagonista?

STRUCTURES

A. *Prepositions*

Rewrite the sentences below, using the following prepositions: **en, de, por, con, para, a, entre, hasta.**

1. La nave se acercó _____ la superficie de la tierra.
2. Con suavidad poderosa, la nave se posó _____ el suelo _____ polvo y gases.
3. La visita _____ habitantes _____ otros planetas era inminente.
4. La noticia no fue una sorpresa _____ él.
5. Ellos pueden descender _____ sus naves _____ cualquier momento.
6. Caminó el medio kilómetro que necesitaba _____ llegar _____ la nave.
7. Quería hacer _____ aquel encuentro un trance grato _____ los dos planetas.
8. _____ la escotilla se proyectó una escala _____ acceso.
9. El narrador corrió _____ avisar a todos de la llegada del raro visitante.
10. No querían dar la bienvenida _____ un ser _____ sólo dos brazos, dos piernas, dos ojos.
11. _____ eso, no pudo reprimir un grito _____ terror.

B. *The Imperfect Subjunctive*

Rewrite the following sentences, using the imperfect subjunctive of the verbs in parentheses.

1. Sería mejor que Ud. (tener) _____ más cuidado con sus libros.
2. El Comité Cívico esperaba que yo (saber) _____ la verdad.
3. Ni aunque tú lo (pensar) _____ un año entero podrías darme la respuesta que busco.
4. Temía que cualquier movimiento por inocente que (ser) _____ lo interpretaran los visitantes como un gesto hostil.

5. Llamamos a todos los habitantes para que ellos (preparar) ____ sus armas.
6. Ellos querían que nosotros (hacer) ____ más viajes espaciales.
7. Uno de nosotros actúa como si (ser) ____ el más cortés de los diplomáticos.
8. El habitante espacial apagó los retrocohetes para que su nave (poder) ____ descender con suavidad.

C. *The Pluperfect Tense*

Rewrite the following sentences, using the pluperfect tense of the verbs in parentheses.

1. Nadie (decir) ____ cuándo era que venían los visitantes de otros mundos.
2. Él (ser) ____ entrenado para recibirlos.
3. Los retrocohetes (levantar) ____ mucho polvo.
4. Ellos se (preocupar) ____ mucho preparándose para ese primer encuentro.
5. El visitante no (hacer) ____ ningún movimiento hostil.

Developing Your Writing Skills

Write a short essay of at least 180 words in Spanish on one of the suggested topics.

• *Suggested Topics*

1. **El mundo del protagonista del cuento.** ¿Cómo es? Incluya todos los detalles que pueda imaginar. ¿Cómo son los habitantes? ¿Tienen ojos, boca, brazos, piernas? ¿Cómo se comunican? ¿Qué temperamento tienen? ¿Qué tipo de civilización tienen? ¿Saben mucho sobre programas espaciales?
2. **El fin del cuento.** ¿Por qué es inesperado? ¿Cómo nos prepara el narrador para que lo aceptemos? ¿Cree Ud. que nos enseña algo sobre la naturaleza humana? ¿Qué nos enseña? ¿Qué va a suceder entre los dos mundos?

- ***Writing Strategy***

1. Choose a title.
2. Select a topic sentence for each paragraph and jot down a list of related ideas you want to discuss in each paragraph. Use the questions provided in the Suggested Topics as a guide.
3. List a few key phrases to use in your conclusion.

Expressing Your Ideas

Share with one or two of your classmates your ideas about one of the following topics.

1. **Los viajes espaciales.** ¿Cree Ud. que los laboratorios espaciales del futuro deben ser operados por robots o por astronautas? ¿Por qué? ¿Bajo qué condiciones se deben hacer los lanzamientos de naves espaciales? ¿Qué peligros existen en este tipo de programa? ¿Qué sabe Ud. del programa espacial de su país? ¿Cree que deben participar personas que no sean astronautas? ¿Por qué?
2. **Seres de otros mundos.** ¿Cree Ud. que con el progreso de los programas espaciales tendremos la oportunidad de comunicarnos con seres de otros planetas? ¿Cómo cree Ud. que serán? ¿Ha visto filmes o leído libros sobre encuentros con seres extraterrestres? ¿Le gustaron? ¿Por qué? ¿Qué personaje le pareció más interesante?
3. **Temor a lo desconocido.** ¿Fue normal la reacción del protagonista del cuento? ¿Cómo reaccionaría Ud. ante una situación similar? ¿Teme lo que no conoce? ¿Lo diferente?

Jaque mate en dos jugadas

W. I. EISEN

PREREADING ACTIVITIES

BASIC VOCABULARY

Nouns

el **ahorro** saving
el **callejón** alleyway
el **cerebro** brain
el **holgazán** loafer
el **ingenio** cleverness
la **libreta** notebook
el **malestar** malaise, indisposition
la **mancha** stain
el **mayordomo** butler
le **mejilla** cheek
la **partida de ajedrez** chess game
el/la **perito/a** expert
la **prisa** haste, hurry
el **puerto** harbor
el **trastorno** disorder, trouble

Verbs

alargar (gu) to lengthen
ambicionar to aspire to, to have ambition for something
aplicarse (qu) to apply oneself, to work hard
azotar to whip
bromear to joke
ceder to give in, to yield
despachar to dismiss
enloquecer (zc) to drive mad, to madden
envenenar to poison
malgastar to squander
pillar to catch
refunfuñar to grumble
sospechar to suspect
tartamudear to stammer

Adjectives

amargo(-a) bitter
arraigado(-a) deep-rooted
entornado(-a) ajar, open
seco(-a) dry
testarudo(-a) stubborn, obstinate

(continued)

Useful Expressions

¡Al fin y al cabo! After all!

cada vez más more and more

cerrar (ie) el paso to block the way

de un tirón all at once

de un trago in one gulp

encontrar (ue) méritos to point out good qualities

estar harto(-a) to be fed up

llevarle la corriente to go along with

¿Y qué hay? And what of it?

VOCABULARY USAGE

A. Match the words in *Column A* with the definitions in *Column B*.

A	B
____ 1. ahorro	a. inflexible
____ 2. bromear	b. matar con veneno
____ 3. ambicionar	c. decisión de un juez
____ 4. envenenar	d. reserva de dinero
____ 5. perito	e. hacer una broma
____ 6. testarudo	f. experto
____ 7. sentencia	g. desear algo mucho

B. Select the word that does not belong to each group.

1. cerebro, cráneo, estómago, esófago, callejón
2. mejilla, boca, labio, mancha, frente
3. malestar, ingenio, contracciones, trastornos, ardores
4. ataque cardíaco, de un tirón, dolor agudo, alteración del pulso, ardor intenso, trastornos sensoriales
5. póquer, carrera de caballos, perito, solitario, partida de ajedrez
6. trabajador, dedicado, aplicado, holgazán, laborioso

C. Write complete sentences of your own, using the following expressions.

1. estar harto(-a)
2. de un tirón

3. llevarle la corriente
4. cerrar el paso

USING VOCABULARY IN CONTEXT

A. Which phrases do you associate with the following passages from *Jaque mate en dos jugadas?*

A

____ 1. Era una insignificante copa de coñac, pero contenía la muerte.

____ 2. El veneno producía un efecto lento: alteración del pulso, malestar y apariencia de un pacífico ataque cardíaco sin huellas comprometedoras.

____ 3. Lo hice con alegría. Me ardían las mejillas, me quemaban los labios. ¡Me sentía liberado!

____ 4. El río era una mancha sucia cerca del paredón. A lo lejos barcos, luces verdes, rojas, blancas.

____ 5. Yo ¡asesino! Sentía las rodillas débiles, las mejillas calientes, un dolor en las sienes y las manos me temblaban.

____ 6. El mayordomo trató de hablarme. Uno de los uniformados, el jefe del grupo, por lo visto, le selló los labios con un gesto.

B

a. sensación de temor
b. orden de silencio
c. bebida envenenada
d. sensación de felicidad
e. descripción de síntomas
f. puerto nocturno

B. The following paragraph refers to *Jaque mate en dos jugadas*. Read it without consulting your dictionary. How many cognates can you recognize? Are there any false cognates?

Ahora me siento un poco más liberado de mi conducta impropia e hipócrita. Estoy más calmado y puedo hablar por unos minutos sobre lo que ocurrió en ese palacio donde sólo importaba el sonido metálico de las monedas y la dedicación demoníaca a los aspectos materialistas de la vida. Sé que mi posición actual no es favorable y aunque ahora todo está tranquilo, lo más seguro es que termine en la silla eléctrica por el asesinato de mi tío. Traté de resolver el conflicto interno que sentía sin escuchar las recomendaciones de mi conciencia. Si las hubiera escuchado, no habría sufrido lo que sufro ahora. Mi tío tampoco hubiera sufrido las terribles contracciones musculares que finalmente terminaron con su existencia. Ahora soy yo el indefenso, el solitario que espera el veredicto oficial y legal que castigue mi actuación. Mi desesperación es de nuevo absoluta. Todo ha terminado para mí.

Cognates and Word Formation

Spanish adjectives ending in **-oso, -osa** usually have an English equivalent ending in *-ous*.

generoso *generous*
delicioso *delicious*

Spanish words ending in **-izar** usually have an English equivalent ending in *-ize*.

generalizar *to generalize*
legalizar *to legalize*

Guess the English cognates of the words in italics.

1. Creo que este cuento va a ser *misterioso*.
2. Hay dos sobrinos muy *ambiciosos*.
3. Pero el *famoso* día no llegaba.
4. Y desde pequeños nos querían *tiranizar*.
5. No sabía qué *utilizar* para matarlo.
6. Creo que lo hizo porque cada día su tío era más *intolerable*.

7. ¿Cómo podía obedecer esas *órdenes arbitrarias*?
8. Su *posición* no era muy *favorable*.
9. Sólo escuchaba el sonido *metálico* de las monedas.
10. Mi tío sufría de una enfermedad *cardíaca*.
11. Me miró con brillo *demoníaco* en las *pupilas*.
12. ¡Estaba cansado de su *despotismo*!
13. Cuando recorrimos el *edificio*, pasamos por la biblioteca.
14. Sabía que sentiría una gran debilidad *muscular* y fuertes *contracciones*.
15. Como no era *inteligente* ni *dedicado* no recibí mi *diploma*.

Anticipating the Story

Answer the following questions about *Jaque mate en dos jugadas*. The questions are designed to get you thinking about the content of the story before you start reading.

1. ¿Qué le sugiere el título *Jaque mate en dos jugadas?* Haga una lista de posibilidades.
2. Mire el dibujo al principio de esta sección. ¿Cuál cree Ud. que será el tema? ¿Cómo cree que serán los personajes? ¿Dónde tendrá lugar la acción?
3. ¿Le gusta leer obras de suspenso? ¿Qué características considera más importantes? ¿Por qué?
4. En una investigación de asesinato, ¿en qué casos cree Ud. que es muy difícil descubrir al asesino? ¿Es más fácil descubrir al que usa un veneno o al que utiliza un revólver? ¿Por qué?

Jaque mate en dos jugadas[1]

W. I. EISEN

W. I. Eisen (1919–) es el seudónimo del escritor argentino Isaac Aisemberg. Sus cuentos tratan de temas contemporáneos y están por lo general narrados en un estilo claro y directo.

En *Jaque mate en dos jugadas,* Eisen crea una historia de suspenso en la que el asesino, que cree haber cometido el crimen perfecto, espera burlar los esfuerzos de la policía.

Yo lo envenené. En dos horas quedaría liberado. Dejé a mi tío Néstor a las veintidós.[2] Lo hice con alegría. Me ardían las mejillas. Me quemaban los labios. Luego me calmé y eché a caminar tranquilamente por la avenida en dirección al puerto.

Me sentía contento. Liberado. Hasta Guillermo saldría socio beneficiario[3] en el asunto. ¡Pobre Guillermo! ¡Tan tímido, tan inocente! Era evidente que yo debía pensar y obrar por ambos. Siempre sucedió así. Desde el día en que nuestro tío nos llevó a su casa. Nos encontramos perdidos en el palacio. Era un lugar seco, sin amor. Únicamente el sonido metálico de las monedas.

—Tenéis que acostumbraros al ahorro, a no malgastar. ¡Al fin y al cabo, algún día será vuestro! —decía. Y nos acostumbramos a esperarlo.

Pero ese famoso y deseado día no llegaba, a pesar de que mi tío sufría del corazón. Y si de pequeños[4] nos tiranizó, cuando crecimos se hizo cada vez más intolerable.

Guillermo se enamoró un buen día. A nuestro tío no le gustó la muchacha. No era lo que ambicionaba para su sobrino.

—Le falta cuna[5]... , le falta roce[6]... , puaf! Es una ordinaria... —sentenció.

Inútil fue que Guillermo se dedicara a encontrarle méritos. El viejo era testarudo y arbitrario.

Conmigo tenía otra clase de problemas. Era un carácter contra otro. Se empeñó en doctorarme[7] en bioquímica. ¿Resultado? Un perito en póquer y en carreras de caballos. Mi tío para esos

---

[1]**Jaque mate en dos jugadas** Checkmate in two moves [2]**a las veintidós** at 10 P.M. [3]**socio beneficiario** partner in the profits [4]**de pequeños** when we were kids (*children*) [5]**Le falta cuna** She lacks lineage [6]**roce** class [7]**Se... doctorarme** He insisted that I get a doctorate

vicios no me daba ni un centavo. Tenía que emplear todo mi ingenio para quitarle un peso.

Uno de los recursos era aguantarle sus interminables partidas de ajedrez; entonces yo cedía con aire de hombre magnánimo, pero él, en cambio, cuando estaba en posición favorable alargaba el final, anotando las jugadas con displicencia,[8] sabiendo de mi prisa por salir para el club. Gozaba con mi infortunio saboreando su coñac.[9]

Un día me dijo con tono condescendiente:

—Observo que te aplicas en el ajedrez. Eso me demuestra dos cosas: que eres inteligente y un perfecto holgazán. Sin embargo, tu dedicación tendrá su premio. Soy justo. Pero eso sí, a falta de diplomas, de hoy en adelante tendré de ti bonitas anotaciones de las partidas.[10] Sí, muchacho, vamos a guardar cada uno los apuntes de los juegos en libretas para compararlas. ¿Qué te parece?

Aquello podría resultar un par de cientos de pesos, y acepté. Desde entonces, todas las noches, la estadística. Estaba tan arraigada la manía en él, que en mi ausencia comentaba las partidas con Julio, el mayordomo.

Ahora todo había concluido. Cuando uno se encuentra en un callejón sin salida, el cerebro trabaja, busca, rebusca. Y encuentra. Siempre hay salida para todo. No siempre es buena. Pero es salida.

Llegaba a la Costanera.[11] Era una noche húmeda. En el cielo nublado, alguna chispa eléctrica. El calorcillo mojaba las manos, resecaba la boca.

En la esquina, un policía me hizo saltar el corazón.[12]

El veneno, ¿cómo se llamaba? Aconitina. Varias gotitas en el coñac mientras conversábamos. Mi tío esa noche estaba encantador. Me perdonó la partida.[13]

—Haré un solitario[14] —dijo—. Despaché a los sirvientes...

---

[8]**anotando... displicencia** jotting down the moves with indifference
[9]**Gozaba... coñac.** He enjoyed my misfortune while savoring his cognac.
[10]**Pero... partidas.** But keep in mind that since you will never get a degree, from now on you will keep for me a very nice record of the games.
[11]**Costanera** avenue in Buenos Aires, Argentina [12]**me... corazón** made my heart skip a beat [13]**Me... partida.** He excused me from the game. [14]**Haré un solitario** I will play by myself

¡Hum! Quiero estar tranquilo. Después leeré un buen libro. Algo que los jóvenes no entienden... Puedes irte.

—Gracias, tío. Hoy realmente es... sábado.

—Comprendo.

¡Demonios! El hombre comprendía. La clarividencia del condenado.

El veneno producía un efecto lento, a la hora, o más, según el sujeto. Hasta seis u ocho horas. Justamente durante el sueño. El resultado: la apariencia de un pacífico ataque cardíaco, sin huellas comprometedoras.[15] Lo que yo necesitaba. ¿Y quién sospecharía? El doctor Vega no tendría inconveniente en suscribir el certificado de defunción.[16] ¿Y si me descubrían? ¡Imposible!

Pero ¿y Guillermo? Sí. Guillermo era un problema. Lo hallé en el *hall* después de preparar la «encomienda» para el infierno.[17] Descendía la escalera, preocupado.

—¿Qué te pasa? —le pregunté jovial, y le hubiera agregado de buena gana: «¡Si supieras, hombre!»

—¡Estoy harto! —me replicó.

—¡Vamos! —Le palmoteé[18] la espalda—. Siempre estás dispuesto a la tragedia...

—Es que el viejo me enloquece. Últimamente, desde que volviste a la Facultad y le llevas la corriente en el ajedrez, se la toma conmigo.[19] Y Matilde...

—¿Qué sucede con Matilde?

—Matilde me lanzó un ultimátum: o ella, o tío.

—Opta por ella. Es fácil elegir. Es lo que yo haría...

—¿Y lo otro?

Me miró desesperado. Con brillo demoníaco en las pupilas; pero el pobre tonto jamás buscaría el medio de resolver su problema.

—Yo lo haría —siguió entre dientes—; pero, ¿con qué viviríamos? Ya sabes cómo es el viejo... Duro, implacable. ¡Me cortaría los víveres![20]

---

[15]**sin... comprometedoras** without incriminating traces [16]**no tendría... defunción** would have no objection to signing the death certificate [17]**después... infierno** after preparing the "parcel" (*i.e., the uncle*) to be sent to hell [18]**palmotear** to pat [19]**se... conmigo** he has been picking on me [20]**cortarle los víveres a alguien** to cut off someone's subsistence

—*Tal vez las cosas se arreglen de otra manera...* —insinué bromeando—. ¡Quién te dice... !

—¡Bah!... —sus labios se curvaron con una mueca amarga[21]—. No hay escapatoria. Pero yo hablaré con el viejo tirano. ¿Dónde está ahora?

Me asusté. Si el veneno resultaba rápido... Al notar los primeros síntomas podría ser auxiliado y...

—Está en la biblioteca —exclamé—, pero déjalo en paz. Acaba de jugar la partida de ajedrez, y despachó a la servidumbre. ¡El lobo quiere estar solo en la madriguera![22] Consuélate en un cine o en un bar.

Se encogió de hombros.

—El lobo en la madriguera... —repitió. Pensó unos segundos y agregó, aliviado—: Lo veré en otro momento. Después de todo...

—Después de todo, no te animarías,[23] ¿verdad? —gruñí salvajemente.

Me clavó la mirada.[24] Sus ojos brillaron con una chispa siniestra, pero fue un relámpago.

Miré el reloj: las once y diez de la noche.

Ya comenzaría a producir efecto. Primero un leve malestar, nada más. Después un dolorcillo agudo, pero nunca demasiado alarmante. Mi tío refunfuñaba una maldición para la cocinera. El pescado indigesto. ¡Qué poca cosa es todo![25] Debía de estar leyendo los diarios de la noche, los últimos. Y después, el libro, como gran epílogo. Sentía frío.

Las baldosas se estiraban en rombos.[26] El río era una mancha sucia cerca del paredón. A lo lejos luces verdes, rojas, blancas. Los automóviles se deslizaban chapoteando en el asfalto.

Decidí regresar, por temor a llamar la atención. Nuevamente por la avenida hacia Leandro N. Alem.[27] Por allí a Plaza de Mayo.[28] El reloj me volvió a la realidad. Las once y treinta y seis.

---

[21]**mueca amarga** bitter grimace [22]**¡El lobo... madriguera!** The wolf wants to be left alone in its den! [23]**no te animarías** you would not have the nerve [24]**Me... mirada.** He fixed his gaze on me. [25]**¡Qué... todo!** How easy it all is! [26]**Las baldosas... rombos.** The tiles (*of the streets*) stretched out in the shape of diamonds. [27]**Leandro N. Alem** a street in downtown Buenos Aires [28]**Plaza de Mayo** main square of Buenos Aires

Si el veneno era eficaz, ya estaría todo listo. Ya sería dueño de millones. Ya sería libre... Ya sería... , *ya sería asesino.*

Por primera vez pensé en la palabra misma. Yo ¡asesino! Las rodillas me flaquearon.[29] Un rubor me azotó el cuello, me subió a las mejillas, me quemó las orejas, martilló mis sienes.[30] Las manos transpiraban.[31] El frasquito de aconitina en el bolsillo llegó a pesarme una tonelada. Busqué en los bolsillos rabiosamente hasta dar con él.[32] Era un insignificante cuentagotas[33] y contenía la muerte; lo arrojé lejos.

Avenida de Mayo. Choqué con varios transeúntes.[34] Pensarían en un borracho. Pero en lugar de alcohol, sangre.

Yo, asesino. Esto sería un secreto entre mi tío Néstor y mi conciencia. Recordé la descripción del efecto del veneno: «en la lengua, sensación de hormigueo[35] y embotamiento,[36] que se inicia en el punto de contacto para extenderse a toda la lengua, a la cara y a todo el cuerpo».

Entré en un bar. Un tocadiscos atronaba[37] con un viejo *ragtime.* «En el esófago y en el estómago, sensación de ardor intenso». Millones. Billetes de mil, de quinientos, de cien. Póquer. Carreras. Viajes... «sensación de angustia, de muerte próxima, enfriamiento profundo generalizado, trastornos sensoriales, debilidad muscular, contracciones, impotencia de los músculos».

Habría quedado solo. En el palacio. Con sus escaleras de mármol. Frente al tablero de ajedrez. Allí el rey, y la dama, y la torre negra. Jaque mate.

El mozo se aproximó. Debió sorprender mi mueca amarga, mis músculos en tensión, listos para saltar.

—¿Señor?

—Un coñac...

—Un coñac... —repitió el mozo—. Bien, señor —y se alejó. El tictac del reloj cubría todos los rumores. Hasta los de mi corazón. La una. Bebí el coñac de un trago.

«Como fenómeno circulatorio, hay alteración del pulso e hipotensión que se derivan de la acción sobre el órgano central,

[29]**flaquear** to weaken [30]**martilló mis sienes** hammered my temples [31]**transpirar** to perspire [32]**hasta... él** until I found it [33]**cuentagotas** dropper [34]**Choqué... transeúntes.** I bumped against several pedestrians. [35]**hormigueo** pins and needles [36]**embotamiento** dullness [37]**atronar** to boom

llegando, en su estado más avanzado, al síncope cardíaco... » Eso es. El síncope cardíaco. La válvula de escape.

A las dos y treinta de la mañana regresé a casa. Al principio no lo advertí. Hasta que me cerró el paso. Era un agente de policía. Me asusté.

—¿El señor Claudio Álvarez?

—Sí, señor... —respondí humildemente.

—Pase usted... —me dijo.

—¿Qué hace usted aquí? —me animé a murmurar.

—Dentro tendrá la explicación —fue la respuesta.

En el *hall*, cerca de la escalera, varios individuos de uniforme se habían adueñado del palacio. ¿Guillermo? Guillermo no estaba presente.

Julio, el mayordomo, amarillo, espectral trató de hablarme. Uno de los uniformados, el jefe del grupo por lo visto, le selló los labios con un gesto. Avanzó hacia mí, y me inspeccionó como a un cobayo.[38]

—Usted es el mayor de los sobrinos, ¿verdad?

—Sí, señor... —murmuré.

—Lamento decírselo, señor. Su tío ha muerto... asesinado —anunció mi interlocutor. La voz era calma, grave—. Y soy el inspector Villegas, y estoy a cargo de la investigación. ¿Quiere acompañarme a la otra sala?

—Dios mío —articulé anonadado—. ¡Es inconcebible!

Las palabras sonaron a huecas, a hipócritas. (*¡Ese dichoso veneno*[39] *dejaba huellas! ¿Pero cómo... cómo?*)

—¿Puedo... puedo verlo? —pregunté.

—Por el momento, no. Además, quiero que me conteste algunas preguntas.

—Como usted diga... —accedí azorado.[40]

Lo seguí a la biblioteca vecina. El inspector Villegas me indicó un sillón y se sentó en otro. Encendió un cigarrillo y con evidente grosería no me ofreció ninguno.

—Usted es el sobrino... Claudio. —Pareció que repetía una lección aprendida de memoria.

—Sí, señor.

—Pues bien: explíquenos qué hizo esta noche.

---

[38]**cobayo** guinea pig [39]**Ese dichoso veneno** That blasted poison [40]**accedí azorado** I consented, terrified

Yo también repetí una letanía.

—Cenamos los tres, juntos como siempre. Guillermo se retiró a su habitación. Quedamos mi tío y yo charlando un rato; pasamos a la biblioteca. Después jugamos nuestra habitual partida de ajedrez; me despedí de mi tío y salí. En el vestíbulo me encontré con Guillermo que descendía por las escaleras rumbo a la calle. Cambiamos unas palabras y me fui.

—Y ahora regresa...

—Sí...

—¿Y los criados?

—Mi tío deseaba quedarse solo. Los despachó después de cenar. A veces tenía estas y otras manías.

—Lo que usted dice concuerda en gran parte con la declaración del mayordomo. Cuando éste regresó, hizo un recorrido por el edificio. Notó la puerta de la biblioteca entornada y luz adentro. Entró. Allí halló a su tío frente a un tablero de ajedrez, muerto. La partida interrumpida... De manera que jugaron la partidita, ¿eh?

Algo dentro de mí comenzó a saltar violentamente. Una sensación de zozobra, de angustia, me recorría con la velocidad de un pebete.[41] En cualquier momento estallaría la pólvora. *¡Los consabidos solitarios de mi tío!*[42]

—Sí, señor... —admití.

No podía desdecirme. Eso también se lo había dicho a Guillermo. Y probablemente Guillermo al inspector Villegas. Porque mi hermano debía de estar en alguna parte. El sistema de la policía: aislarnos, dejarnos solos, inertes, indefensos, para pillarnos.

—Tengo entendido[43] que ustedes llevaban un registro de las jugadas. Para establecer los detalles en su orden, ¿quiere mostrarme su libretita de apuntes, señor Álvarez?

Me hundía en el cieno.[44]

—¿Apuntes?

—Sí, hombre —el policía era implacable—, deseo verla, como es de imaginar. Debo verificarlo todo, amigo; lo dicho y lo hecho por usted. *Si jugaron como siempre...*

Comencé a tartamudear.

---

[41]**pebete** fuse (*of a firecracker*) [42]**¡Los... tío!** The well-known games my uncle played alone! [43]**Tengo entendido** I understand [44]**cieno** mud

—Es que... —Y después, de un tirón: —¡Claro que jugamos como siempre!

Las lágrimas comenzaron a quemarme los ojos. Miedo. Un miedo espantoso. Como debió sentirlo tío Néstor cuando aquella «sensación de angustia... de muerte próxima... , enfriamiento profundo, generalizado... » Algo me taladraba[45] el cráneo. Me empujaban. El silencio era absoluto, pétreo. Los otros también estaban callados. Dos ojos, seis ojos, ocho ojos, mil ojos. ¡Oh, qué angustia!

Me tenían... me tenían... Jugaban con mi desesperación... Se divertían con mi culpa...

De pronto, el inspector gruñó:

—¿Y?

Una sola letra ¡pero tanto!

—¿Y? —repitió—. Usted fue el último que lo vio con vida. Y, además, muerto. El señor Álvarez no hizo anotación alguna esta vez, señor mío.

No sé por qué me puse de pie. Tenso. Elevé mis brazos, los estiré. Me estrujé las manos, clavándome las uñas, y al final chillé con voz que no era la mía:

—¡Basta! Si lo saben, ¿para qué lo preguntan? ¡Yo lo maté! ¡Yo lo maté! ¿Y qué hay? ¡Lo odiaba con toda mi alma! ¡Estaba cansado de su despotismo! ¡Lo maté! ¡Lo maté!

El inspector no lo tomó tan a la tremenda.[46]

—¡Cielos! —dijo—. Se produjo más pronto de lo que yo esperaba. Ya que se le soltó la lengua, ¿dónde está el revólver?

El inspector Villegas no se inmutó. Insistió imperturbable.

—¡Vamos, no se haga el tonto ahora! ¡El revólver! ¿O ha olvidado que lo liquidó de un tiro? ¡Un tiro en la mitad de la frente, compañero! ¡Qué puntería![47]

---

[45]**taladrar** to drill [46]**no... tremenda** did not seem too surprised [47]**¡Qué puntería!** What aim!

POSTREADING ACTIVITIES

READING COMPREHENSION

A. Decide which statements are false. Then change the false statements to make them agree with the story.

____ 1. El palacio en que vivía el tío Néstor era un lugar seco y sin amor.
____ 2. Al tío le gustó mucho la novia de Guillermo.
____ 3. Guillermo envenenó a su tío.
____ 4. Guillermo se casa con Matilde para no quedarse sin víveres.
____ 5. Claudio trata de matar a su tío con un revólver.

B. Answer the following questions in Spanish based on the reading.

1. ¿Quién narra el cuento? ¿A qué hora había salido de su casa?
2. ¿Qué era lo único que se oía en el palacio?
3. ¿De qué enfermedad sufría el tío?
4. ¿Qué quiere el tío que Claudio estudie? ¿Lo hace él?
5. ¿Por qué jugaban tanto al ajedrez?
6. ¿Cómo mata Claudio a su tío?
7. ¿Qué hizo el tío al quedarse solo?
8. ¿Qué efectos produce el veneno?
9. ¿Qué dice el tío de la novia de Guillermo?
10. ¿Qué ultimátum le dio Matilde a Guillermo?
11. ¿Cómo reacciona Claudio al pensar que es un asesino?
12. ¿A qué hora regresa Claudio a su casa? ¿Qué encuentra allí?
13. ¿Tenía Claudio el registro de las jugadas que le pide el inspector? ¿Por qué?
14. ¿Por qué confiesa Claudio su crimen?
15. ¿Quién mató al tío? Explique el final del cuento.

STRUCTURES

A. Tú *Commands*

Make affirmative and negative **tú** commands from the following sentences.

1. Él sale temprano de la casa de su tío.
2. Él opta por ella.
3. Guillermo deja al viejo en paz.
4. Él se consuela en un cine o en un bar.
5. El mayordomo regresa a casa temprano.
6. Claudio hace las anotaciones de las partidas.
7. Él pone el veneno en el coñac.

B. The Imperfect Subjunctive

Complete the following sentences, using the imperfect subjunctive of the verbs in parentheses.

1. Tal vez él no (saber) _____ la verdad.
2. Esperaba que tú (venir) _____ a tiempo.
3. Lo envenené porque no quería que (vivir) _____ más.
4. Él no esperaba que yo (confesar) _____ mi crimen tan rápido.
5. Era necesario que Claudio no (estar) _____ allí.
6. Fue inútil que Guillermo se (dedicar) _____ a encontrarle méritos a Matilde.

DEVELOPING YOUR WRITING SKILLS

Write a short essay of at least 180 words in Spanish on one of the suggested topics.

• *Suggested Topics*

1. **La reacción de Guillermo.** ¿Cómo cree que va a reaccionar Guillermo cuando descubra que Claudio ha sido acusado del asesinato de su tío? Discuta tres o cuatro posibilidades. ¿Qué haría Ud. si fuera Guillermo?
2. **El final del cuento.** ¿Por qué es inesperado? ¿Qué cree Ud. que sucedió en casa durante la ausencia de Claudio? ¿Quién

le disparó al tío? ¿Por qué motivo? ¿Quién será finalmente castigado? ¿Quién cree Ud. que debe ser castigado? ¿Por qué?

3. **La defensa.** Ud. es el abogado defensor de los hermanos que han asesinado a su tío. Prepare una defensa persuasiva que tome en consideración los abusos sicológicos del tío, el ambiente negativo del hogar, las necesidades individuales de cada sobrino u otros detalles del cuento que Ud. considere importantes.

• *Writing Strategy*

1. Choose a title.
2. Select a topic sentence for each paragraph and jot down a list of related ideas you want to discuss in each paragraph. Use the questions provided in the Suggested Topics as a guide.
3. List a few key sentences to use in your conclusion.

Expressing Your Ideas

Interview one of your classmates using the following questions. Report your findings to the rest of the class. Results of the interview should be tallied on the board to see the class consensus.

1. ¿Qué piensas del carácter del tío?
2. ¿Crees que los sobrinos son un poco perezosos? ¿Qué piensas de ellos?
3. ¿No crees que ellos deberían haberse independizado un poco de su tío?
4. ¿Cómo es Guillermo? ¿Qué debe hacer si de verdad quiere casarse con Matilde?
5. ¿Cómo es Claudio?
6. ¿Has conocido alguna persona como el tío Néstor o como sus sobrinos?
7. ¿Te gusta ahorrar? ¿Crees que es bueno malgastar el dinero? ¿Qué compras consideras innecesarias? ¿Malgastas tu dinero a veces? ¿En qué?
8. Si fueras uno de los sobrinos, ¿qué habrías hecho?
9. ¿Qué fue lo que más te gustó de *Jaque mate en dos jugadas*?

Rosamunda

CARMEN LAFORET

Prereading Activities

Basic Vocabulary

Nouns

el **abalorio** bead necklace, showy article of little value
la **altivez** arrogance
el **cansancio** tiredness
el **éxito** success
la **fonda** small restaurant
el **lazo** bow
la **mariposa** butterfly
el **naranjo** orange tree
la **paliza** beating
el **pasillo** hallway
el **pendiente** earring
la **pestaña** eyelash
el **respaldo** back
  el **respaldo del asiento** back of the seat
el **vagón-tranvía** car (*of a train*)
la **zapatilla** slipper
  las **zapatillas de baile** dancing shoes

Verbs

amargar (gu) to embitter, to cause ill will
colgar (ue) to hang
enfadarse to get mad, to get angry
figurar to imagine
parecerse (zc) to look like, to resemble
soler (ue) to usually (do, etc.)

(continued)

Adjectives

acurrucado(-a) curled up
borracho(-a) drunk
derrochado(-a) squandered
descarado(-a) shameless, impudent
desgarrador(-a) heartrending
educado(-a) educated, well-mannered
embobado(-a) fascinated, stupefied
entumecido(-a) numb
estrafalario(-a) odd, extravagant
marchito(-a) withered, faded
mimado(-a) pampered
necio(-a) foolish
oxigenado(-a) bleached
plateado(-a) silver
vacilante unsteady, shaky

Useful Expressions

apenas hardly, scarcely
como quien dice so to speak
convertirse (ie) en to become
dar pena to feel sorry
de ninguna manera in no way whatsoever
hacer confidencias to confide in someone
¡Qué tipo más raro! What a strange character!
tener un arranque to have a fit

Vocabulary Usage

A. Select the word that does not belong to each group.

1. plataforma, ventanilla, vagón, abalorio, pasillo
2. sepulcro, tumba, mariposa, cementerio
3. zapatilla, bota, ventanilla, pie, zapato
4. pendiente, recital, verso, poesía, teatro
5. marchito, mimado, entumecido, cansado
6. plateado, oxigenado, rosado, embobado, azulado
7. comedor, mesas, paliza, restaurante, fonda
8. abalorio, collar, cinta, pendiente, mendigo
9. confesión, recital, confidencia, secreto

10. fascinado, embobado, acurrucado, arrobado, embelesado
11. amargado, descarado, taciturno, triste

B. Match the words and expressions in *Column A* with the definitions in *Column B.*

A

____ 1. marchito
____ 2. zapatilla
____ 3. vagón-tranvía
____ 4. tormento
____ 5. mimar
____ 6. poetisa
____ 7. pendientes
____ 8. confidencia
____ 9. traje de gasa
____ 10. borracho
____ 11. tumba
____ 12. abalorio
____ 13. estrafalario
____ 14. amargarse

B

a. persona que ha bebido mucho alcohol
b. tratar con cariño
c. mujer que recita versos
d. sepulcro o lugar donde se encierran los muertos
e. persona extravagante
f. vestido de bailarina
g. departamento de tercera clase en un tren
h. sufrimiento
i. entristecerse
j. adorno de poco valor
k. adorno para las orejas
l. confesión íntima
m. zapato liviano que se usa para bailar
n. que no tiene el vigor de la juventud

C. Write complete sentences of your own, using the following expressions.

1. dar pena
2. tener un arranque de furia
3. convertirse en
4. hacer confidencias
5. de ninguna manera

Using Vocabulary in Context

A. Which phrases do you associate with the following passages from *Rosamunda?*

____ 1. Pues, porque ahora mismo, al hablarle, me he dado cuenta de que tiene Ud. corazón y sentimiento y porque esto es mi confesión. Porque, como quien dice, no tengo con quien hablar.		a. un departamento de tercera clase
____ 2. Había olvidado aquel largo comedor con mesas de pino, donde había comido el pan de los pobres entre mendigos.		b. una fonda pobre
____ 3. Se podía ver a la gente acurrucada en sus asientos duros. Era un incómodo vagón-tranvía, con el pasillo lleno de cajas y maletas.		c. hacer confidencias
____ 4. El soldadito veía a una mujer mayor, flaca, marchita. Tenía el cabello oxigenado, el traje de color verde muy viejo. Llevaba zapatillas de baile color de plata y en el pelo una cinta plateada atada con un lacito.		d. un personaje estrafalario

B. The following paragraph refers to *Rosamunda*. Choose the appropriate words and expressions from the list provided to complete the paragraph so that it makes sense.

pendiente	verde	estrafalario
acurrucado	oxigenado	abalorio
embobado	como quien dice	vagón-tranvía
plateado	zapatilla de baile	marchito

La mujer sonrió. El joven la escuchaba _____ mientras que otros pasajeros dormían _____ en sus asientos en el _____ de tercera clase. Rosamunda era, sin duda, un personaje _____. Llevaba el cabello _____ adornado con una cinta _____. El vestido de gasa era de color _____ y los pies los tenía calzados con unas _____. Los _____ que adornaban sus orejas eran largos y baratos, así como los otros _____ y collares que adornaban su cuello _____. Era, _____, un personaje muy raro.

Cognates and Word Formation

Guess the English cognates of the following words.

1. observar
2. ondular
3. ovación
4. plataforma
5. glorioso
6. inconveniente
7. curioso
8. adolescencia
9. insinuar
10. brutal
11. incomprensión
12. resistir
13. entusiasmo
14. sepulcro
15. figura
16. curiosidad
17. oportunidad
18. infinidad
19. clase
20. estilo

Anticipating the Story

Answer the following questions about *Rosamunda*. The questions are designed to get you thinking about the content of the story before you start reading.

1. ¿Qué le sugiere el título *Rosamunda?* Haga una lista de posibilidades.
2. Mire el dibujo al principio de esta sección. ¿Cuál cree que será el tema? ¿Cómo serán los personajes? ¿Dónde tendrá lugar la acción?
3. ¿Cuál es la diferencia entre fantasía y realidad? ¿Qué imágenes relaciona con la fantasía y cuáles con la realidad? Haga una breve descripción.
4. ¿Ha tenido Ud. sueños o ilusiones sobre algo o alguien? Explique cómo se sintió cuando pudo o no pudo realizar sus sueños.

Rosamunda

CARMEN LAFORET

La novelista española Carmen Laforet nació en 1921. Se conoce en su país y en el extranjero por su elocuente presentación de temas relacionados con asuntos femeninos. En 1944, Laforet obtuvo el Premio Nadal con su libro *Nada,* uno de los más impactantes relatos de la postguerra española.

En *Rosamunda,* la protagonista, aburrida con su vida monótona, escapa hacia otro mundo lleno de ilusión y promesas. El cuento presenta un excelente retrato de la mente angustiada y frustrada de una mujer que no ha logrado realizarse en la vida.

Estaba amaneciendo, al fin. El departamento de tercera clase olía a cansancio, a tabaco y a botas de soldado. Ahora se salía de la noche como de un gran túnel y se podía ver a la gente acurrucada, dormidos hombres y mujeres en sus asientos duros. Era aquél un incómodo vagón-tranvía, con el pasillo atestado de cestas y maletas. Por las ventanillas se veía el campo y la raya plateada del mar.

Rosamunda se despertó. Todavía se hizo una ilusión placentera[1] al ver la luz entre sus pestañas semicerradas. Luego comprobó que su cabeza colgaba hacia atrás,[2] apoyada en el respaldo del asiento y que tenía la boca seca de llevarla abierta. Se rehizo, enderezándose.[3] Le dolía el cuello —su largo cuello marchito—. Echó una mirada a su alrededor[4] y se sintió aliviada al ver que dormían sus compañeros de viaje. Sintió ganas de estirar las piernas entumecidas —el tren traqueteaba, pitaba[5]—. Salió con grandes precauciones, para no despertar, para no molestar, «con pasos de hada[6]» —pensó—, hasta la plataforma.

El día era glorioso. Apenas se notaba el frío del amanecer. Se veía el mar entre naranjos. Ella se quedó como hipnotizada por el profundo verde de los árboles, por el claro horizonte de agua.

—«Los odiados, odiados naranjos... Las odiadas palmeras... El maravilloso mar... »

---

[1]**Todavía... placentera** She still had a pleasant illusion [2]**colgaba... atrás** was dangling backward [3]**Se... enderezándose.** She pulled herself together, straightening up. [4]**Echó... alrededor** She took a look around [5]**traquetear, pitar** to rattle, to whistle [6]**pasos de hada** fairy steps

—¿Qué decía usted?

A su lado estaba un soldadillo. Un muchachito pálido. Parecía bien educado. Se parecía a su hijo. A un hijo suyo que se había muerto. No al que vivía; al que vivía, no, de ninguna manera.

—No sé si será usted capaz de entenderme —dijo, con cierta altivez—. Estaba recordando unos versos míos. Pero si usted quiere, no tengo inconveniente en recitar...

El muchacho estaba asombrado. Veía a una mujer ya mayor, flaca, con profundas ojeras.[7] El cabello oxigenado, el traje de color verde, muy viejo. Los pies calzados en unas viejas zapatillas de baile... , sí, unas asombrosas zapatillas de baile, color de plata, y en el pelo una cinta plateada también, atada con un lacito... Hacía mucho que él la observaba.

—¿Qué decide usted? —preguntó Rosamunda, impaciente—. ¿Le gusta o no oír recitar?

—Sí, a mí...

El muchacho no se reía porque le daba pena mirarla. Quizá más tarde se reiría. Además, él tenía interés porque era joven, curioso. Había visto pocas cosas en su vida y deseaba conocer más. Aquello era una aventura. Miró a Rosamunda y la vio soñadora. Entornaba los ojos azules. Miraba al mar.

—¡Qué difícil es la vida!

Aquella mujer era asombrosa. Ahora había dicho esto con los ojos llenos de lágrimas.[8]

—Si usted supiera, joven... Si usted supiera lo que este amanecer significa para mí, me disculparía. Este correr hacia el Sur. Otra vez hacia el Sur... Otra vez a mi casa. Otra vez a sentir ese ahogo de mi patio cerrado,[9] de la incomprensión de mi esposo... No se sonría usted, hijo mío; usted no sabe nada de lo que puede ser la vida de una mujer como yo. Este tormento infinito... Usted dirá que por qué le cuento todo esto, por qué tengo ganas de hacer confidencias, yo, que soy de naturaleza reservada... Pues, porque ahora mismo, al hablarle, me he dado cuenta de que tiene usted corazón y sentimiento y porque esto es mi confesión. Porque, después de usted, me espera, como quien dice la tumba... El no poder hablar ya a ningún ser humano... , a ningún ser humano que me entienda.

---

[7]**con... ojeras** with deep circles under her eyes [8]**llenos de lágrimas** full of tears [9]**ahogo... cerrado** suffocating atmosphere of my enclosed patio

Se calló, cansada, quizá, por un momento. El tren corría, corría... El aire se iba haciendo cálido, dorado. Amenazaba un día terrible de calor.

—Voy a empezarle a usted mi historia, pues creo que le interesa... Sí. Figúrese usted una joven rubia, de grandes ojos azules, una joven apasionada por el arte... De nombre, Rosamunda... Rosamunda, ¿ha oído?... Digo que si ha oído mi nombre y qué le parece.

El soldado se ruborizó ante el tono imperioso.

—Me parece bien... bien.

—Rosamunda... —continuó ella, un poco vacilante.

Su verdadero nombre era Felisa; pero, no se sabe por qué, lo aborrecía. En su interior siempre había sido Rosamunda, desde los tiempos de su adolescencia. Aquel Rosamunda se había convertido en la fórmula mágica que la salvaba de la estrechez[10] de su casa, de la monotonía de sus horas; aquel Rosamunda convirtió al novio zafio y colorado[11] en un príncipe de leyenda. Rosamunda era para ella un nombre amado, de calidades exquisitas... Pero ¿para qué explicar al joven tantas cosas?

—Rosamunda tenía un gran talento dramático. Llegó a actuar con éxito brillante. Además, era poetisa. Tuvo ya cierta fama desde su juventud... Imagínese, casi una niña, halagada, mimada por la vida y, de pronto, una catástrofe... El amor... ¿Le he dicho a usted que era ella famosa? Tenía dieciséis años apenas, pero la rodeaban por todas partes los admiradores. En uno de los recitales de poesía, vio al hombre que causó su ruina. A... A mi marido, pues Rosamunda, como usted comprenderá, soy yo. Me casé sin saber lo que hacía, con un hombre brutal, sórdido y celoso. Me tuvo encerrada años y años. ¡Yo!... Aquella mariposa de oro que era yo... ¿Entiende?

(Sí, se había casado, si no a los dieciséis años, a los veintitrés; pero ¡al fin y al cabo!... Y era verdad que le había conocido un día que recitó versos suyos en casa de una amiga. Él era carnicero. Pero, a este muchacho, ¿se le podían contar las cosas así? Lo cierto era aquel sufrimiento suyo, de tantos años. No había podido ni recitar un solo verso, ni aludir a sus pasados éxitos —éxitos quizás inventados, ya que no se acordaba bien; pero... —. Su mismo hijo solía decirle que se volvería loca de pensar y llorar tanto. Era peor

[10]**estrechez** confinement [11]**zafio y colorado** boorish and ruddy

esto que las palizas y los gritos de él cuando llegaba borracho. No tuvo a nadie más que al hijo aquél, porque las hijas fueron descaradas y necias, y se reían de ella, y el otro hijo, igual que su marido, había intentado hasta encerrarla.)

—Tuve un hijo único. Un solo hijo. ¿Se da cuenta? Le puse[12] Florisel... Crecía delgadito, pálido, así como usted. Por eso quizá le cuento a usted estas cosas. Yo le contaba mi magnífica vida anterior. Sólo él sabía que conservaba un traje de gasa, todos mis collares... Y él me escuchaba, me escuchaba... como usted ahora, embobado.

Rosamunda sonrió. Sí, el joven la escuchaba absorto.

—Este hijo se me murió. Yo no lo pude resistir... Él era lo único que me ataba a aquella casa. Tuve un arranque, cogí mis maletas y me volví a la gran ciudad de mi juventud y de mis éxitos... ¡Ay! He pasado unos días maravillosos y tristes. Fui acogida con entusiasmo, aclamada de nuevo por el público, de nuevo adorada... ¿Comprende mi tragedia? Porque mi marido, al enterarse de esto, empezó a escribirme cartas tristes y desgarradoras: no podía vivir sin mí. No puede, el pobre. Además es el padre de Florisel, y el recuerdo del hijo perdido estaba en el fondo de todos mis triunfos, amargándome.

El muchacho veía animarse por momentos a aquella figura flaca y estrafalaria que era la mujer. Habló mucho. Evocó un hotel fantástico, el lujo derrochado en el teatro el día de su «reaparición»; evocó ovaciones delirantes y su propia figura, una figura de «sílfide[13] cansada», recibiéndolas.

—Y, sin embargo, ahora vuelvo a mi deber... Repartí mi fortuna entre los pobres y vuelvo al lado de mi marido como quien va[14] a un sepulcro.

Rosamunda volvió a quedarse triste. Sus pendientes eran largos, baratos; la brisa los hacía ondular... Se sintió desdichada, muy «gran dama»... Había olvidado aquellos terribles días sin pan en la ciudad grande. Las burlas de sus amistades ante su traje de gasa, sus abalorios y sus proyectos fantásticos. Había olvidado aquel largo comedor con mesas de pino cepillado, donde había comido el pan de los pobres entre mendigos de broncas toses.[15]

---

[12]**Le puse** I named him [13]**sílfide** sylph, nymph [14]**como... va** like one who goes [15]**entre... toses** among beggars with hoarse coughs

Sus llantos, su terror en el absoluto desamparo[16] de tantas horas en que hasta los insultos de su marido había echado de menos. Sus besos a aquella carta del marido en que, en su estilo tosco[17] y autoritario a la vez, recordando al hijo muerto, le pedía perdón y la perdonaba.

El soldado se quedó mirándola. ¡Qué tipo más raro, Dios mío! No cabía duda de que estaba loca la pobre... Ahora le sonreía... Le faltaban dos dientes.

El tren se iba deteniendo en una estación del camino. Era la hora del desayuno, de la fonda de la estación venía un olor apetitoso... Rosamunda miraba hacia los vendedores de rosquillas.[18]

—¿Me permite usted convidarla, señora?

En la mente del soldadito empezaba a insinuarse una divertida historia. ¿Y si contara a sus amigos que había encontrado en el tren una mujer estupenda y que... ?

—¿Convidarme? Muy bien, joven... Quizá sea la última persona que me convide... Y no me trate con tanto respeto, por favor. Puede usted llamarme Rosamunda... no he de enfadarme por eso.[19]

POSTREADING ACTIVITIES

READING COMPREHENSION

A. Select the word or phrase that best completes each statement according to *Rosamunda*.

____ 1. Rosamunda viajaba en... de un tren.
  a. un departamento de tercera clase
  b. un gran túnel
  c. un pasillo atestado de cestas y maletas

____ 2. La gente en el vagón-tranvía viajaba...
  a. muy cómodamente.
  b. acurrucada e incómoda.
  c. con ilusiones placenteras.

---

[16]**desamparo** helplessness [17]**tosco** rough [18]**rosquilla** ring-shaped fritter [19]**no... eso** I will not get mad about that

____ 3. El soldadillo que viajaba con Rosamunda...
   a. se parecía a su hijo Florisel.
   b. era alto y bien parecido.
   c. recitaba versos muy hermosos.

____ 4. El soldadillo pensaba que Rosamunda era...
   a. una mujer muy hermosa.
   b. una madre triste.
   c. una mujer asombrosa.

____ 5. Rosamunda llevaba...
   a. ropa muy fina.
   b. un traje muy viejo y abalorios.
   c. un vestido de fiesta rojo y zapatillas de baile.

B. Answer the following questions in Spanish based on the reading.

1. ¿Dónde tiene lugar el cuento?
2. ¿Cómo es el paisaje?
3. ¿Cómo es el soldadillo? ¿Por qué se decide la mujer a hacerle confidencias?
4. Describa a la mujer que habla con el soldadillo.
5. ¿Qué le dice la mujer al soldadillo sobre su hogar y su familia? ¿Cómo describe a su esposo?
6. ¿Cuál era el verdadero nombre de la mujer? ¿Por qué no le gustaba? ¿Qué nombre prefería? ¿Qué significado tenía para ella?
7. ¿Le dice Rosamunda toda la verdad al joven? Dé ejemplos.
8. ¿Qué gran talento tenía Rosamunda?
9. ¿Cuál fue la única persona que la comprendió? ¿Cómo eran los otros hijos de Rosamunda? ¿Qué hace ella después de la muerte de Florisel?
10. Según Rosamunda, ¿cómo fue su vida en la «gran ciudad» de sus sueños? ¿Tuvo éxito? ¿Hizo fortuna? ¿Cómo fue en realidad su vida en la gran ciudad?
11. ¿Por qué vuelve a su hogar?
12. ¿Por qué invita el soldadillo a Rosamunda? ¿Qué piensa de ella?
13. ¿Qué significa la expresión «mariposa de oro» con que Rosamunda se describe? ¿Es apropriada? Explique.
14. Al referirse a su hogar, Rosamunda utiliza los términos «tumba» y «sepulcro». ¿Por qué cree Ud. que ella usa estos dos sustantivos?
15. ¿Qué opina Ud. de Rosamunda y su mundo imaginario?

STRUCTURES

A. If *clauses*

When a clause introduced by **si** expresses something that is contrary-to-fact or a hypothetical situation, **si** is always followed by the imperfect subjunctive. In this case, the verb in the main clause is usually in the conditional.

Si ella **tuviera** dinero, se lo **daría** a los mendigos.
*If she **had** money, she **would give** it to the beggars.*

The expression **como si** (*as if, as though*) also introduces a contrary-to-fact situation, and is always followed by the imperfect subjunctive.

Rosamunda habla **como si fuera** una gran actriz.
*Rosamunda speaks **as though she were** a great actress.*

But, when an *if* clause expresses a true or definite situation, **si** is always followed by a verb in the indicative mood.

Si el esposo le **escribe,** ella **regresa** a la casa.
*If her husband **writes** her, she **will return** home.*

Rewrite the following sentences, using the imperfect subjunctive or the present indicative of the verbs in parentheses.

1. Si Ud. (ser) _____ capaz de entenderme, no tengo inconveniente en recitar.
2. Si Ud. (saber) _____ lo que este amanecer significa para mí, me disculparía.
3. Si Rosamunda no (tener) _____ esposo e hijos, sería una actriz famosa.
4. Si mi esposo me (decir) _____ que no podía vivir sin mí, volvería a mi casa.
5. Si el soldadillo le (contar) _____ a sus amigos que había encontrado una mujer estupenda en el tren, ellos no le creerían.
6. Si ella (poder) _____ evitarlo, no viajaría en un departamento de tercera clase.
7. Si Ud. (querer) _____, la convido a comerse unas rosquillas.

B. *Reflexive Verbs*

Rewrite the following sentences, using the past tense of the reflexive verbs in parentheses.

1. Rosamunda (despertarse) _____ temprano.
2. Ella (rehacerse) _____ y (enderezarse) _____ en el asiento.
3. Tú (sentirse) _____ aliviada al ver que los otros pasajeros dormían.
4. Ellos (quedarse) _____ como hipnotizados por el profundo verde de los árboles.
5. El muchacho no (reírse) _____ porque le daba pena.
6. Su mismo hijo solía decir que ella (volverse) _____ loca de tanto pensar en el teatro.
7. Yo (volverse) _____ a la gran ciudad de mis sueños.
8. Cuando mi marido (enterarse) _____ de la verdad, me pidió que regresara a casa.
9. Nosotros (quedarse) _____ muy tristes.
10. Ellos (acurrucarse) _____ en el asiento.

C. *The Impersonal* se *Construction*

The reflexive pronoun **se** + *a verb* in the third-person singular is used to express an action in which the subject of the verb is highly indefinite. This pattern corresponds to the English *one, they, we, you,* or *people.*

> **Se piensa** que la vida es fácil.
> ***People think*** *that life is easy.*

Rewrite the following sentences, using the **se** construction in the imperfect tense of the verbs indicated in parentheses.

1. Ahora (salirse) _____ del departamento de tercera clase.
2. (Poderse) _____ ver a la gente acurrucada.
3. Por las ventanillas (verse) _____ el campo.
4. Apenas (notarse) _____ el frío del amanecer.
5. (Verse) _____ el mar entre los naranjos.
6. (Decirse) _____ que no tenía gran talento dramático.
7. No (saberse) _____ por qué aborrecía su nombre.
8. (Creerse) _____ que Rosamunda estaba un poco loca.

DEVELOPING YOUR WRITING SKILLS

Write a short essay of at least 200 words in Spanish on the suggested topic.

• *Suggested Topic*

Diferentes niveles de realidad. En el cuento vemos diferentes puntos de vista. Podemos saber lo que piensan Rosamunda, el soldadillo y un narrador omnisciente que a menudo hace comentarios. Con esto en mente, discuta: (1) el punto de vista del soldadillo; (2) la fantasía de Rosamunda y la realidad de su vida; (3) los comentarios del narrador omnisciente. ¿Cómo se complementan estas visiones? ¿Cómo se contradicen? ¿Cuál es el efecto total? Ilustre sus comentarios con pasajes tomados del texto.

• *Writing Strategy*

1. Choose a title.
2. Taking into consideration that there are three narrators in the story (Rosamunda, "el soldadillo", and an omniscient narrator), select quotes or examples to illustrate the three different points of view.
3. Then select a topic sentence for each paragraph and jot down a list of related ideas you want to discuss in each paragraph. Use the questions provided in the Suggested Topic as a guide.
4. List a few key phrases to use in your conclusion.

EXPRESSING YOUR IDEAS

Prepare the following topics to discuss in class with two classmates. Once you have discussed them thoroughly, present a composite version of your analysis to the rest of the class.

1. **La personalidad de Rosamunda.** ¿Cómo se ve ella? ¿Cómo la ven los demás? ¿Cómo la ve Ud.?
2. **La personalidad del esposo de Rosamunda.** ¿Cómo cree Ud. que es el esposo en realidad? ¿Qué piensa él de Rosamunda? ¿Qué piensa Ud. del esposo?
3. **La personalidad de los hijos.** ¿Cómo son? ¿Qué piensan de la madre? ¿Qué haría Ud. si tuviera una madre así?

Como agua para chocolate

LAURA ESQUIVEL

PREREADING ACTIVITIES

BASIC VOCABULARY

Nouns

el **ajo** garlic
la **bofetada** slap
la **cebolla** onion
la **cobija** blanket
la **colcha** bedspread
la **charola** tray
el **delantal** apron
la **especia** spice
el **fideo** noodle
la **leña** wood
leña para la estufa wood for the stove
el **lío** trouble, jam
la **loseta** floor tile
la **paliza** beating, spanking
el **parto** delivery, childbirth
la **piel** skin
el **recoveco** bend, turn
los **recovecos de la memoria** the recesses of the mind, memory
el **roce** light touch
los **senos** breasts
el **sollozo** sob
el **susto** fright, scare, shock
el **tomillo** thyme
el **trozo** piece
el **vientre** womb

(continued)

Verbs

agasajar to receive warmly, to shower attention on
bordar to embroider
cocer (ue) to cook
colarse (ue) to squeeze, to slip through a narrow opening
coser to sew
encoger (j) to shrink
freír (i) to fry
hilvanar to tack, to baste
hornear to bake
moler (ue) to grind
pelar to peel
picar (qu) to cut, to chop
planchar to iron
platicar (qu) to talk, to chat
raspar to scrape
recoger (j) to pick up
  recoger la mesa to clear the table
sacudir to shake off, to dust
tejer to knit

Adjectives

hervido(-a) boiled
  leche hervida steamed milk
mero(-a) pure, simple
  la **mera verdad** the simple truth
pasmado(-a) flabbergasted
rozagante healthy-looking
sensible sensitive
sobrecogedor(-a) overpowering
sordo(-a) deaf
  medio sordo(-a) half-deaf

Useful Expressions

al buen entendedor pocas palabras a word to the wise is enough
al sereno in the open air, out in the open at night
de antemano beforehand
hacer lo propio to do the same
hacerse cargo de to take charge of
llorar de balde to cry for no reason
para encima on top of it all

VOCABULARY USAGE

A. Match the words in *Column A* with the definitions in *Column B*.

A	B
____ 1. cocer	a. substancia aromática que sirve de condimento
____ 2. trozo	b. acción de llorar emitiendo el aire contenido en el pecho
____ 3. vientre	c. fragmento de una cosa
____ 4. especia	d. conversar
____ 5. lío	e. problema
____ 6. sollozo	f. cavidad del cuerpo humano donde está el aparato genitourinario
____ 7. platicar	g. cocinar
____ 8. mero	h. membrana que cubre el cuerpo del hombre y de los animales
____ 9. piel	i. asombrado
____ 10. pasmado	j. puro, simple

B. Select the word or phrase that does not belong to each group.

1. ajo, cebolla, fideo, bofetada, chocolate
2. bordar, cocer, coser, hilvanar, tejer
3. freír, moler, coser, picar, raspar, pelar
4. planchar, hornear, recoger la mesa, sacudir el polvo, molestar
5. boca, loseta, vientre, senos, piel, mejilla
6. rozagante, saludable, sano, enfermo, bien

USING VOCABULARY IN CONTEXT

A. Which phrases do you associate with the following passages from *Como agua para chocolate*?

____ 1. Rosaura estaba a un extremo del cuarto sin mover un solo músculo observando atentamente cómo su hermana sacudía sus

a. descripción de un parto poco común
b. instrucciones para la preparación de un plato
c. dos personas platicando

manos mojadas sobre la estufa caliente.

____ 2. —Entonces, ¿te vas a casar sin sentir amor?
—No, papá, me caso sintiendo un inmenso e imperecedero amor por Tita.
Las voces se hacían cada vez menos perceptibles pues eran apagadas por el ruido que hacían los zapatos al pisar las hojas secas.

____ 3. Tita arribó a este mundo prematuramente, sobre la mesa de la cocina, entre los olores de una sopa de fideos que se estaba cocinando, los del tomillo, el laurel, el cilantro, el de la leche hervida, el de los ajos y, por supuesto, el de la cebolla.

____ 4. Hay que tener cuidado de freír el chorizo para las tortas a fuego muy lento, para que de esta manera quede bien cocido, pero sin dorarse excesivamente.
En cuanto está listo se retira del fuego y se le incorporan las sardinas...

____ 5. Lo ideal es dejar el pan y el chorizo afuera toda una noche envueltos en una tela, para que el pan se impregne con la grasa del chorizo.

d. los ingredientes de la torta dejados al sereno
e. una persona pasmada ante la acción de otra

B. The following paragraphs refer to *Como agua para chocolate*. Choose the appropriate words from the lists provided to complete the paragraphs so that they make sense.

lagrimeo	picado	llorar
cortar	sugerir	trozo

La cebolla tiene que estar finamente _____. Les _____ que se pongan un pequeño _____ de cebolla en la frente para evitar el molesto _____ que se produce cuando uno la está _____. Si uno empieza a _____, ya no se puede parar.

olor	recoveco	cocer	tomillo
ajo	recoger	freír	reproducir

A Tita le gustaba sentir el _____ de las especias como _____, _____ o la cebolla cuando se _____ o se _____. Después de comer, mientras _____ la mesa, gozaba enormemente inhalando los olores de la comida que quedaban en la cocina porque ellos _____ en su mente tiempos pasados perdidos en _____ de la memoria.

Cognates and Word Formation

Read the following paragraphs without consulting your dictionary. How many cognates can you recognize? Are there any false cognates?

1. Al día siguiente se presentó en el rancho de la familia Pedro Muzquiz acompañado de su padre con la intención de pedir la mano de Tita. Su presencia inusitada en la casa causó gran desconcierto porque no esperaban su visita. Tita le había mandado a Pedro un recado con un pariente de Nacha pidiéndole que desistiera de su propósito. Este juró que se lo había entregado a don Pedro, pero el caso es que ellos se presentaron en la casa. Mamá Elena los recibió en la sala y les explicó la razón por la que Tita no se podía casar.
2. A pesar del tiempo transcurrido, Tita podía recordar perfectamente los sonidos, los olores, el roce de su vestido nuevo sobre el piso recién encerado.
3. Ya tienes edad suficiente como para tomar un poco de licor en ocasiones especiales, pilluela, pero dime, ¿cuentas con la autorización de tu mamá para hacerlo? Porque te noto agitada

y nerviosa —y añadió lastimeramente— mejor ya no tomes, no vayas a dar un espectáculo.

ANTICIPATING THE STORY

A. Answer the following questions about *Como agua para chocolate*. The questions are designed to get you thinking about the content before you start reading.

1. ¿Qué le sugiere el título *Como agua para chocolate*? Discuta su opinión con sus compañeros de clase. Formule varias posibilidades al respecto.
2. Mire el dibujo al principio de esta sección. ¿Cuál cree Ud. que será el tema? ¿Cómo serán los personajes? ¿Dónde tendrá lugar la acción?
3. ¿Qué piensa usted del mundo de la cocina? ¿Hay olores que le traen recuerdos a la memoria? ¿Cuáles? Explique sus sensaciones. ¿Cree que hay alguna relación entre el mundo de la cocina y el del amor o el sexo? Haga comentarios al respecto.
4. ¿Qué tradiciones familiares recuerda de sus antepasados a finales del siglo diecinueve o principios del siglo veinte?
5. ¿Qué piensa de la tradición mexicana de la responsabilidad de la hija menor de quedarse soltera para cuidar a sus padres viejos? ¿Lo haría Ud.? ¿Cómo reaccionaría si tuviera que hacerlo?
6. ¿Ha visto la película *Como agua para chocolate*? ¿Qué recuerda de la trama?

B. En *Como agua para chocolate* hay muchas descripciones que tienen un carácter hiperbólico, es decir, pasajes donde la figura retórica que predomina es la hipérbole. La hipérbole consiste en exagerar algo aumentando o disminuyendo sus cualidades. Por ejemplo: **Es tan mentiroso que tiene la nariz más larga que Pinocho.**

En las oraciones a continuación, identifique las expresiones que contienen hipérbole.

1. Dicen que Tita era tan sensible que desde que estaba en el vientre de mi bisabuela lloraba y lloraba cuando ésta picaba cebolla; su llanto era tan fuerte que la cocinera, que era casi sorda, podía escucharla sin esfuerzo.

2. Contaba Nacha que Tita fue empujada a este mundo por un torrente impresionante de lágrimas que se desbordaron sobre la mesa y el piso de la cocina. Días después Nacha barrió cinco kilos de sal que habían quedado de los residuos de las lágrimas.
3. Después de pelar varias cebollas, Nacha sintió muchos deseos de llorar.
4. En el rancho de la Mamá, hacer el chorizo era todo un rito.
5. Durante sus largas noches de soledad, Tita tejió una colcha que tenía muchos kilómetros de longitud.

Como agua para chocolate

Novela de entregas mensuales
Con recetas, amores y remedios caseros

LAURA ESQUIVEL

Laura Esquivel, la autora de la novela *Como agua para chocolate,* nació en la Ciudad de México en 1950. En 1985 se inició como guionista (*script writer*) en el mundo cinematográfico mexicano con un guión para la película *Chido One,* que fue nominada en el mismo año para el premio Ariel que otorga la Academia de Ciencias y Artes Cinematográficas de México. En 1991, con la versión fílmica de su novela *Como agua para chocolate* (1989), Laura Esquivel se ganó el premio otorgado al mejor guionista y un total de diez Arieles por la mejor película.

Como agua para chocolate, subtitulada «Novela de entregas mensuales con recetas, amores y remedios caseros», es una de las novelas recientes más populares en Hispanoamérica y en los Estados Unidos. Se podría decir que es la primera novela hispanoamericana indiscutiblemente femenina. Es una obra romántica condimentada con olores y especias culinarios donde el mundo de la mesa y la cama se complementan. La novela está dividida en doce capítulos que corresponden a los doce meses del año y narra la turbulenta y apasionada historia de amor entre Tita De la Garza y Pedro Muzquiz.

CAPÍTULO 1

Enero

Tortas de navidad

INGREDIENTES

1 Lata de Sardinas
1/2 de Chorizo
1 Cebolla
Orégano
1 Lata de Chiles Serranos
10 Teleras (*Hard Rolls*)

Manera de hacerse:

La cebolla tiene que estar finamente picada. Les sugiero ponerse un pequeño trozo de cebolla en la mollera[1] con el fin de evitar el molesto lagrimeo[2] que se produce cuando uno la está cortando. Lo malo de llorar cuando uno pica cebolla no es el simple hecho de llorar, sino que a veces uno empieza, como quien dice, se pica, y ya no puede parar. No sé si a ustedes les ha pasado pero a mí la mera verdad sí. Infinidad de veces. Mamá decía que era porque yo soy igual de sensible a la cebolla que Tita, mi tía abuela.

Dicen que Tita era tan sensible que desde que estaba en el vientre de mi bisabuela lloraba y lloraba cuando ésta picaba cebolla; su llanto era tan fuerte que Nacha, la cocinera de la casa, que era medio sorda, lo escuchaba sin esforzarse. Un día los sollozos fueron tan fuertes que provocaron que el parto se adelantara. Y sin que mi bisabuela pudiera decir ni pío,[3] Tita arribó a este mundo prematuramente, sobre la mesa de la cocina, entre los olores de una sopa de fideos que se estaba cocinando, los del tomillo, el laurel, el cilantro, el de la leche hervida, el de los ajos y, por supuesto, el de la cebolla. Como se imaginarán, la consabida nalgada[4] no fue necesaria pues Tita nació llorando de antemano, tal vez porque ella sabía que su oráculo determinaba que en esta vida le estaba negado el matrimonio.[5] Contaba Nacha que Tita fue literalmente empujada a este mundo por un torrente impresionante de lágrimas que se desbordaron sobre la mesa y el piso de la cocina.

En la tarde, ya cuando el susto había pasado y el agua, gracias al efecto de los rayos del sol, se había evaporado, Nacha barrió el residuo de las lágrimas que había quedado sobre la loseta roja que cubría el piso. Con esta sal rellenó un costal de cinco kilos[6] que utilizaron para cocinar por bastante tiempo. Este inusitado nacimiento determinó el hecho de que Tita sintiera un inmenso amor por la cocina y que la mayor parte de su vida la pasara en ella, prácticamente desde que nació, pues cuando contaba con dos

[1]**mollera** crown of one's head [2]**lagrimeo** watering (of the eyes) [3]**sin que... ni pío** before my great-grandmother could say a word [4]**consabida nalgada** the usual slap on the butt (of the newborn) [5]**su oráculo... matrimonio** it would be her lot in life to be denied marriage [6]**un costal de cinco kilos** an eleven-pound sack

días de edad, su padre, o sea mi bisabuelo, murió de un infarto.[7] A Mamá Elena, de la impresión, se le fue la leche. Como en esos tiempos no había leche en polvo ni nada que se le pareciera, y no pudieron conseguir nodriza[8] por ningún lado, se vieron en un verdadero lío para calmar el hambre de la niña. Nacha, que se las sabía de todas todas respecto a la cocina —y a muchas otras cosas que ahora no vienen al caso— se ofreció a hacerse cargo de la alimentación de Tita. Ella se consideraba la más capacitada para «formarle el estómago a la inocente criaturita», a pesar de que nunca se casó ni tuvo hijos. Ni siquiera sabía leer ni escribir, pero eso sí sobre cocina tenía tan profundos conocimientos como la que más. Mamá Elena aceptó con agrado la sugerencia pues bastante tenía ya con la tristeza y la enorme responsabilidad de manejar correctamente el rancho, para así poderles dar a sus hijos la alimentación y educación que se merecían, como para encima tener que preocuparse por nutrir debidamente a la recién nacida.

Por tanto, desde ese día, Tita se mudó a la cocina y entre atoles[9] y tés creció de lo más sana y rozagante. Es de explicarse entonces el que se le haya desarrollado un sexto sentido en todo lo que a comida se refiere. Por ejemplo, sus hábitos alimenticios estaban condicionados al horario de la cocina: cuando en la mañana Tita olía que los frijoles ya estaban cocidos, o cuando a medio día sentía que el agua ya estaba lista para desplumar a las gallinas,[10] o cuando en la tarde se horneaba el pan para la cena, ella sabía que había llegado la hora de pedir sus alimentos.

Algunas veces lloraba de balde, como cuando Nacha picaba cebolla, pero como las dos sabían la razón de esas lágrimas, no se tomaban en serio. Inclusive se convertían en motivo de diversión, a tal grado que durante su niñez Tita no diferenciaba bien las lágrimas de la risa de las del llanto. Para ella reír era una manera de llorar.

De igual forma confundía el gozo del vivir con el de comer. No era fácil para una persona que conoció la vida a través de la cocina entender el mundo exterior. Ese gigantesco mundo que empezaba de la puerta de la cocina hacia el interior de la casa, porque el que colindaba[11] con la puerta trasera de la cocina y que

---

[7]**infarto** heart attack [8]**nodriza** wet nurse [9]**atole** corn gruel [10]**el agua... gallinas** the water was ready for plucking the chickens [11]**colindar** to be adjacent, to adjoin

daba al patio, a la huerta, a la hortaliza, sí le pertenecía por completo, lo dominaba. Todo lo contrario de sus hermanas, a quienes este mundo les atemorizaba y encontraban lleno de peligros incógnitos. Les parecían absurdos y arriesgados los juegos dentro de la cocina, sin embargo, un día Tita las convenció de que era un espectáculo asombroso el ver cómo bailaban las gotas de agua al caer sobre el comal[12] bien caliente.

Pero mientras Tita cantaba y sacudía rítmicamente sus manos mojadas para que las gotas de agua se precipitaran sobre el comal y «danzaran», Rosaura permanecía en un rincón, pasmada por lo que observaba. En cambio Gertrudis, como todo aquello donde interviniera el ritmo, el movimiento o la música, se vio fuertemente atraída hacia el juego y se integró con entusiasmo. Entonces a Rosaura no le quedó otra que tratar de hacer lo propio, pero como casi no se mojó las manos y lo hacía con tanto miedo, no logró el efecto deseado. Tita entonces trató de ayudarla acercándole las manos al comal. Rosaura se resistió y esta lucha no paró hasta que Tita, muy enojada, le soltó las manos y éstas, por inercia, cayeron sobre el ardiente comal. Además de ganarse una soberana paliza, Tita quedó privada de jugar con sus hermanas dentro de su mundo. Entonces Nacha se convirtió en su compañera de diversión. Juntas se dedicaban a inventar juegos y actividades siempre en relación con la cocina. Como el día en que vieron en la plaza del pueblo a un señor que formaba figuras de animales con globos[13] alargados y se les ocurrió repetir el mecanismo pero utilizando trozos de chorizo. Armaron no sólo animales conocidos sino que además inventaron algunos con cuello de cisne,[14] patas de perro y cola de caballo, por citar sólo algunos.

El problema surgía cuando tenían que deshacerlos para freír el chorizo. La mayoría de las veces Tita se negaba. La única manera en que accedía voluntariamente a hacerlo era cuando se trataba de elaborar las tortas de navidad, pues le encantaban. Entonces no sólo permitía que se desbaratara a uno de sus animales, sino que alegremente observaba cómo se freía.

Hay que tener cuidado de freír el chorizo para las tortas a fuego muy lento, para que de esta manera quede bien cocido, pero sin dorarse excesivamente. En cuanto está listo se retira del fuego y se le incorporan las sardinas, a las que con anterioridad

---

[12]**comal** griddle [13]**globo** balloon [14]**cisne** swan

se les ha despojado del esqueleto.[15] Es necesario, también, rasparles con un cuchillo las manchas negras que tienen sobre la piel. Junto con las sardinas se mezclan la cebolla, los chiles picados y el orégano molido. Se deja reposar la preparación, antes de rellenar las tortas.

Tita gozaba enormemente este paso ya que mientras reposa el relleno es muy agradable gozar del olor que despide, pues los olores tienen la característica de reproducir tiempos pasados junto con sonidos y olores nunca igualados en el presente. A Tita le gustaba hacer una gran inhalación y viajar junto con el humo y el olor tan peculiar que percibía hacia los recovecos de su memoria.

Vanamente trataba de evocar la primera vez que olió una de estas tortas, sin resultados, porque tal vez fue antes de que naciera. Quizá la rara combinación de las sardinas con el chorizo llamó tanto su atención que la hizo decidirse a renunciar a la paz del éter, escoger el vientre de Mamá Elena para que fuera su madre y de esta manera ingresar a la familia De la Garza, que comía tan deliciosamente y que preparaba un chorizo tan especial.

En el rancho de Mamá Elena la preparación del chorizo era todo un rito. Con un día de anticipación se tenían que empezar a pelar ajos, limpiar chiles y a moler especias. Todas las mujeres de la familia tenían que participar: Mamá Elena, sus hijas Gertrudis, Rosaura y Tita, Nacha la cocinera y Chencha la sirvienta. Se sentaban por las tardes en la mesa del comedor y entre pláticas y bromas el tiempo se iba volando hasta que empezaba a oscurecer. Entonces Mamá Elena decía:

—Por hoy ya terminamos con esto.

Dicen que al buen entendedor pocas palabras, así que después de escuchar esta frase todas sabían qué era lo que tenían que hacer. Primero recogían la mesa y después se repartían las labores: una metía a las gallinas, otra sacaba agua del pozo y la dejaba lista para utilizarla en el desayuno y otra se encargaba de la leña para la estufa. Ese día ni se planchaba ni se bordaba ni se cosía ropa. Después todas se iban a sus recámaras[16] a leer, rezar y dormir. Una de esas tardes, antes de que Mamá Elena dijera que ya se podían levantar de la mesa, Tita, que entonces contaba

---

[15]**se le incorporan... esqueleto** add the sardines, which have been deboned ahead of time [16]**recámara** bedroom

con quince años, le anunció con voz temblorosa que Pedro Muzquiz quería venir a hablar con ella...

—¿Y de qué me tiene que venir a hablar ese señor?

Dijo Mamá Elena luego de un silencio interminable que encogió el alma de Tita.[17]

Con voz apenas perceptible respondió:

—Yo no sé.

Mamá Elena le lanzó una mirada que para Tita encerraba todos los años de represión que habían flotado sobre la familia y dijo:

—Pues más vale que le informes que si es para pedir tu mano, no lo haga. Perdería su tiempo y me haría perder el mío. Sabes muy bien que por ser la más chica de las mujeres a ti te corresponde cuidarme hasta el día de mi muerte.

Dicho esto, Mamá Elena se puso lentamente de pie, guardó sus lentes dentro del delantal y a manera de orden final repitió.

—¡Por hoy, hemos terminado con esto!

Tita sabía que dentro de las normas de comunicación de la casa no estaba incluido el diálogo, pero aun así, por primera vez en su vida intentó protestar a un mandato de su madre.

—Pero es que yo opino que...

—¡Tú no opinas nada y se acabó! Nunca, por generaciones, nadie en mi familia ha protestado ante esta costumbre y no va a ser una de mis hijas quien lo haga.

Tita bajó la cabeza y con la misma fuerza con que sus lágrimas cayeron sobre la mesa, así cayó sobre ella su destino. Y desde ese momento supieron ella y la mesa que no podían modificar ni tantito la dirección de estas fuerzas desconocidas que las obligaban, a la una, a compartir con Tita su sino, recibiendo sus amargas lágrimas desde el momento en que nació, y a la otra a asumir esta absurda determinación.

Sin embargo, Tita no estaba conforme. Una gran cantidad de dudas e inquietudes acudían a su mente. Por ejemplo, le agradaría tener conocimiento de quién había iniciado esta tradición familiar. Sería bueno hacerle saber a esta ingeniosa persona que en su perfecto plan para asegurar la vejez de las mujeres había una ligera falla. Si Tita no podía casarse ni tener hijos, ¿quién la cui-

---

[17] **un silencio... el alma de Tita** an interminable silence that made Tita's heart sink (lit. an interminable silence that shrank Tita's soul)

daría entonces al llegar a la senectud?[18] ¿Cuál era la solución acertada en estos casos? ¿O es que no se esperaba que las hijas que se quedaban a cuidar a sus madres sobrevivieran mucho tiempo después del fallecimiento de sus progenitoras? ¿Y dónde se quedaban las mujeres que se casaban y no podían tener hijos, quién se encargaría de atenderlas? Es más, quería saber, ¿cuáles fueron las investigaciones que se llevaron a cabo para concluir que la hija menor era la más indicada para velar por su madre y no la hija mayor? ¿Se había tomado alguna vez en cuenta la opinión de las hijas afectadas? ¿Le estaba permitido al menos, si es que no se podía casar, el conocer el amor? ¿O ni siquiera eso?

Tita sabía muy bien que todas estas interrogantes tenían que pasar irremediablemente a formar parte del archivo de preguntas sin respuesta. En la familia De la Garza se obedecía y punto. Mamá Elena, ignorándola por completo, salió muy enojada de la cocina y por una semana no le dirigió la palabra.

La reanudación de esta semicomunicación se originó cuando, al revisar los vestidos que cada una de las mujeres había estado cosiendo, Mamá Elena descubrió que aun cuando el confeccionado por Tita era el más perfecto no lo había hilvanado antes de coserlo.

—Te felicito —le dijo—, las puntadas son perfectas, pero no lo hilvanaste, ¿verdad?

—No —respondió Tita, asombrada de que le hubiera levantado la ley del silencio.

—Entonces lo vas a tener que deshacer. Lo hilvanas, lo coses nuevamente y después vienes a que te lo revise. Para que recuerdes que el flojo y el mezquino andan doble su camino.[19]

—Pero eso es cuando uno se equivoca y usted misma dijo hace un momento que el mío era...

—¿Vamos a empezar otra vez con la rebeldía? Ya bastante tenías con la de haberte atrevido a coser rompiendo las reglas.

—Perdóneme, mami. No lo vuelvo a hacer.

Tita logró con estas palabras calmar el enojo de Mamá Elena. Había puesto mucho cuidado al pronunciar el «mami» en el momento y con el tono adecuado. Mamá Elena opinaba que la palabra mamá sonaba despectiva, así que obligó a sus hijas desde niñas

---

[18]**senectud** old age [19]**el flojo... camino** the lazy man and the stingy man end up walking their road twice

a utilizar la palabra «mami» cuando se dirigieran a ella. La única que se resistía o que pronunciaba la palabra en un tono inadecuado era Tita, motivo por el cual había recibido infinidad de bofetadas. ¡Pero qué bien lo había hecho en ese momento! Mamá Elena se sentía reconfortada con el pensamiento de que tal vez ya estaba logrando doblegar[20] el carácter de la más pequeña de sus hijas. Pero desgraciadamente albergó esta esperanza[21] por muy poco tiempo pues al día siguiente se presentó en casa Pedro Muzquiz acompañado de su señor padre con la intención de pedir la mano de Tita. Su presencia en la casa causó gran desconcierto. No esperaban su visita. Días antes, Tita le había mandado a Pedro un recado con el hermano de Nacha pidiéndole que desistiera de sus propósitos. Aquél juró que se lo había entregado a don Pedro, pero el caso es que ellos se presentaron en la casa. Mamá Elena los recibió en la sala, se comportó muy amable y les explicó la razón por la que Tita no se podía casar.

—Claro que si lo que les interesa es que Pedro se case, pongo a su consideración a mi hija Rosaura, sólo dos años mayor que Tita, pero está plenamente disponible y preparada para el matrimonio...

Al escuchar estas palabras, Chencha por poco tira encima de Mamá Elena la charola con café y galletas que había llevado a la sala para agasajar a don Pascual y a su hijo. Disculpándose, se retiró apresuradamente hacia la cocina, donde la estaban esperando Tita, Rosaura y Gertrudis para que les diera un informe detallado de lo que acontecía en la sala. Entró atropelladamente[22] y todas suspendieron de inmediato sus labores para no perderse una sola de sus palabras.

Se encontraban ahí reunidas con el propósito de preparar tortas de navidad. Como su nombre lo indica, estas tortas se elaboran durante la época navideña, pero en esta ocasión las estaban haciendo para festejar el cumpleaños de Tita. El 30 de septiembre cumpliría 16 años y quería celebrarlos comiendo uno de sus platillos favoritos.

—¿Ay sí, no? ¡Su 'amá habla d'estar preparada para el matrimoño, como si juera un plato de enchiladas! ¡Y ni ansina, porque

---

[20] **doblegar** to humble [21] **albergó esta esperanza** she harbored this hope
[22] **Entró atropelladamente** She burst headlong into the room

pos no es lo mismo que lo mesmo! ¡Uno no puede cambiar unos tacos por unas enchiladas así como así![23]

Chencha no paraba de hacer este tipo de comentarios mientras les narraba, a su manera, claro, la escena que acababa de presenciar. Tita conocía lo exagerada y mentirosa que podía ser Chencha, por lo que no dejó que la angustia se apoderara de ella. Se negaba a aceptar como cierto lo que acababa de escuchar. Fingiendo serenidad, siguió partiendo las teleras, para que sus hermanas y Nacha se encargaran de rellenarlas.

De preferencia las teleras deben ser horneadas en casa. Pero si no se puede lo más conveniente es encargar en la panadería unas teleras pequeñas, pues las grandes no funcionan adecuadamente para esta receta. Después de rellenarlas se meten 10 minutos al horno y se sirven calientes. Lo ideal es dejarlas al sereno toda una noche envueltas en una tela, para que el pan se impregne con la grasa del chorizo.

Cuando Tita estaba acabando de envolver las tortas que comerían al día siguiente, entró en la cocina Mamá Elena para informarles que había aceptado que Pedro se casara, pero con Rosaura.

Al escuchar la confirmación de la noticia, Tita sintió como si el invierno le hubiera entrado al cuerpo de golpe y porrazo:[24] era tal el frío y tan seco que le quemó las mejillas y se las puso rojas, rojas, como el color de las manzanas que tenía frente a ella. Este frío sobrecogedor la habría de acompañar por mucho tiempo sin que nada lo pudiera atenuar, ni tan siquiera cuando Nacha le contó lo que había escuchado cuando acompañaba a don Pascual Muzquiz y a su hijo hasta la entrada del rancho. Nacha caminaba por delante, tratando de aminorar el paso[25] para escuchar mejor la conversación entre padre e hijo. Don Pascual y Pedro caminaban lentamente y hablaban en voz baja, reprimida por el enojo.

—¿Por qué hiciste esto Pedro? Quedamos en ridículo aceptando la boda con Rosaura. ¿Dónde quedó pues el amor que le juraste a Tita? ¿Qué no tienes palabra?

—Claro que la tengo, pero si a usted le negaran de una ma-

---

[23]**—¿Ay sí, no?... así como así!** The author is mimicking the peasant speech: **"su 'amá"** = **su mamá, "matrimoño"** = **matrimonio, "juera"** = **fuera, "Y ni ansina"** = **Y ni así** [24]**de golpe y porrazo** suddenly, very hurriedly [25]**aminorar el paso** to slow down, to walk more slowly

nera rotunda[26] casarse con la mujer que ama y la única salida que le dejaran para estar cerca de ella fuera la de casarse con la hermana, ¿no tomaría la misma decisión que yo?

Nacha no alcanzó a escuchar la respuesta porque el *Pulque,* el perro del rancho, salió corriendo, ladrándole a un conejo al que confundió con un gato.

—Entonces, ¿te vas a casar sin sentir amor?

—No, papá, me caso sintiendo un inmenso e imperecedero[27] amor por Tita.

Las voces se hacían cada vez menos perceptibles pues eran apagadas[28] por el ruido que hacían los zapatos al pisar las hojas secas. Fue extraño que Nacha, que para entonces estaba más sorda, dijera haber escuchado la conversación. Tita igual le agradeció que se lo hubiera contado pero esto no modificó la actitud de frío respeto que desde entonces tomó para con Pedro. Dicen que el sordo no oye, pero compone. Tal vez Nacha sólo escuchó las palabras que todos callaron. Esa noche fue imposible que Tita conciliara el sueño; no sabía explicar lo que sentía. Lástima que en aquella época no se hubieran descubierto los hoyos negros en el espacio porque entonces le hubiera sido muy fácil comprender que sentía un hoyo negro en medio del pecho, por donde se le colaba un frío infinito.

Cada vez que cerraba los ojos podía revivir muy claramente las escenas de aquella noche de navidad, un año atrás, en que Pedro y su familia habían sido invitados por primera vez a cenar a su casa y el frío se le agudizaba. A pesar del tiempo transcurrido, ella podía recordar perfectamente los sonidos, los olores, el roce de su vestido nuevo sobre el piso recién encerado; la mirada de Pedro sobre sus hombros... ¡Esa mirada! Ella caminaba hacia la mesa llevando una charola con dulces de yemas de huevo[29] cuando la sintió, ardiente, quemándole la piel. Giró la cabeza y sus ojos se encontraron con los de Pedro. En ese momento comprendió perfectamente lo que debe sentir la masa de un buñuelo[30] al entrar en contacto con el aceite hirviendo. Era tan real la sensación de calor que invadía todo su cuerpo que ante el temor de

---

[26]**rotunda** categorical, resounding [27]**imperecedero** undying [28]**apagar** to mute, to die away [29]**dulces de yemas de huevo** egg-yolk candies
[30]**la masa de un buñuelo** dough of a doughnut

que, como a un buñuelo, le empezaran a brotar burbujas[31] por todo el cuerpo —la cara, el vientre, el corazón, los senos— Tita no pudo sostenerle esa mirada y bajando la vista cruzó rápidamente el salón hasta el extremo opuesto, donde Gertrudis pedaleaba en la pianola el vals *Ojos de juventud.* Depositó la charola sobre una mesita de centro, tomó distraídamente una copa de licor de Noyó[32] que encontró en su camino y se sentó junto a Paquita Lobo, vecina del rancho. El poner distancia entre Pedro y ella de nada le sirvió; sentía la sangre correr abrasadoramente por sus venas.[33] Un intenso rubor le cubrió las mejillas y por más esfuerzos que hizo no pudo encontrar un lugar donde posar su mirada. Paquita notó que algo raro le pasaba y mostrando gran preocupación la interrogó:

—Qué rico está el licorcito, ¿verdad?

—¿Mande usted?

—Te veo muy distraída Tita, ¿te sientes bien?

—Sí, muchas gracias.

—Ya tienes edad suficiente como para tomar un poco de licor en ocasiones especiales, pilluela, pero dime, ¿cuentas con la autorización de tu mamá para hacerlo? Porque te noto agitada y temblorosa —y añadió lastimeramente—, mejor ya no tomes, no vayas a dar un espectáculo.

¡Nada más eso le faltaba![34] Que Paquita Lobo pensara que estaba borracha. No podía permitir que le quedara la menor duda o se exponía a que fuera a llevarle el chisme a su mamá. El terror a su madre la hizo olvidarse por un momento de la presencia de Pedro y trató por todos los medios de convencer a Paquita de la lucidez de su pensamiento y de su agilidad mental. Platicó con ella de algunos chismes y bagatelas.[35] Inclusive le proporcionó la receta del Noyó, que tanto la inquietaba. Este licor se fabrica poniendo cuatro onzas de almendras de alberchigo[36] y media libra de almendras de albaricoque[37] en una azumbre[38] de agua, por venticuatro horas, para que aflojen[39] la piel; luego se pelan, se quebrantan[40] y se ponen en infusión de dos azumbres de agua

---

[31]**le empezaran a brotar burbujas** bubbles would begin to break out [32]**licor de Noyó** liquor made of fruit pits, brandy, sugar, etc. [33]**sentía... por sus venas** she felt her blood pulsing, searing her veins [34]**¡Nada... faltaba!** That was the last straw! [35]**bagatela** triviality [36]**alberchigo** Clingstone peach [37]**albaricoque** apricot [38]**azumbre** liquid measure approximately equal to half a gallon [39]**aflojar** to loosen [40]**quebrantar** to crush

ardiente, por quince días. Después se procede a la destilación. Cuando se han desleído[41] perfectamente dos libras y media de azúcar quebrantada en el agua se le añaden cuatro onzas de flor de naranja, se forma la mezcla y se filtra. Y para que no quedara ninguna duda referente a su salud física y mental, le recordó a Paquita, así como de refilón,[42] que la equivalencia del azumbre es de 2,016 litros, ni más ni menos.

Así que cuando Mamá Elena se acercó a ellas para preguntarle a Paquita si estaba bien atendida, ésta entusiasmada respondió.

—¡Estoy perfectamente! Tienes unas hijas maravillosas. ¡Y su conversación es fascinante!

Mamá Elena le ordenó a Tita que fuera a la cocina por unos bocadillos[43] para repartir entre todos los presentes. Pedro, que en ese momento pasaba por ahí, no por casualidad, se ofreció a ayudarla. Tita caminaba apresuradamente hacia la cocina, sin pronunciar una sola palabra. La cercanía de Pedro la ponía muy nerviosa. Entró y se dirigió con rapidez a tomar una de las charolas con deliciosos bocadillos que esperaban pacientemente en la mesa de la cocina.

Nunca olvidaría el roce accidental de sus manos cuando ambos trataron torpemente de tomar la misma charola al mismo tiempo.

Fue entonces cuando Pedro le confesó su amor.

—Señorita Tita, quisiera aprovechar la oportunidad de poder hablarle a solas para decirle que estoy profundamente enamorado de usted. Sé que esta declaración es atrevida y precipitada, pero es tan difícil acercársele que tomé la decisión de hacerlo esta misma noche. Sólo le pido que me diga si puedo aspirar a su amor.

—No sé qué responderle; deme tiempo para pensar.

—No, no podría, necesito una respuesta en este momento: el amor no se piensa: se siente o no se siente. Yo soy hombre de pocas, pero muy firmes palabras. Le juro que tendrá mi amor por siempre. ¿Qué hay del suyo? ¿Usted también lo siente por mí?

—¡Sí!

Sí, sí, y mil veces sí. Lo amó desde esa noche para siempre.

---

[41]**desleír** to dissolve [42]**así como de refilón** as if it were just an aside
[43]**bocadillo** snack, bite to eat

Pero ahora tenía que renunciar a él. No era decente desear al futuro esposo de una hermana. Tenía que ahuyentarlo[44] de su mente de alguna manera para poder dormir. Intentó comer la torta de navidad que Nacha le había dejado sobre su buró, junto con un vaso de leche. En muchas ocasiones le había dado excelentes resultados. Nacha, con su gran experiencia, sabía que para Tita no había pena alguna que no lograra desaparecer mientras comía una deliciosa torta de navidad. Pero no en esta ocasión. El vacío que sentía en el estómago no se alivió.[45] Por el contrario, una sensación de náusea la invadió. Descubrió que el hueco no era de hambre; más bien se trataba de una álgida sensación dolorosa.[46] Era necesario deshacerse de este molesto frío. Como primera medida se cubrió con una pesada cobija y ropa de lana. El frío permanecía inamovible. Entonces se puso zapatos de estambre[47] y otras dos cobijas. Nada. Por último, sacó de su costurero una colcha que había empezado a tejer el día en que Pedro le habló de matrimonio. Una colcha como ésta, tejida a gancho, se termina aproximadamente en un año. Justo el tiempo que Pedro y Tita habían pensado dejar pasar antes de contraer nupcias. Decidió darle utilidad al estambre en lugar de desperdiciarlo[48] y rabiosamente tejió y lloró, y lloró y tejió, hasta que en la madrugada terminó la colcha y se la echó encima. De nada sirvió. Ni esa noche ni muchas otras mientras vivió logró controlar el frío.

POSTREADING ACTIVITIES

READING COMPREHENSION

Answer the following questions in Spanish based on the reading.

1. ¿Por qué es importante que el capítulo comience con la descripción de una receta?

---

[44]**ahuyentar** to scare away, to drive out [45]**aliviarse** to be relieved [46]**álgida sensación dolorosa** icy feeling of grief [47]**estambre** worsted yarn [48]**desperdiciar** to waste

2. Haga una descripción del nacimiento de Tita. ¿Qué imágenes parecen predecir algo sobre el futuro de ella?
3. ¿Por qué tuvo Nacha que criar a Tita?
4. ¿Por qué desarrolló Tita un sexto sentido en lo que a la comida se refiere?
5. Mencione algunos de los juegos y actividades que inventan Nacha y Tita en relación con la cocina.
6. ¿Cómo reaccionan las hermanas de Tita en la cocina? ¿Qué opinan de los juegos de Tita?
7. ¿Qué características y poderes tienen los olores?
8. Haga una descripción del temperamento de la Mamá Elena.
9. ¿Por qué no puede casarse Tita? ¿Cómo reacciona Tita cuando su mamá se lo recuerda? ¿Cómo es Tita?
10. ¿Cómo era la relación entre la madre y las hijas? Dé ejemplos específicos.
11. Cuando Pedro Muzquiz viene a pedir la mano de Tita, ¿cómo reacciona la madre?
12. ¿Por qué decide Pedro casarse con Rosaura? ¿Qué piensa Ud. de la decisión de Pedro?
13. ¿Qué ejemplo utiliza Chencha para demostrar su desaprobación cuando se entera de que Rosaura es la que se casa con Pedro?
14. ¿Cómo se siente Tita cuando descubre que Pedro se va a casar con su hermana?
15. ¿Tiene la colcha algún significado simbólico? ¿Cuál?
16. ¿Por qué sintió Tita tanto frío desde el momento en que supo que Pedro se casaría con su hermana?
17. ¿Cuál es el tono del capítulo?
18. ¿Qué opina Ud. de la técnica de insertar recetas de cocina en los momentos de mayor suspenso?
19. ¿Qué relación cree Ud. que puede haber entre el mundo de la cocina y el del amor?
20. ¿Cómo cree que termina la novela? Haga un pequeño comentario con sus ideas.

STRUCTURES

A. Preterit versus Imperfect

In the following paragraph, Nacha, who has just witnessed the conversation between Pedro and his father, is telling Tita what she has just heard. Complete her conversation using the appropriate past tense of the verbs in parentheses.

—No (poder) _____ escuchar toda la conversación porque las voces de los caballeros (hacerse) _____ cada vez menos perceptibles porque (ser) _____ apagadas por el ruido de sus botas al pisar las hojas secas que (estar) _____ amontonadas en el camino hacia la entrada del rancho. Pero (oír) _____ cuando Pedro le (decir) _____ a su padre que te (querer) _____ mucho a ti y que (irse) _____ a casar con Rosaura solamente para estar cerca de ti. (Ser) _____ imposible escuchar el resto de la conversación porque el perro (comenzar) _____ a ladrar y a perseguir un conejo.

B. Subjunctive versus Indicative and Infinitive

Mamá Elena feels the need to explain to Tita the importance of maintaining the traditions of her family. Complete her reasoning by providing the appropriate form of the verbs in parentheses: present tense of the indicative or subjunctive, or infinitives.

—Tita, yo (querer) _____ que entiendas que en nuestra familia la hija menor no (poder) _____ casarse porque (tener) _____ la responsabilidad de cuidar a sus padres ancianos. Ésta es una tradición muy antigua que tú (deber) _____ respetar. Así que te (pedir) _____ que le (decir) _____ a Pedro que no (venir) _____ a pedir tu mano. Más vale que le (informar) _____ que por (ser) _____ la más joven de las mujeres, a ti te corresponde (cuidar) _____ a tu madre hasta el día de su muerte. Y, después de esta conversación con él, te prohíbo terminantemente que (hablar) _____ con Pedro o que (tratar) _____ de hacerme cambiar de opinión. En esta familia, la tradición se respeta por encima de todo.

C. *Subjunctive versus Indicative*

After listening to her mother's admonitions, Tita feels very sad. Complete her thoughts by providing the appropriate form of the verbs in parentheses: imperfect or preterit tense of the indicative, the conditional, or the imperfect subjunctive.

Después de escuchar a su madre, Tita (bajar) _____ la cabeza y (comenzar) _____ a llorar. Ella (saber) _____ que no (poder) _____ modificar su destino porque desde el momento en que (nacer) _____ ya (estar) _____ destinada a asumir esta absurda determinación de la familia. Sin embargo, Tita no (estar) _____ de acuerdo. Pensó que si ella (poder) _____, en el futuro trataría de cambiar la situación de las mujeres en la familia. No quería que sus sobrinas (tener) _____ que pasar por esta horrible situación. También pensó que si tuviera más determinación, se (haber) _____ escapado con Pedro sin consultar con su madre. Pero en la familia De la Garza, el poder de la madre (ser) _____ ilimitado y las hijas (estar) _____ acostumbradas a obedecer.

Developing Your Writing Skills

Write an essay of at least 225 words in Spanish on one of the suggested topics.

• *Suggested Topics*

1. **Importancia de las tradiciones.** Seleccione una tradición familiar que haya influido en su vida. Describa la tradición primero y luego mencione cómo lo/la afectó.
2. **El mundo culinario.** Describa su receta favorita. Trate de explicar cómo los olores de los ingredientes a veces motivan su imaginación o le traen recuerdos del pasado.
3. **El destino de Tita.** ¿Qué piensa Ud. de la tradición en la familia De la Garza? Si Ud. estuviera en el lugar de Tita, ¿qué habría hecho? ¿Cómo cree que va a reaccionar Tita? ¿Cómo cree que termina la novela?

• *Writing Strategy*

1. Choose a title.
2. Select a topic sentence for each paragraph and jot down a list of related ideas you want to discuss in each paragraph.
3. List a few key phrases to use in your conclusion.

Expressing Your Ideas

Choose one of the following topics and prepare to discuss it in class with three or four classmates. Once you have discussed your topic thoroughly, present a composite version of your conversation to the rest of the class.

1. ¿Qué papel debe tener la madre en la familia?
2. ¿Qué función tienen las descripciones hiperbólicas en la novela? Dé ejemplos específicos.
3. Basando su respuesta en el primer capítulo, ¿cuál cree Ud. que es la función del elemento culinario en la novela?
4. Haga un análisis de la personalidad de Pedro. Trate de anticipar su comportamiento en el futuro. Recuerde que él va a vivir en la misma casa donde vive Tita y el resto de la familia.

Review Exercise

After reviewing the grammar and vocabulary covered in Part Four, read the following descriptions and determine where they take place and what is happening. Justify your answers in Spanish.

1. Cuando no pudo abrir la escotilla se dio cuenta de que tampoco podía bajar la escala de acceso. Marcó nuevamente el código en la computadora, pero la luz roja le indicó lo fútil de su intento.
2. La música que tronaba del tocadiscos me taladraba el cráneo. Era inconcebible que los jóvenes vinieran a divertirse a un lugar como éste. Cerca de la puerta estaban sentados un soldadillo y una rubia oxigenada, descarada y necia, de grandes ojos azules. Quería tomarme otro coñac, pero el mozo no me atendía.
3. Lo único que tenía en esos momentos eran varias especias exóticas y pétalos de rosa. Así que sacó el delantal, varias charolas y unos cuchillos antes de comenzar a preparar unos pollos siguiendo una antigua receta prehispánica.
4. Me dolían las piernas de tenerlas en la misma posición. Intenté estirarlas pero no pude hacerlo debido a la gran cantidad de cestos y pollos que había en el pasillo. Las ventanillas estaban sucias y me fue imposible ver a los policías que me habían venido a recibir después de este viaje tan largo.

Vocabulary

This vocabulary contains all the essential words, proper nouns, and idioms needed to understand fully the gist of the short stories, plays, and poems included in this text. Irregular verb forms that might pose difficulty have also been included. Cognates and most adverbs ending in **-mente** and those derived from adjectives defined in the vocabulary are omitted. For adjectives and nouns with different forms for masculine and feminine, both forms are given.

Abbreviations used: *adj.* adjective; *adv.* adverb; *conj.* conjunction; *contr. of* contraction of; *dir. obj.* direct object; *f.* feminine; *fam.* familiar; *imp.* imperfect; *ind.* indicative; *indir. obj.* indirect object; *inf.* infinitive; *interj.* interjection; *irreg.* irregular; *m.* masculine; *n.* noun; *obj. of prep.* object of preposition; *pl.* plural; *prep.* preposition; *pres. ind.* present indicative; *pres. part.* present participle; *pres. subjunc.* present subjunctive; *pret.* preterit; *pron.* pronoun; *refl. pron.* reflexive pronoun; *rel. adj.* relative adjective; *sing.* singular; *subj.* subject.

a to; at; for; from; at a distance of; **a casa** home; **a eso de** at around (*time of day*); **a menos que** unless; **a tiempo** on time; **a través de** by means of; **a veces** at times, sometimes; **A ver.** Let's see.

el **abalorio** bead necklace; showy article of little value

abandonar to abandon

abierto(-a) open

el/la **abogado/a** lawyer

aborrecer (zc) to hate, to abhor

abrazar (c) to hug, to embrace

el **abrazo** hug, embrace

el **abrigo** overcoat; **Ponte el abrigo.** Put on your coat.

abril April

abrir to open

absorto(-a) absorbed, engrossed

abstracto(-a) abstract

el/la **abuelo/a** grandfather; grandmother; (*pl.*) grandparents; grandfathers

abundante plentiful; large

aburrido(-a) bored; boring
aburrirse to get bored
acá here
acabar to finish, to end; **acabar de** (+ *inf.*) to have just (*done something*); **y se acabó** and that's the end of it
acariciador(-a) caressing
acaso perhaps, maybe
acceder to accede, to agree
el **accidente** accident
la **acción** action
el **aceite** oil
aceptar to accept
la **acequia** irrigation ditch
acercar (qu) to bring near
acertado(-a) right, correct
aclamar to acclaim
acogedor(-a) warm, appealing
acomodar to settle, to make comfortable
acompañar to accompany, to go with
la **aconitina** aconitine (*poison extracted from aconite*)
el **acontecimiento** event, incident
acostar (ue) to put to bed; **acostarse** to go to bed
acostumbrarse (a) to get used (to), to become accustomed (to)
la **actividad** activity
activo(-a) active
el **acto** act
la **actriz** actress
actual of the present
actualmente presently
acuático(-a) aquatic, water
acudir to come
el **acuerdo** agreement; **de acuerdo** agreed, all right, okay; **de acuerdo con** in agreement with; **estar** (*irreg.*) **(ponerse** [*irreg.*]**) de acuerdo (con)** to agree (with)
acurrucado(-a) curled up
adelante forward, ahead
el **ademán** expression, look; gesture, movement (*of the hands*)
además besides, moreover; **además de** in addition to
adentro inside
adicto(-a) addicted
adiós good-bye
adivinar to guess
el/la **admirador/a** admirer
admirar to admire
la **adolescencia** adolescence
adonde (to) where, wherever
¿adónde? (to) where?
adornar to adorn, to decorate
el **adorno** decoration
la **aduana** customs, customs house
adueñarse to take possession of
el/la **adulto/a** adult
advertir (ie) to notice, to advise, to inform
el **aeropuerto** airport
afectar to affect
afeitar(se) to shave
el/la **aficionado/a** fan
aflojar to loosen
afuera outside
agacharse to stoop
agarrar to grab
agasajar to shower attention on

la **agencia** agency; **agencia de viajes** travel agency
el/la **agente** agent; **agente de viajes** travel agent
agónico(-a) moribund, dying
agosto August
agradable (*adj.*) pleasant
agradecer (zc) to thank
agregar (gu) to add
la **agricultura** agriculture
el **agua** (*f.*) water
el **aguamanil** washstand
aguantar to put up with
ahí there
ahogado(-a) drowned
el **ahogo** breathing trouble; distress
ahora now; **ahora mismo** right now; **por ahora** for now
ahorrar to save (*time, money, etc.*)
el **ahorro** saving
ahuyentar to scare away; to drive out
el **aire** air; look, appearance; **aire de familia** family likeness
¡ajá! aha!
el **ajedrez** chess
al *contr. of* **a** + **el; al** + *inf.* on, upon . . . -ing; **¡Al contrario!** On the contrary!
el **ajo** garlic
el **ala** (*f.*) wing
alargar (gu) to lengthen
el **albaricoque** apricot
el **alberchigo** clingstone peach
albergar (gu) to give shelter to; **albergar la esperanza** to cherish hope
el **alcalde** mayor
alcanzar (c) to reach; to catch up
la **alcoba** bedroom
la **aldea** village
alegrarse (de) to be glad, happy (to)
alegre (*adj.*) happy
la **alegría** joy, happiness
alejar(se) to move away
la **alfombra** rug, carpet
álgido(-a) icy; **álgida sensación dolorosa** icy feeling of grief
algo something, anything; **¿Algo más?** Anything else?
alguien somebody, someone
algún, alguno(a) some, any; some sort of; (*pl.*) some; a few; some people; **¿Alguna buena acción?** Some good deed?; **alguna vez** ever, at some time
la **alimentación** food
alimentar to feed
alimenticio(-a) (*adj.*) nourishing
el **alimento** food
aliviado(-a) relieved
aliviar to give relief
el **alivio** relief
el **alma** (*f.*) soul
el **almacén** store
el **almacenero** storekeeper
el **almendro** almond tree
el **almíbar** syrup
almorzar (ue) (c) to have lunch
el **almuerzo** lunch (*the main meal in most Hispanic countries*)
aló hello

el **alojamiento** accommodation, lodging
alquilar to rent
el **alquiler** rent
alrededor de around
la **altivez** arrogance
alto(-a) high; tall; upper; loud; **clase alta** upper class; **en voz alta** out loud
aludir to allude
alumbrar to illuminate, to light up
allá there
allí there
la **amabilidad** kindness
amable kind, nice
el **amanecer** dawn, daybreak
el/la **amante** lover
amar to love
amargar (gu) to embitter
amargo(-a) bitter
amarillo(-a) yellow
ambicionar to aspire to; to seek
el **ambiente** atmosphere
amenazar (c) to threaten
el/la **amigo/a** friend
la **amistad** friendship
el **amo/a** boss
el **amor** love
el **amorío** affair
anaranjado(-a) (*adj.*) orange
andar (*irreg.*) to walk; to go about; to run, to work; **andar en bicicleta** to ride a bicycle
el **ángel** angel
la **anguila** eel
la **angustia** anguish
el **anillo** ring
animar to encourage
el **aniversario** anniversary
anoche last night
el **anochecer** nightfall
anonadar to overwhelm
la **anotación** note; jotting down
anotar to make a note of; to put down
ansiar to long for, to yearn for
ansioso(-a) anxious, nervous
antemano (de) in advance, beforehand
el **anteojo** telescope; (*pl.*) eyeglasses
el/la **antepasado/a** ancestor
anterior (*adj.*) former; previous; **anterior a** before; **muy anterior a** much earlier than
antes before; first; **antes de** (*prep.*) before; **antes (de) que** (*conj.*) before
antiguo(-a) antique, old, ancient; (*before a noun*) former
la **antropología** anthropology
el/la **antropólogo/a** anthropologist
anunciar to announce
el **año** year; **a tus años** at your age; **Año Nuevo** New Year's; **el año que viene** next year; **tener...** (*irreg.*) **años** to be . . . years old; **todos los años** every year
apagar (gu) to turn off; to mute
apaleado(-a) beaten, abused
el/la **aparcero/a** tenant farmer
aparentemente apparently
el **apartamento** apartment
apartar to take away, to

move away; to remove; to isolate
apenas as soon as; hardly
el **apetito** appetite
apetitoso(-a) appetizing, savory, palatable
aplaudir to applaud, to clap
aplicarse (qu) to apply oneself, to work hard
apoyar to support, to hold up
el **apoyo** support
aprender (a) to learn (to)
apresurarse to hurry up
apretar (ie) to squeeze
aproximadamente approximately
el **apunte** note; **tomar apuntes** to take notes
apurado(-a) hurried
aquel, aquella (*adj.*) that; **aquél, aquélla** (*pron.*) that (one)
aquello (*pron.*) that
aquellos, aquellas (*adj.*) those; **aquéllos, aquéllas** (*pron.*) those
aquí here; **por aquí** this way, over here, around here
árabe (*adj.*) Arabic; (*n. m., f.*) Arab
el **árbol** tree
el **arco** arch; bow
arder to burn
el **ardor** burning sensation
la **arena** sand; **arena fina** fine sand
argentino(-a) Argentine, Argentinean
la **argolla** ring; **argolla de hierro** iron ring
el **arma** (*f.*) arm, weapon
armado(-a) armed
el/la **arquitecto/a** architect
la **arquitectura** architecture
arraigado(-a) deep-rooted
arrancar (qu) to yank
el **arranque** fit
arrebatar to snatch
arreglar to fix, to arrange, to get in order; **arreglarse** to be okay, to turn out all right
el **arrepentimiento** repentance
arriba (de) above, over
arriesgar (gu) to risk
arrobado(-a) fascinated
arrojar to throw; **arrojarse** to throw oneself; **arrojarse a los pies** to throw oneself at someone's feet
el **arroyo** stream; **al borde de un arroyo** on the bank of a stream
el **arroz** rice
el **arte** (*f.*) art; **bellas artes** fine arts; **obra de arte** work of art
la **articulación** joint
el **artículo** article
artificial: fuegos artificiales fireworks
el/la **artista** artist; actor; actress
artístico(-a) artistic
el **arzobispado** territory under the jurisdiction of an archbishop
el **arzobispo** archbishop
asar to roast
asear to clean
asegurar to reassure; to secure
asentir (ie) to agree
el/la **asesino/a** killer, assassin
así thus, so, in this way, like that; **así como de**

refilón as if it were just an aside; **Así es.** That's right. That's the way it is; **Así es** (+ *n.*) That's . . . **así que** so
el **asiento** seat
asistir (a) to attend
asociar to associate
asomarse to lean out
asombrador(-a) amazing, stupefying
asombrar(se) to surprise
asombroso(-a) amazing
el **aspecto** aspect; appearance
aspirar to aspire
la **aspirina** aspirin
el **asunto** matter; business
asustado(-a) frightened, startled
asustar to frighten, to alarm
atacar (qu) to attack
atar to tie
atemorizar (c) to frighten
atender (ie) to attend to; **atender el teléfono** to answer the phone
atenuar to attenuate; to mitigate
aterrar to terrify
aterrizar (c) to land
atinar to hit upon; **atinar a** to succeed in
el/la **atleta** athlete
el **atole** drink made from corn flour
atónito(-a) astonished, amazed
atraer (*irreg.*) to attract, to lure
atrapar to catch, to trap
atrás behind
atreverse to dare
el **atrevimiento** boldness, daring; **¡Qué atrevimiento!** What audacity!
atronar (ue) to boom
atropelladamente hurriedly
aumentar to gain (*weight*), to increase
aun even
aún still
aunque although, even though; **aunque sea uno(-a)** even one
la **ausencia** absence
auténtico(-a) authentic, genuine
el **auto** auto, car; **en auto** by car
el **autobús** bus; **en autobús** by bus
el **automóvil** automobile
el/la **autor/a** author
avanzar (c) to advance
el **ave** (*f.*) bird
la **avellana** hazelnut
la **avenida** avenue
la **aventura** adventure
avergonzado(-a) embarrassed, ashamed
el **avión** airplane; **en avión** by plane
avisar to warn
la **avispa** wasp
¡Ay! Oh!
ayer yesterday
la **ayuda** help
ayudar (a) to help (to), to assist; **me gustaría mucho ayudarla** I would like very much to help you (*f.*)
el **azar** chance; **al azar** at random
azorado(-a) terrified
azotar to beat

la **azotea** flat roof
el/la **azúcar** sugar
azucarado(-a) sugary
azul (*adj.*) blue
el **azumbre de agua** liquid measure approximately equal to half a gallon

la **bagatela** triviality; knick-knack
bailar to dance
el **baile** dance
bajar (de) to get off
bajo(-a) low, short; (*prep.*) under; (*adv.*) beneath, under
balancearse to sway
el **balcón** balcony
el **balde** pail; **de balde** free; in vain
la **baldosa** tile
el **banco** bench; bank
la **bandeja** tray
la **bandera** flag
el/la **bandido/a** bandit
bañar(se) to take a bath; to bathe (oneself)
el **baño** bath; bathroom; **cuarto de baño** bathroom
barato(-a) inexpensive, cheap
la **barba** beard
la **barbaridad** barbarism; **¡Qué barbaridad!** Good Lord!
el **barco** ship, boat
barrer to sweep
el **barrio** neighborhood, district, community
la **base** base
básico(-a) basic
¡Basta! That's enough!
bastante (*adj.*) enough; quite a bit; (*adv.*) rather, quite
bastar(se) to be sufficient for oneself
la **basura** garbage, trash; **canasto de basura** wastebasket
beber to drink
la **bebida** drink, beverage
el/la **bellaco/a** deceitful; sly, cunning; rogue
la **belleza** beauty
bello(-a) beautiful; **bellísimo(-a)** very beautiful
el **berrinche** temper tantrum
besar to kiss; **besarse** to kiss each other
el **beso** kiss
la **biblioteca** library
la **bicicleta** bicycle; **en bicicleta** by bicycle
el **bicho** bug
el **bien** good
bien (*adv.*) well, fine, all right, okay; good; **bien educado(-a)** well-mannered; **¡Qué bien!** Great!
bienvenido(-a) (*adj.*) welcome; **la bienvenida** (*n.*) welcome; **dar** (*irreg.*) **la bienvenida** to welcome
el **bigote** moustache
el **billete** bill; ticket
la **billetera** billfold
la **bioquímica** biochemistry
el/la **bisabuelo/a** great-grandfather; great-grandmother
blanco(-a) white; Caucasian
blanquear to whiten

la **blusa** blouse
la **boca** mouth
el **bocadillo** snack; tidbit; sandwich
la **boda** wedding
la **bofetada** slap
el **boleto** ticket
la **bolsa** purse; bag
el **bolsillo** pocket
el **bolso** purse
el **bombero** fireman
la **bondad** kindness
bonito(-a) pretty
bordar to embroider
el **borde** edge; **al borde del colapso** on the verge of collapse
borracho(-a) drunk
borrar to erase
el **borrego** lamb
la **bota** leather wine bag; boot
el **brazo** arm
breve (*adj.*) brief, short
brillante (*adj.*) brilliant, bright; **brillantísimo(-a)** very bright
el **brillo** sparkle; brightness
brindar to toast
la **brisa** breeze
la **brizna** blade of grass
la **broma** prank
bromear to joke
bronco(-a) rough, coarse
brotar to break out
el/la **brujo/a** sorcerer, witch
brusco(-a) abrupt, brusque
el/la **bruto/a** brute; ignoramus
el **buche** mouthful (*liquid*); **hacer** (*irreg.*) **buches** to gargle
buen, bueno(-a) good; kind; **bueno** (*adv.*) well, okay, all right; **¡Buen viaje!** Have a good trip!; **Buenas noches.** Good evening., Good night.; **Buenas tardes.** Good afternoon., Good evening.; **Buenos días.** Good morning., Good day.; **Muy buenas.** Good afternoon., Good evening.; **¡Qué bueno!** Great!, How nice!
bufo(-a) comic
el **buñuelo** doughnut
la **burbuja** bubble
la **burla** gibe, jeer; **haciéndoles burla** making fun of them
burlarse de to make fun of
el **buró** bedside table, writing desk
el **burro** donkey
buscar (qu) to look (for), to search

el **caballete** roof ridge
el **cabello** hair
la **cabeza** head; **dolor de cabeza** headache
el **cabo** end, stub, stump; **al cabo de** after, at the end of
la **cacerola** pot
el **cacharro** coarse earthen pot
cada (*adj.*) each, every; **cada día más** more every day; **cada vez más** more and more
caer(se) (*irreg.*) to fall, to fall down; **caerse de bruces** to fall flat on

one's face; **dejarse caer** to plop down
el **café** coffee; café; **café con leche** coffee prepared with hot milk
la **cafetería** cafeteria
la **caja** case, box
la **calabaza** pumpkin
el **calendario** calendar
la **calidad** quality
cálido(a) warm
calmar to calm; **calmarse** to calm oneself; **¡Cálmate!** Calm down! Relax!
el **calor** heat, warmth; **hacer** (*irreg.*) **calor** to be hot (*weather*); **¡Qué calor!** It sure is hot!; **tener** (*irreg.*) **calor** to be (feel) hot
el **calorcillo** heat; warmth
calzar (c) to wear shoes; to put one's shoes on
la **calle** street
el **callejón** alleyway
la **cama** bed; **el coche-cama** Pullman (*sleeping car*)
la **cámara** camera
el/la **camarero/a** waiter, waitress
cambiar to change; to exchange
el **cambio** change; **en cambio** on the other hand
caminar to walk
el **camino** road, way; **el camino de** the road to; **por este camino** on this street
la **camisa** shirt
el **campo** country, countryside
el **canario** canary
el/la **canasto/a** basket; **canasto de papeles** wastebasket
el **cancel** screen
la **canción** song
el **candelabro** candelabra
el/la **candidato/a** candidate
cansado(a) tired
el **cansancio** tiredness, weariness
cantar to sing
el **capataz** foreman
capaz (*adj.*) capable
la **capital** capital
el **capítulo** chapter
la **cara** face; **cara larga** long face
el **carácter** character
¡Caramba! Wow! Good grief! Goodness me!
la **cárcel** jail
el **cardenalato** cardinalship
el **cargo** post; **hacerse** (*irreg.*) **cargo de** to take charge of
el **(mar) Caribe** Caribbean (Sea)
cariñoso(-a) loving, tender
la **carne** meat
el/la **carnicero/a** butcher
caro(-a) expensive
la **carrera** race; **carrera de caballos** horse race
la **carta** letter; playing card
el **cartón** cardboard
el **cartucho** cartridge
la **casa** house, home; **en casa** at home; **en casa de** at (*someone's*) house
casarse (con) to marry, to get married (to)
casi almost
el **caso** case; **en caso (de) que** in case (of)
la **casualidad** coincidence,

chance; **por casualidad** by coincidence
la **casucha** shabby little house
la **catedral** cathedral
católico(-a) Catholic
la **causa** cause; **a causa de** because of
causar to cause
cauteloso(-a) cautious
la **cebolla** onion
ceder to give way
la **celda** cell
la **celebración** celebration
celebrar to celebrate; **celebrarse** to be celebrated; to take place
los **celos** jealousy; **tener** (*irreg.*) **celos de** to be jealous of
la **cena** dinner
cenar to dine, to have dinner
la **ceniza** ash
el **centavo** cent
centellear to sparkle
central central, main; **la América Central** Central America
el **centro** center; downtown
cerca near, nearby; **cerca de** near, close to
la **cercanía** proximity
el **cerebro** brain
la **ceremonia** ceremony
cerrado(-a) closed
cerrar (ie) to close
la **cerveza** beer
ciego(-a) blind
el **cielo** sky, heaven
el **cielorraso** ceiling
cien, ciento one hundred; **por ciento** percent
la **ciencia** science; **a ciencia cierta** with complete certainty
la **ciencia-ficción** science fiction
el **cieno** mud
el/la **científico/a** scientist
cierto(-a) true, right, correct; (a) certain; **a ciencia cierta** with complete certainty
la **cigarra** cicada
el **cigarrillo** cigarette
el **cigarro** cigar
el **cine** movies; movie theater
la **cintura** waistline
el **cisne** swan
la **cita** date, appointment; **tener** (*irreg.*) **una cita** to have a date
citar to arrange to meet, to make an appointment with
la **ciudad** city
el/la **ciudadano/a** citizen
la **civilización** civilization
civilizado(-a) civilized
la **clarividencia** clairvoyance
claro(-a) clear; **Claro.** Of course.; **Claro que...** Of course . . . ; **claro de la selva** clearing in the jungle
la **clase** class; kind; **clase alta** upper class; **clase media** middle class; **(de) toda clase** (of) every kind
clásico(-a) classical
el/la **cliente/a** customer
el **clima** climate
el **cobayo** guinea pig
la **cobija** blanket

cocer (ue) (z) to cook
la **cocina** kitchen
cocinar to cook
el **coctel** cocktail
el **coche** car
el **coche-cama** Pullman (*sleeping car*)
la **codicia** covetousness, greed
coger (j) to pick up
el **cohete** firework; rocket
la **coincidencia** coincidence
la **cola** tail
el **colapso** collapse; **al borde del colapso** on the edge of collapse
colarse (ue) to squeeze
la **colección** collection
colérico(-a) wrathful
la **colcha** bedspread
colgar (ue) (gu) to hang; **colgar el teléfono** to hang up the phone
colindar to adjoin; to be adjoining
colombiano(-a) Colombian
la **colonia** colony
la **colonización** colonization
el **color** color; **¿de qué color es... ?** What color is . . . ?; **el color claro le sentaría** light colors would look good on you
colorado(-a) red; ruddy
colosal colossal
la **columna** column
el **collar** necklace
la **comadreja** weasel
el **comal** griddle
la **combinación** combination
el **comedor** dining room
comentar to comment
comer to eat
el/la **comerciante** businessperson
el **comercio** business
los **comestibles** groceries
cómico(-a) (*adj.*) funny
la **comida** food; meal; dinner
como (*adv.*) as; like, such as; how; (*conj.*) since, as long as; **cómo** how (to); **como si** as if; **tan... como** as . . . as; **tanto... como** as much . . . as
¿cómo? (¡cómo!) how? (how!); what? what did you say? what is it?; **¿Cómo es (son)... ?** What is (are) . . . ?; **¡Cómo no!** Of course!; **¿Cómo se llama Ud.?** What is your name?
cómodo(-a) comfortable
el **compadre** godfather of one's child, close friend
el/la **compañero/a** companion **compañero/a de clase** classmate; **compañero/a de cuarto** roommate
la **compañía** company
complacer (zc) to please
completo(-a) complete
la **composición** composition
la **compra** buy, purchase; **ir** (*irreg.*) **de compras** to go shopping
comprar to buy
comprender to understand; **como dándole a comprender** as though explaining to him
comprometedor(-a) incriminating
común common, usual,

ordinary; **en común** in common
la **comunicación** communication
con with; **con cuidado** carefully; **con el nombre de** by the name of; **con tal de que** provided that
el **concepto** concept
el **concierto** concert
la **condición** condition; circumstance; **condiciones físicas** physical condition
conducir (zc) to drive
el/la **conductor/a** driver
el **conejo** rabbit
la **conferencia** conference; lecture
la **confidencia** secret; **hacer** (*irreg.*) **confidencias** to confide (*in someone*)
la **confusión** confusion
la **congoja** anguish; anxiety
conmigo with me
conocer (zc) to know, to be acquainted with; to meet, to get acquainted with
conocido(-a) known, well-known; **más conocido(-a)** better known
la **conquista** conquest
el/la **conquistador/a** conqueror, Spanish conquistador
conquistar to conquer
el **consejo** advice
conservar to conserve
considerar to consider
consigo with him, with her, with you, with them
construido(-a) built, constructed
construir (y) to build, to construct
el **consuelo** consolation; joy, comfort
consultar to consult
la **contaminación** pollution
contaminado(-a) polluted
contar (ue) to tell, to relate
contento(-a) happy, content, pleased
contestar to answer
contigo with you (*fam. sing.*)
el **continente** continent
contra against
la **contradicción** contradiction
contrariar to annoy, to upset
contrario(-a) opposite; **¡Al contrario!** On the contrary!
la **contribución** contribution
contribuir (y) to contribute
el **control** control; **control de la natalidad** birth control
controlar to control
convencer (z) to convince
la **conversación** conversation
conversar to converse, to chat
convertir(se) (ie) to become
convidar to invite
el **coñac** brandy, cognac
cooperar to cooperate
la **copa** cup; **tomar una copa** to have a drink
coquetear to flirt
el **corazón** heart; **de todo corazón** wholeheartedly;

el corazón al galope with his/her heart pounding; **me hizo saltar el corazón** he/she/it made my heart skip a beat
la **corbata** tie
la **cordal** wisdom tooth
el **cordero** lamb; **tan suave como un cordero** as gentle as a lamb
la **corona** crown
correcto(-a) right, correct
el **correo** mail; post office; **correo aéreo** air mail
correr to run
corresponder a to correspond to
corriente ordinary, regular, commonplace; **llevarle la corriente** to go along with
cortar to cut; to hang up (*the phone*)
cortés (*adj.*) polite
corto(-a) short, brief
la **cosa** thing
coser to sew
los **cosméticos** cosmetics
la **costa** coast
el **costado** side; **de costado** on one's side
el **costal** sack
Constanera Avenue in Buenos Aires, Argentina
costar (ue) to cost
la **costumbre** custom, habit; **como de costumbre** as usual; **es costumbre** it's the custom
el **costurero** sewing case
la **coyuntura** joint
crear to create
crecer (zc) to grow
el **crédito** credit
creer (y) to believe, to think; **Creo que sí.** I think so.; **¡Ya lo creo!** That's for sure!
el/la **criado/a** servant
el **crimen** (*pl.* **los crímenes**) crime
el/la **criminal** criminal
criticar (qu) to criticize
el **crujido** crack
la **cruz** cross
cruzar (c) to cross
el **cuaderno** notebook
la **cuadra** city block
el **cuadro** picture, painting
¿cuál? ¿cuáles? which? which one(s)? what?
la **cualidad** quality, characteristic
cualquier, cualquiera any
cuando when, whenever
¿cuándo? when?
cuanto, en cuanto as soon as; **unos cuantos** a few
¿cuánto? how much?; **¿A cuánto están... ?** How much are . . . ?; **¿(Por) cuánto tiempo?** How long?; **¿Cuánto tiempo hace que... ?** For how long . . .?
¿cuántos? how many?; **¿Cuántos años tiene... ?** How old is . . . ?
el **cuarto** room; quarter; (*adj.*) fourth; quarter; **las seis y cuarto** 6:15
cubierto(-a) (de) covered (with, by)
cubrir to cover
el **cuello** neck; collar
la **cuenta** check; **pasar la cuenta** to send the bill
el **cuentagotas** dropper

el **cuento** story
la **cuerda** rope
el **cuero** hide, skin
el **cuerpo** body
la **cuestión** question, issue
el **cuidado** care; **con cuidado** carefully; **¡Cuidado!** Beware!; **¡Cuidado (con...)!** Look out (for . . .)!; **no hay cuidado** there's no cause for concern; **tener** (*irreg.*) **cuidado (con)** to be careful (of, about)
cuidar to take care of; **cuidarse** to take care of oneself
la **culpa** fault, blame
culto(-a) educated
la **cultura** culture
el **cumpleaños** birthday
la **cuna** cradle; **le falta cuna** he/she lacks lineage
el/la **cuñado/a** brother-in-law; sister-in-law
la **cura** cure
curar to cure, to heal
curiosear to nose about
curioso(-a) curious
el **curso** course
cuyo(-a) (*rel. adj.*) whose

la **champaña** champagne
chapotear to splash
Chapultepec suburb southwest of Mexico City, site of a palace and park
la **charola** tray
el **cheque** check; **cheque de viajero** traveler's check
el/la **chico/a** boy, guy; girl; (*pl.*) kids **el/la más chico(-a)** the youngest
el **chinchorro** Indian hammock, net
el **chisme** gossip
la **chispa** spark
¡Chist! Ssh! Hush!
el **chiste** joke
chocar (qu) to hit; to run into
el **chorizo** sausage
la **choza** hut

la **dama** lady; queen (*in chess*)
danzar (c) to dance
dar (*irreg.*) to give; **dar a** to face; **dar las gracias** to thank; **dar un paseo** to take a walk; **darle pena a uno** to feel sorry; **darse cuenta de** to realize; **darse por vencido(-a)** to give up; **darse prisa** to hurry
de of; from; about; in (*after a superlative*); by; made of; as; with; **de nada** you're welcome; **de veras** really; **más de** more than (*before a number*)
el **deán** Dean, presiding official of a cathedral
debatirse to struggle; **debatiéndose** struggling
deber must, have to, ought to, should; to be supposed to; to owe (*duty*)
los **deberes** homework
débil (*adj.*) weak
el **decanazgo** deanship
decente decent, decent-looking

decidido(-a) determined, resolute
decidir to decide
decir (*irreg.*) to say, to tell; **¿Cómo se dice... ?** How does one say . . . ?; **¡No me digas!** You don't say!; **querer** (*irreg.*) **decir** to mean
decorar to decorate
dedicar (qu) to dedicate; **dedicarse (a)** to devote oneself to
defectuoso(-a) faulty
defender (ie) to defend
la **defunción** demise; **certificado de defunción** death certificate
dejar to leave; to let, to allow; **dejar de** to stop, to cease; **dejarse caer** to plop down
del *contr. of* **de** + **el**
el **delantal** apron
delgado(-a) thin, slender
delicado(-a) delicate
delicioso(-a) delicious
demás (*adj., pron.*) other, rest of the; **por lo demás** furthermore; **todo lo demás** everything else
demasiado(-a) too, too much; (*pl.*) too many
el **demonio** demon, devil; **¡Demonios!** Hell!
demostrar (ue) to show, to prove; to demonstrate
la **dentadura** denture
el/la **dentista** dentist
dentro de in, within, inside (of)
el **departamento** compartment
el/la **dependiente** salesperson
el **deporte** sport
deportivo(-a) (*related to*) sports
deprimido(-a) depressed
la **derecha** right; **a la derecha** to (on) the right
el **derecho** right, privilege; (*adv.*) straight
derivar to derive
derramar to spill, to scatter
derrochado(-a) squandered
el **desamparo** helplessness
desanimar(se) to be discouraged
desayunar to have (for) breakfast
el **desayuno** breakfast
descansar to rest
descarado(-a) impudent
descender (ie) to descend, to go down; **desciende el telón** the curtain falls
desarrollar to develop
el/la **descendiente** descendant
el **desconcierto** disorder, confusion
desconfiar to distrust
el/la **desconforme** nonconformist
el/la **desconocido/a** stranger
descortés (*adj.*) discourteous, impolite
describir to describe
descubrir to discover
desde from; since; **¿desde cuándo?** how long? since when?; **desde hace (hacía)** for; **desde hace años** for years; **desde... hasta** from . . . to
el **desdén** contempt, disdain
desear to wish (for), to want, to desire

el **desempleo** unemployment
desenfrenado(-a) unbridled
desenvainar to unsheath
el **deseo** wish
la **desesperanza** hopelessness
el **desfile** parade
desgarrador(-a) heart-rending, heartbreaking
desgranar to shell
deshacer(se) (*irreg.*) to get rid of (*someone or something*)
desierto(-a) (*adj.*) deserted; **el desierto** (*n.*) desert
desilusionado(-a) disappointed
desleír (i) to dissolve
deslizarse (c) to slide oneself
despacio (*adv.*) slowly
despachar to dismiss
la **despedida** farewell, leave-taking
despedir (i) to see out; to give off; to emit
desperdiciar to waste
despertar (ie) to wake (*someone*); **despertarse** to wake up
despierto(-a) awake, alert
desplumar to pluck; **desplumar una gallina** to pluck a hen
despojar to strip; to take away
despreciar to look down on, to scorn
después afterwards, then, later; **después de** after; **después de que** after; **poco después** a short time after(wards)
destellar to sparkle
destemplado(-a) shrill
desvaído(-a) faded
detener (*irreg.*) to hold back, to stop
determinar to determine; **había determinado** he had decided
detrás de behind
la **deuda** debt
devolver (ue) to give back, to return
devoto(-a) devout
el **día** day; **al día** per day; **al otro día** the next day; **Buenos días.** Good morning. Good day.; **cada día más** more every day; **de día** by day; **día de fiesta** holiday; **día de semana** weekday; **hoy día** nowadays; **todos los días** every day
el/la **diablo/a** devil
el **diálogo** dialogue
diario(-a) daily; **el diario** newspaper
el **diccionario** dictionary
diciembre December
el/la **dictador/a** dictator
la **dictadura** dictatorship
dichoso(-a) happy, content; **¡Ese dichoso veneno!** That blasted poison!
el **diente** tooth
la **diferencia** difference
diferente (*adj.*) different (from)
difícil (*adj.*) hard, difficult
la **dificultad** difficulty
el **dinero** money
el **dios** god; **Dios** God; **¡Dios**

mío! My goodness! Good grief!
la **diplomacia** diplomacy
la **dirección** direction; address
directo(-a) direct
dirigir(se) (j) (a) to address, to speak to; to go towards
la **disciplina** discipline
la **discriminación** discrimination
la **disculpa** apology
disculpar(se) to apologize
el **discurso** speech
la **discusión** discussion
discutir to discuss; to debate
el **disparo** gunshot
disponer (*irreg.*) to get ready; **disponerse a** to prepare to
la **distinción** distinction
distinto(-a) different
distraído(-a) absentminded
divertir (ie) to amuse, to entertain; **divertirse** to have a good time, to enjoy oneself
divorciarse to get divorced
el **divorcio** divorce
doblar to turn
doble (*adj.*) double
doblegar (gu) to humble
la **docena** dozen
el/la **doctor/a** doctor
doctorar to get a doctorate
el **dólar** dollar
la **dolencia** ailment
doler (ue) to ache, to hurt
el **dolor** pain, ache; suffering; sorrow; **dolor de cabeza** headache; **dolor de estómago** stomachache
dolorido(-a) aching
dominador(-a) dominating
el **domingo** Sunday
don, doña titles of respect or affection used before a first name
donde where, wherever
¿dónde? where?
dorado(-a) golden
dorar to brown (*food*)
dormido(-a) asleep
dormir (ue) to sleep; **dormir la siesta** to take a nap after lunch
el **dormitorio** bedroom
dotado(-a) de endowed with
el **drama** drama
dramático(-a) dramatic
la **droga** drug
la **duda** doubt; **sin duda** undoubtedly, without a doubt
dudar to doubt; **no se duda** one does not doubt
el/la **dueño/a** owner; master; mistress
dulce (*adj.*) sweet; (*n.*) **el dulce** candy
durante during; for
durar to last

e and (*replaces* **y** *before words beginning with* **i** *or* **hi**)
la **economía** economy; economics
económico(-a) economic

echar to throw; **echar a volar** to take flight, to fly away; **echar una mirada** to look around
la **edad** age; **¿Qué edad tiene... ?** How old is . . . ?
el **edificio** building
la **educación** education; upbringing
el **efecto** effect
eficaz efficient
el **egoísmo** selfishness, egotism
egoísta selfish
el **eje** shaft, frame
el **ejemplo** example; **por ejemplo** for example
el **ejercicio** exercise
el the (*m. sing.*); **el de** that of; **el que** the one that
él (*subj.*) he; (*obj. of prep.*) him, it; **de él** (of) his
los **elásticos** suspenders
la **elección** election
eléctrico(-a) electric, electrical
la **elegancia** elegance
elegante elegant; stylish
elegir (i) (j) to choose, to elect
el **elemento** element
ella (*subj.*) she; (*obj. of prep.*) her, it; **de ella** her, (of) hers
ellos, ellas (*subj.*) they; (*obj. of prep.*) them; **de ellos (ellas)** their, (of) theirs
el/la **embajador/a** ambassador
embarazada (*adj.*) pregnant
embargo: sin embargo however
embarrado(-a) muddy
embelesado(-a) fascinated
embobado(-a) fascinated
el **embotamiento** dullness
la **emergencia** emergency
emocionante exciting
el **emperador** emperor
empezar (ie) (c) a to start (to), to begin (to)
el/la **empleado/a** employee
emplear to use; to employ
el **empleo** employment; job
empujar to push
en in; into; on; at; **en casa** at home; **en punto** on the dot; **en realidad** in reality, actually; **en seguida** right away, at once; **en serio** seriously; **en sordina** softly; **en torno** around; **en vez de** instead of
enajenar to alienate
enamorarse (de) to fall in love (with); **enamorado(-a)** to be in love
encalado(-a) whitewashed
encantador(-a) delightful, charming
encantar to delight; **me encanta...** I love . . .
encargar (gu) to order
encender (ie) to turn on
encerrado(-a) locked up
encerrar (ie) to lock up
encoger (j) to shrink; to contract; to intimidate
la **encomienda** assignment; **encomienda postal** parcel post
encontrar (ue) to find; to meet; **encontrarse (con)** to meet, to come across

el **encuentro** encounter
enderezar(se) (c) to straighten (out, up)
el/la **enemigo/a** enemy
la **energía** energy
enero January
enfadar to anger; **enfadarse** to get angry
enfermarse to get sick
la **enfermedad** illness
el/la **enfermero/a** nurse
enfermo(-a) ill
enfrente (de) in front (of), opposite; **de enfrente** across the way
el **enfriamiento** cooling
engañar to deceive
enjuto(-a) lean
enloquecer (zc) to madden
enmarcar (qu) to frame
enojado(-a) angry
enojarse to become angry, to get mad
el **enojo** anger
enorme (*adj.*) enormous
enroscar (qu) to screw in; **enroscarse** to coil
la **ensalada** salad
la **enseñanza** teaching
enseñar to teach; to show
el **ensueño** daydream
entendedor(-a) clever; **al buen entendedor pocas palabras bastan** a word to the wise is enough
entender (ie) to understand
enterado(-a) aware
entero(-a) entire
entonces then; in that case
entornado(-a) ajar
entornar to half-close; to leave ajar
entorpecer (zc) to disturb
la **entrada** admission ticket
entrar (a, en) to enter, to go in
entre between, among; **entre sí** among themselves
entregar (gu) to deliver
entrenado(-a) trained
entretener(se) (*irreg.*) to amuse (oneself)
la **entrevista** interview
entristecer (zc) to sadden; to make sad
entumecido(-a) numb
envejecer (zc) to age
envenenar to poison
enviar to send
envidiar to envy
el **envoltorio** bundle, package
envolver (ue) to wrap (up)
enzarzado(-a) clasped together
la **época** period, era, epoch, time
el **equipaje** luggage
el **equivalente** equivalent
equivocado(-a) wrong; **estar** (*irreg.*) **equivocado(-a)** to be mistaken
el **error** error, mistake
la **escala** scale; ladder
escalar to scale
la **escalera** staircase, stairs
la **escama** scale
el **escándalo** scandal, disgrace
escapar to escape; to run away
la **escapatoria** way out
la **escena** scene
la **escoba** broom

esconder to hide; **a escondidas** secretly
la **escotilla** hatch way, door
escribir to write
el/la **escritor/a** writer
la **escritura** writing
escuchar to listen (to)
el **escudero** squire
la **escuela** school
la **escultura** sculpture
escurrirse to slide, to glide
ese, esa (*adj.*) that; **ése, ésa** (*pron.*) that (one)
esencial essential
el **esfuerzo** effort
eso (*pron.*) that; **a eso de** at around (*time of day*); **eso sí** you are right about that; **por eso** that's why, for that reason
esos, esas (*adj.*) those; **ésos, ésas** (*pron.*) those
el **espacio** space
la **espalda** back; **estar** (*irreg.*) **de espaldas** to have one's back turned
espantoso(-a) terrifying
España Spain
español(-a) Spanish
el **español** Spanish (*language*)
la **especia** spice
especial special
la **especialidad** specialty
el **espectáculo** spectacle, pageant, show
el/la **espectador/a** spectator
el **espejo** mirror
la **espera** wait; **estar** (*irreg.*) **a la espera** to be waiting
la **esperanza** hope
esperar to wait (for); to hope; to expect
espiar to spy
espléndido(-a) splendid
el/la **esposo/a** husband; wife; **esposos** husband and wife; husbands and wives
el **esquí** skiing
esquiar to ski
la **esquina** corner
establecer (zc) to establish; to plant
la **estación** season
la **estadística** statistics
el **estado** state; **(los) Estados Unidos** the United States
estallar to explode
el **estallido** explosion
el **estambre** worsted yarn
estar (*irreg.*) to be (*in a certain place, condition, or position*); to be in (*at home, in the office, etc.*)
la **estatua** statue
este, esta (*adj.*) this; **éste, ésta** (*pron.*) this (one)
el **este** east
estilizado(-a) streamlined, slender
el **estilo** style, fashion; **al estilo de** in the style of
estirar to stretch, to extend
esto, esta (*pron.*) this
el **estómago** stomach; **dolor de estómago** stomachache
estornudar to sneeze
el **estornudo** sneeze
estos, estas (*adj.*) these; **éstos, éstas** (*pron.*) these
estrafalario(-a) odd, extravagant
la **estrechez** confinement
estrecho(-a) narrow, close
la **estrella** star
estremecer (zc) to shake,

to quiver; **estremecer de emoción, placer** to shake with emotion, pleasure
estrepitosamente noisily; **sonándose estrepitosamente** blowing his nose loudly
estricto(-a) strict
la **estructura** structure
el/la **estudiante** student
estudiantil (*adj.*) student
estudiar to study; **estudiar para** to study to be
el **estudio** study
la **estufa** stove
estupendo(-a) wonderful, great
estúpido(-a) stupid
etcétera et cetera
eterno(-a) eternal
Europa Europe
europeo(-a) European
la **evaluación** evaluation
evidente (*adj.*) evident
exacto(-a) exact; **¡Exacto!** That's right! Exactly!
el **examen** (*pl.* **los exámenes**) examination, test
excelente (*adj.*) excellent
la **excepción** exception
excepto (*prep.*) except
la **excursión** excursion, trip
el/la **exilado/a** exile (*person*)
existir to exist
el **éxito** success
la **experiencia** experience
experimentado(-a) experienced
la **explicación** explanation
explicar (qu) to explain
el/la **explorador/a** explorer
la **explosión** explosion
la **exposición** exhibit
la **expresión** expression
externo(-a) external
el/la **extranjero/a** foreigner
extrañar to surprise; to miss; **extrañado(-a) por su tono** surprised by his tone (of voice)
extraño(-a) strange
extraordinariamente extraordinarily
extremo(-a) extreme

fabuloso(-a) fabulous; terrific
fácil (*adj.*) easy
la **facultad** school, college
la **falda** skirt
falso(-a) false
la **falla** fault, shortcoming
fallecer (zc) to die
el **fallecimiento** death
la **familia** family
famoso(-a) famous
el/la **fanfarrón/a** braggart
el **fantasma** ghost
el **fantoche** puppet, marionette
el/la **farmacéutico/a** pharmacist
la **farmacia** drugstore, pharmacy
el **farol** lantern; **farolito** small lantern
fascinante (*adj.*) fascinating
fascinar to fascinate
la **fatiga** fatigue
el **favor** favor; **Hágame el favor de...** Please . . . ; **por favor** please
favorito(-a) favorite
febrero February

la **fecha** date, day
¿Felicitaciones! Congratulations!
feliz (*adj.*) (*pl.* **felices**) happy
el **fenómeno** phenomenon
el **ferrocarril** railroad
festejar to celebrate, to honor
la **festividad** festivity, holiday
el **fideo** noodle
la **fiebre** fever
fiel (*adj.*) faithful
la **fiesta** feast, party, holiday; **día de fiesta** holiday
la **figura** figure
figurar to imagine
la **figurilla** small figure
fijo(-a) fixed; **precio fijo** fixed price
el **fin** end; **al fin** finally; **en fin** in conclusion; **fin de semana** weekend; **poner** (*irreg.*) **fin a** to put an end to; **por fin** finally
fingir (j) to feign, to pretend
físico(-a) physical
el **flan** custard
flojo(-a) lazy
la **flor** flower
el **florero** vase (*flower*)
el **foco** spotlight
la **fonda** small restaurant
el **fondo** bottom
el/la **forastero/a** stranger, outsider
la **forma** form
la **formación** formation
formar to form
formidable (*adj.*) superb
la **fortuna** fortune
la **foto** photo
la **fotografía** photograph
el/la **fotógrafo/a** photographer
francamente frankly
el **frasco** small bottle
la **frecuencia** frequency; **con frecuencia** frequently
frecuente (*adj.*) frequent
freír (i) to fry
la **frente** forehead
la **fresa** drill
fresco(-a) fresh, cool; **hacer** (*irreg.*) **fresco** to be cool (*weather*); **un alojamiento muy fresco** a very cool room
el **frío** cold; **hacer** (*irreg.*) **frío** to be cold (*weather*); **tener** (*irreg.*) **frío** to be (feel) cold
frito(-a) fried
la **fruta** fruit
el **fuego** fire; **fuegos artificiales** fireworks
fuera outside
fuerte (*adj.*) strong
la **fuerza** strength; (*pl.*) forces; **fuerzas armadas** armed forces
fulminar to strike down
fumar to smoke
funcionar to function, to work, to run
fundar to found
furioso(-a) furious
el **furor** fury, rage
el **futuro** future; (*adj.*) future

el **gabinete** study, office, laboratory room
el **galardón** reward

el **galope** gallop; **al galope** at a gallop; pounding
la **gallina** hen
el **gallinazo** buzzard
la **gana** desire, wish; **tener** (*irreg.*) **ganas de** to feel like, to want to
el/la **ganador/a** winner
ganar to make, to earn; to win; to gain; **ganar el pan** to earn a living
el **garaje** garage
la **garganta** throat
la **gasa** gauze
gastar to spend
el **gasto** expense
el **gatillo** dental forceps, trigger
el/la **gato/a** cat
la **gaveta** drawer
la **generación** generation
el **general** general; (*adj.*) general, usual; **en general (por lo general)** in general, generally
generoso(-a) generous
la **gente** people
el/la **gerente** manager
el **gesto** expression, gesture; **un gesto hostil** a hostile gesture
gigantesco(-a) gigantic, giant
girar to spin, to swing
el **globo** balloon
la **glorieta** arbor
el **gobierno** government
el **golpe** blow; **de golpe y porrazo** suddenly, very hurriedly
golpear to hit; **golpearse** to hit oneself
la **gorra** cap
la **gota** drop; **gotita** small drop
gozar (c) de to enjoy
el **gozo** joy, pleasure
gracias thanks, thank you; **dar** (*irreg.*) **las gracias** to thank; **gracias a** thanks to; **Muchas gracias.** Thank you very much.
el **grado** degree; **a tal grado** to such an extent
gran, grande big, large, great
la **grandeza** grandeur
gratis (*adv.*) free, gratis
grato(-a) pleasing, agreeable; **tener** (*irreg.*) **grato** to please
el **grillo** cricket
gris gray
el **grito** shout, yell, scream, cry; **llamar a gritos** to shout
la **grosería** rudeness
grueso(-a) thick
gruñir (*irreg.*) to grunt, to grumble
el **grupo** group, bunch
Guadalajara city in western Mexico, capital of the state of Jalisco
el **guante** glove
guapo(-a) good-looking
guardar to keep; to put away
el **guardia** guard, guardsman, police officer
la **guardia** guard; body of guards
la **guerra** war
el/la **guía** guide
la **guitarra** guitar
gustar to please, to be

pleasing; **me gusta más** I like best; **le gusta** he/she/you like(s)

el **gusto** pleasure, delight; **Mucho gusto.** Glad to meet you.

haber (*irreg.*) to have (*auxiliary verb to form compound tenses*)

había (*imp. of* **hay**) there was (were)

habido (*pres. part. of* **haber: ha habido)** there has (have) been

la **habitación** room; **una habitación apartada** an isolated room

el/la **habitante** inhabitant

hablar to speak, to talk

habrá (*future of* **hay**) there will be; **¿habrá?** could there be?

hace (*with a verb in the past tense*) ago; **hace dos años** two years ago; **¿Cuánto tiempo hace (hacía) que...** (+ *pres. ind. or imp.*)? How long has (had) . . . been *-ing?;* **hace... que** (+ *pres. ind.*) something has been *-ing* for . . . (*length of time*)

hacer (*irreg.*) to make; to do; **hacer buen tiempo** to be nice weather; **hacer calor** to be hot (*weather*); **hacer caso** to pay attention; **hacer deportes** to play sports; **hacer ejercicios** to do exercises; **hacer el favor de** to do the favor of; **hacer fresco** to be cool (*weather*); **hacer frío** to be cold (*weather*); **hacer la maleta** to pack one's suitcase; **hacer el papel de** to take the role of; **¿Qué tiempo hace?** How's the weather? **hacer sol** to be sunny; **hacer un viaje** to take a trip; **hacer viento** to be windy

hacia toward

hacía: hacía... que (+ *imperf.*) something had been *-ing* for . . . (*length of time*)

la **hacienda** farm, estate

el **hada** (*f.*) fairy

halagado(-a) flattered

halagar (gu) to flatter

hallar to find

el **hambre** (*f.*) hunger; **tener** (*irreg.*) **hambre** to be hungry

hambriento(-a) hungry

harto(-a) full, satiated; **estar** (*irreg.*) **harto(-a)** to be fed up

hasta until; as far as; **desde... hasta** from . . . to; **hasta cierto punto** up to a point; **hasta cuánto** up to how much, what is the most; **Hasta luego.** See you later., So long.; **hasta que** until

hay (*a form of the verb* **haber**) there is (are); **hay que** one must, it is necessary to; **No hay de qué.** You're welcome.

haya (*pres. subjunc. of* **hay)**

prohíbe que haya forbids that there be
el **hecho** the fact
el **helado** ice cream, ice cream cone
heredar to inherit
herir (ie) to hurt
el/la **hermano/a** brother; sister; (*pl.*) brother(s) and sister(s)
hermoso(-a) beautiful
el **héroe** hero
hervir (ie) to boil
el **hierro** iron; **argolla de hierro** iron ring
el/la **hijo/a** son; daughter; (*pl.*) children, son(s) and daughter(s)
el **hilo** thread, yarn
hilvanar to tack, to baste (*in sewing*)
hinchado(-a) swollen
hiriente offensive
la **historia** history; story
histórico(-a) historic
la **hoja** leaf
¡Hola! Hello! Hi!
el/la **holgazán/a** loafer
el **hombre** man; **¡Hombre!** Wow! Hey!; **hombre pequeñito** selfish man
el **hombro** shoulder
el **honor** honor; **en honor de** in honor of
honrar to honor
la **hora** hour; time; **a estas horas** at this hour; **a la hora** after an hour; **altas horas** very late; **¿A qué hora?** At what time?; **hora de** time to; **¿Qué hora es?** What time is it?
el **horario** timetable
hornear to bake
el **horror: ¡Qué horror!** How awful!
horroroso(-a) horrible, frightful
la **hortaliza** vegetable garden
hostil hostile
hoy today; **hoy día** nowadays, presently
hubo (*third-person, pret. of* **haber**)
hueco(-a) (*adj.*) hollow, empty
el **hueco** (*n.*) hollow, empty space
la **huelga** strike
la **huella** footprint
la **huerta** large vegetable garden
el **huevo** egg
la **humanidad** humankind, humanity
humano(-a) human; **ser humano** human being
húmedo(-a) humid
el **humo** smoke

la **ida: ida y vuelta** round trip
idem same as, ditto
la **identidad** identity
idiota (*adj.*) idiotic
el **ídolo** idol
la **iglesia** church
ignorante (*adj.*) ignorant
ignorar to ignore; not to know
igual (just) the same
igualar to equal
la **igualdad** equality
ilegal illegal

la **ilusión** illusion
la **imaginación** imagination
imaginario(-a) imaginary
imaginarse to imagine
imitar to imitate
impedir (i) to prevent
imperecedero(-a) undying
imperioso(-a) imperious, overbearing
el **impermeable** raincoat
imponente impressive
la **importancia** importance
importante important
importar to matter, to be important; **¿le importa... ?** do you care about . . . ?; **no (me) importa** it doesn't matter, I don't care; **qué importa** what difference does it make
imposible (*adj.*) impossible
la **impresión** impression
impresionante (*adj.*) impressive
impresionar to impress
el **impuesto** tax
inclinar to lean, to slant; **inclinarse hacia adelante** to lean forward
incluir (y) to include
incluso(-a) (*adj.*) included; (*adv.*) including, even
la **incomprensión** incomprehension
incorporar to add; **incorporarse** to get up
increíble (*adj.*) incredible
increpar to scold
la **independencia** independence
independiente (*adj.*) independent
indígena (*adj.*) indigenous, native
indigesto(-a) undigested
indio(-a) (*adj.*) Indian; (*n. m., f.*) Indian
el **individuo** individual
la **infancia** infancy, childhood
el **infarto** heart attack
infeliz (*adj.*) miserable, unfortunate, unhappy; gullible
el **infierno** hell
infinito(-a) infinite
inflamado(-a) inflamed, swollen
la **influencia** influence
la **información** information
informarse (de) to inform oneself (about)
el **infortunio** misfortune
la **ingeniería** engineering
el/la **ingeniero/a** engineer
el **ingenio** cleverness
la **ingratitud** ingratitude, ungratefulness
ingresar to come in; to enter; to join
el **iniciador** initiator
inmediato(-a) immediate
inocente innocent
inofensivo(-a) harmless
inquieto(-a) restless
la **inquietud** anxiety
el **insecto** insect
insensato(-a) senseless
insinuar insinuate
insistir (en) to insist (on)
la **inspiración** inspiration
inspirar to inspire
el **instante** instant, moment
la **instrucción** instruction; **sin instrucción** uneducated
instruir (y) to inform, to instruct
el **instrumento** instrument

intelectual (*adj.*) intellectual
inteligente (*adj.*) smart, intelligent
intentar to try, to attempt
el **intercambio** exchange
el **interés** interest
internacional international
la **interrogante** question
interrumpir to interrupt
la **interrupción** interruption
la **intervención** intervention
íntimo(-a) intimate, close
la **intuición** intuition
inútil (*adj.*) useless, unnecessary
invadir to invade
inventar to invent
el **invierno** winter
la **invitación** invitation
el/la **invitado/a** guest
invitar to invite
ir (*irreg.*) to go; **ir a** + *inf.* to be going to + *inf.*; **ir de campamento** to go camping; **ir de compras** to go shopping; **ir de vacaciones** to go on vacation; **ir en auto (autobús, avión, tren)** to go by car (bus, plane, train); **irse** to go (away), to leave; **ir y venir** coming and going; **¡Qué le vaya bien!** May all go well with you!; **Vamos, vámonos** Let's go.; **Vamos a** + *inf.* Let's . . . ; **No vayamos.** Let's not go.; **No vayamos a** + *inf.* Let's not . . . ; **yendo** (*pres. part.*) going
la **ira** rage
la **isla** island
italiano(-a) Italian
-ito/-ita a suffix used to form diminutives
izquierdo(-a) left; **a la izquierda** to (on) the left

jadeante (*adj.*) panting
jadear to pant, to heave
jamás never, (not) ever; **jamás atrasado(-a)** never late
el **jamón** ham
el **jaque** check (*chess*); **jaque mate en dos jugadas** checkmate in two moves
el **jardín** garden
la **jaula** bird cage
el/la **jefe/a** chief, boss
el **jerez** sherry
el **jeroglífico** hieroglyphic
Jesús Jesus; **¡Jesús!** Gee whiz! Golly!
el/la **jornalero(-a)** laborer
jorobado(-a) hunchbacked
el/la **joven** young man, young lady; (*pl.*) young people; (*adj.*) young
la **joya** jewel; (*pl.*) jewelry, jewels
la **joyería** jewelry strore
el **juego** game
jueves Thursday
la **jugada** move
el/la **jugador/a** player
jugar (ue) (gu) (a) to play (*a game*)
el **jugo** juice
jugoso(-a) juicy; **lo más jugoso** the juiciest part
el **juguete** toy
la **juguetería** toy store
julio July
junio June

juntarse to unite
junto(-a) together, joined, side by side; (*adv.*) near by, close by; **junto a** close to, near, next to; **juntos** together, close
la **justicia** justice; **hacer** (*irreg.*) **justicia** to do justice
la **juventud** youth
juzgar (gu) to judge

el **kilómetro** kilometer (*a little over six-tenths of a mile*)

la the (*f. sing.*); (*dir. obj.*) her, it, you **(Ud.); la de** that of; **la que** the one that
el **labio** lip
la **labor** job, work; **labores de la casa** housework
el **laboratorio** laboratory
labrado(-a) carved
el **lado** side; **al lado de** beside, next to
el **ladrillo** brick
el **lago** lake
la **lágrima** tear
el **lagrimeo** watering (*of the eyes*)
la **lámpara** lamp
la **lana** wool
languidecer (zc) to languish
lanzar (c) to throw
el **lápiz** pencil
largo(-a) long
las the (*f. pl.*); (*dir. obj.*) them, you **(Uds.); las de** those of; **las que** the ones (those) that
la **lástima** misfortune; pity; **¡Qué lástima!** What a shame!
lastimar to hurt
el **latido** heartbeat
latinoamericano(-a) Latin American
lavar to wash; **lavar ropa** to do the laundry; **lavarse** to wash (oneself), to get washed
el **lazo** bow; **lacito** little bow
le (*indir. obj.*) (to, for, from) him, her, it, you **(Ud.)**
la **lección** lesson
la **lectura** reading
la **leche** milk; **café con leche** coffee prepared with hot milk
el **lecho** bed (*of a river*)
la **lechuga** lettuce
la **lechuza** owl
leer (y) to read
lejos far, far away; **a lo lejos** in the distance; **lejos de** far from
la **lengua** language; tongue
los **lentes** (eye)glasses
lento(-a) slow
la **leña** wood; **leña para la estufa** wood for the stove
les (*indir. obj.*) (to, for, from) them, you **(Uds.)**
el **letrero** sign
levantar to raise; **levantarse** to get up, to stand up
leve (*adj.*) light; slight;

una leve sonrisa a faint smile
la **ley** law
la **leyenda** legend
la **liberación** liberation
liberado(-a) liberated, freed
liberar to liberate
la **libertad** liberty, freedom
la **libra** pound
libre (*adj.*) free
la **librería** bookstore
la **libreta** notebook
el **libro** book
el/la **líder** leader
lila (*adj.*) lilac (*color*)
limitarse a to limit oneself; to be limited to
limpiar to clean
limpio(-a) clean
lindo(-a) pretty, beautiful; nice
el **lío** trouble
liquidar to liquidate; to murder
liso(-a) smooth
la **lista** list
listo(-a) ready
la **literatura** literature
el **litro** liter (*a little more than a quart*)
lo (*dir. obj.*) him, it, you **(Ud.);** the (*neuter*); **lo antes posible** as soon as possible; **lo cierto** what is certain; **lo cual** which; **lo maravilloso de** the wonderful thing about; **lo más** + *adv.* + **posible** as . . . as possible; **lo más... que** (+ *expression of possibility*) as . . . as; **lo mismo** the same (thing); **lo que** what, that which; **por lo tanto** therefore; **todo lo que** everything that
el/la **lobo/a** wolf
loco(-a) crazy
los the (*m. pl.*); (*dir. obj.*) them, you **(Uds.); los de** those of; **los que** the ones (those) that
la **loseta** floor tile
la **loza** porcelain
la **lucidez** lucidity, clarity
la **luciérnaga** firefly
la **lucha** struggle, fight
luchar (por, contra) to fight (for, against)
luego then, next; **Hasta luego.** See you later., So long.
el **lugar** place; **en lugar de** instead of
el **lujo: de lujo** luxurious
la **luna** moon
lunes Monday
el **luto** mourning; **de luto** in mourning
la **luz** light; **la luz del sol** sunlight

la **llama** flame
llamar to call; **llamar por teléfono** to phone; **llamarse** to be called, to be named; **¿Cómo se llama... ?** What is . . . 's name?; **me llamo** my name is
el **llanto** weeping, crying; tears
la **llave** key; **con llave** locked

llegar (gu) (a) to arrive (in), to get to, to reach; **aquí llegan** here come; **llegar a ser** to become; **llegó a actuar** she got to act
llenar to fill
lleno de full of; **llenos de lágrimas** full of tears
llevar to carry, to bear; to take; to lead; to wear; **llevarle la corriente** to go along with
llevarse (bien, mal) to get along (well, badly)
llorar to cry
lloriquear to whimper
llover (ue) to rain
la **lluvia** rain

la **madera** wood
la **madre** mother; **Madre-Tierra** Mother Earth (*Indian deity*)
la **madriguera** den
la **madrina** godmother
la **madrugada** dawn
el/la **madrugador/a** early riser
el/la **maestro/a** teacher, master; scholar
la **magia** magic
mágico(-a) magic
magnánimo(-a) magnanimous
magnífico(-a) wonderful, magnificent, great
el/la **mago/a** magician
el **maíz** corn
mal (*adv.*) badly, poorly
el **mal** evil
mal, malo(-a) (*adj.*) bad, naughty
la **maldad** badness, evil
la **maldición** curse
maldito(-a) damn; **¡Maldito(-a) sea!** Damn it!
el **malestar** malaise; indisposition
la **maleta** suitcase
malgastar to squander
las **mallas** tights
la **mamá** mother, mom
la **mancha** stain
el/la **mandadero/a** messenger
mandar to order, to command; to send
el **mandato** command
la **mandíbula** jaw
manejar to drive
la **manera** way, manner, fashion; **de manera diferente** in a different way; **de ninguna manera** in no way, not at all; **de otra manera** differently; **de todas maneras** anyhow, anyway; **de una manera...** in a . . . way
la **mano** hand; **Dame la mano.** Give me your hand.; **en (a) manos de** in (into) the hands of; **pedir la mano** to ask for the hand of
el **manotazo** slap
mantener (*irreg.*) to keep, to maintain
la **mañana** morning; (*adv.*) tomorrow; **de la mañana** A.M.; **mañana temprano** early tomorrow morning; **por la mañana** in the morning
el **mapa** map
la **máquina** machine;

máquina de escribir typewriter
el **mar** sea; **mar Caribe** Caribbean Sea
la **maravilla** marvel, wonder
maravilloso(-a) wonderful, marvelous; **lo maravilloso de** the wonderful thing about
la **marcha** march
marchar to march, to walk; **marcharse** to go away
marchito(-a) withered, faded
el **marido** husband
marrón (*adj.*) brown
martes Tuesday
martillear to hammer
marzo March
mas (*conj.*) but
más (*adv.*) more, anymore; most; (*prep.*) plus; **¿algo más?** anything else?; **más conocido(-a)** better known; **más de** (+ *number*) more than; **más o menos** more or less; **más... que** more . . . than; **más vale** it is better; **me gusta más** I like best; **¡Qué idea más ridícula!** What a ridiculous idea!
la **máscara** mask
mascullar to mumble; to chew with difficulty
matar to kill
las **matemáticas** mathematics
el/la **matemático/a** mathematician
matinal (*adj.*) morning, matinal
mayo May
mayor (*adj.*) older, oldest; greater, greatest; **la mayor parte** the major part
el **mayordomo** butler
la **mayoría** majority
me (to, for, from) me, myself
la **media** stocking
la **medianoche** midnight
la **medicina** medicine
el/la **médico/a** doctor, physician
el **medio** middle, means;
medio(-a) (*adj.*) middle; half; **clase media** middle class; **las doce y media** 12:30; **media hora** a half hour; (*n.*) **en medio de** in the middle of
el **mediodía** noon; midday break; **al mediodía** at noon, for the midday meal
medroso(-a) fearful
la **mejilla** cheek
mejor better, best; **¡Mejor!** So much the better!
mejorar to improve
melancólico(-a) melancholy, gloomy
la **memoria** memory
el/la **mendigo/a** beggar
menear to move, to shake; **menearse** to wiggle
el/la **menor** minor; (*adj.*) younger, youngest
menos less, least; **a menos que** unless; **más o menos** more or less; **menos de** (+ *number*) less than (+ *number*); **menos... que** less . . . than; **menos mal que** it is a good thing

that; **por lo menos** at least
mentir (ie) to lie
la **mentira** lie
el **mercado** market, marketplace
la **merced** favor
merecer (zc) to deserve
el **mérito** merit, worth; **encontrarle (ue) méritos** to point out his/her good qualities
mero(-a) pure, simple; **la mera verdad** the simple truth
el **mes** month
la **mesa** table; **poner** (*irreg.*) **la mesa** to set the table
metálico(-a) metallic
meter to put, to insert; **meterse** to interfere; **meterse en el agua** to get (oneself) into the water
México Mexico; Mexico City
la **mezcla** mixture, mixing
mi, mis my
mí (*obj. of prep.*) me, myself
el **miedo** fear; **tener** (*irreg.*) **miedo (de)** to be afraid (of, to)
el **miembro** member
mientras (que) while; whereas; **mientras tanto** meanwhile
miércoles Wednesday
mil one thousand; **miles** thousands
el **milagro** miracle
militar (*adj.*) military; **el militar** (*n.*) military man, soldier
la **milla** mile
el **millón** million; **un millón de...** a million . . .
el/la **millonario(-a)** millionaire
mimado(-a) pampered
la **minoría** minority
el **minuto** minute
mío(s), mía(s) (*adj.*) my, (of) mine; **¡Dios mío!** My goodness!; **el mío (la mía, los míos, las mías)** (*pron.*) mine
la **mirada** look; **fulminar con la mirada a** to look with daggers at
mirar to look (at), to watch; **mirándose en el espejo del agua** looking at himself in the mirror of the water
la **misa** mass (*church*)
la **misión** mission
mismo(-a) same; very, just, right; **ahora mismo** right now; **al mismo tiempo** at the same time; **allí mismo** right there; **el mismo** the very same; **lo mismo (que)** the same (thing) (as); **por eso mismo** that's just it
el **misterio** mystery
la **mitad** half
el **mito** myth
la **moda** fashion, style; **a la moda (de moda)** in style, fashionable
moderno(-a) modern
modesto(-a) modest
mojar to wet, to dampen, to moisten
el **molde** mold
moler (ue) to grind, to mill

molestar to bother; **me molesta** it bothers me
la **mollera** crown of the head
el **momento** moment
la **moneda** coin
el/la **mono/a** monkey
la **montaña** mountain
montañoso(-a) mountainous
el **montón** a lot of; **a montones** lots of; **un montón de** a great deal of
mordiscar (qu) to nibble
el **mordisco** bite; **a mordiscones** by biting
moreno(-a) dark-haired, brunette
morir (ue) to die; **morirse (de)** to die, to be dying (of)
el/la **moro/a** Moor
la **mosca** fly
mostrar (ue) to show
el **movimiento** movement; **hora de mucho movimiento** rush hour
el/la **mozo/a** lad, lass; waiter, waitress
el/la **muchacho/a** boy; girl; (*pl.*) children, boy(s) and girl(s)
muchísimo(-a) very much; (*pl.*) very many
mucho(-a) (*adj.*) much, a lof of; very; too much; (*pl.*) many; (*adv.*) very much; **Mucho gusto.** Glad to meet you.; **mucho que hacer** a lot to do; **mucho tiempo** a long time
mudarse to move (*change residence*)
el **mueble: los muebles** furniture
la **mueca** grimace
la **muela** tooth
la **muerte** death
el/la **muerto/a** dead person, corpse; (*adj.*) dead
la **mujer** woman; wife
la **mula** mule
el **mundo** world; **Nuevo Mundo** New World (America); **todo el mundo** everyone, the whole world
la **muñeca** wrist; doll
el **muro** wall
el **músculo** muscle
el **museo** museum
la **música** music
el/la **músico/a** musician
muy very

nacer (zc) to be born
nacido(-a) born
el **nacimiento** birth
la **nación** nation
nacional national
la **nacionalidad** nationality
nada nothing, not anything; **de nada** you're welcome; **por nada del mundo** (not) for anything in the world
nadar to swim
nadie no one, nobody, not anyone
el **naipe** playing card
la **nalgada** slap on the buttocks
la **naranja** orange
el **naranjo** orange tree

narigudo(-a) having a long and large nose
la **nariz** nose
la **naturaleza** nature
la **nave** spaceship; ship
la **Navidad** Christmas; (*pl.*) Christmas holidays
necesario(-a) necessary
la **necesidad** necessity
necesitar to need
necio(-a) foolish
negar (ie) (gu) to deny; **le negó su parte de** he refused to give him his share of
el **negocio** business; **viaje de negocios** business trip
negro(-a) black
el/la **neoyorquino/a** New Yorker
nervioso(-a) (por) nervous (about)
neutro(-a) neutral
nevar (ie) to snow
ni nor; or; **ni... ni** neither . . . nor
la **niebla** fog
la **nieve** snow
ningún, ninguno(-a) none, not any, no, not one, neither (of them); **(a) ninguna parte** nowhere; **de ninguna manera** in no way, not al all
el/la **niño/a** boy, child; girl; (*pl.*) children, kids
no no, not; **¿no?** right? true?
el/la **noble** noble
la **noche** night, evening; **de la noche** P.M. (at night); **de noche** at night; **esta noche** tonight, this evening; **por la noche** at night, in the evening; **todas las noches** every night
la **nodriza** wet nurse
el **nombre** name; **a (en) nombre de** in the name of
el **noreste** northeast
el **noroeste** northwest
el **norte** north
nos (to, for, from) us, ourselves
nosotros, nosotras (*subj. pron.*) we; (*obj. of prep.*) us, ourselves
la **nota** note; grade
notar to notice
la **noticia** (piece of) news; (*pl.*) news
novecientos(-as) nine hundred
la **novela** novel
la **novia** girlfriend; fiancée
noviembre November
el **novio** boyfriend, suitor, fiancé; (*pl.*) sweethearts
la **nube** cloud
nublado(-a) (*adj.*) cloudy; **está nublado** it's cloudy
nuestro(-a) (*adj.*) our, of ours
la **nueva** news, tidings
nuevamente again
nuevo(-a) new; **¿Qué hay de nuevo?** What's new?
el **número** number
numeroso(-a) numerous
nunca never, not ever; **nunca a tiempo** never on time; **nunca se me habría ocurrido** it would never have occurred to me

las **nupcias** wedding
la **nutrición** nutrition
nutrir to nourish, to feed

o or; **o... o** either . . . or
el **obispo** bishop
obligado(-a) obliged; **se ve obligado a enfrentar solo la situación** he is forced to confront the situation by himself
obligar (gu) to oblige
la **obra** work; body of work; **obra de arte** work of art; **obra de teatro** play
obrar to do, to act
obsequiar to give
obsesionado(-a) obsessed
la **ocasión** occasion
occidental (*adj.*) western
el **océano** ocean; **océano Atlántico** Atlantic Ocean
octubre October
ocultar to hide
ocupado(-a) busy
ocurrir to occur, to happen; **de lo que ocurra** on whatever takes place
ochocientos(-as) eight hundred
odiar to hate
el **oeste** west
ofender to offend, to be offensive; **ofenderse** to take offense
la **oferta** sale, (special) offer
oficial (*adj.*) official
la **oficina** office
ofrecer (zc) to offer; **¿Qué se le ofrece?** What can I do for you?
el **oído** inner ear
oír (*irreg.*) to hear
ojalá que I hope that . . .
la **ojera** dark circles (*under the eyes*); **con ojeras** with bags under the eyes; **tener** (*irreg.*) **ojeras** to have dark circles under one's eyes
el **ojo** eye
oler (hue) to smell
olvidar to forget; **olvidarse (de)** to forget (about)
ondular to wave; to undulate
la **onza** ounce
la **opción** choice
la **operación** operation
la **opinión** opinion; **según su opinión** in your opinion
la **oportunidad** opportunity, chance
optar to opt, to choose
optimista optimistic
el **orden** order; **a sus órdenes** at your service
la **oreja** ear
la **organización** organization
organizar (c) to organize
el **orgullo** pride
orgulloso(-a) proud
el **origen** (*pl.* **orígenes**) origin
la **orilla** bank; **orilla izquierda** left bank
el **oro** gold
os (to, for, from) you, yourselves (*fam. pl.*)
oscuro(-a) dark
otear to scan
el **otoño** autumn
otro(-a) other, another; **al otro día** the next day;

lo otro on the other hand; **otra vez** again
oxigenado(-a) bleached (*hair*)

la **paciencia** patience
el **padre** father; priest; (*pl.*) parents; priests
el **padrino** godfather; (*pl.*) godparents; host family
Paganini famous Italian violinist and composer
pagar (gu) to pay
la **página** page
el **país** country
el/la **pájaro/a** bird
la **palabra** word
el **palacio** palace
pálido(-a) pale
la **paliza** beating; **dar** (*irreg.*) **una soberana paliza** to give a real good thrashing
la **palmera** palm tree
palmotear to pat
la **paloma** pigeon
palparse to touch
el **pan** bread; **pan tostado** toast
la **panadería** bakery
el **pantalón,** los **pantalones** pants
el **pañuelo** handkerchief
la **papa** potato; **papas fritas** French fries
el **papá** dad, father; (*pl.*) parents; fathers
el **papel** paper; role; **hacer** (*irreg.*) **el papel de** to take the role of
el **par** pair
para for; in order to; by (*a certain time*); **estudiar para** to study to be; **no es para tanto** it's not important; **para que** so that; **¿para qué?** why? for what purpose?; **para sí** to himself (herself, yourself, themselves, yourselves); **para siempre** forever
el **paraguas** umbrella
paraguayo(-a) Paraguayan
parar(se) to stop
parecer (zc) to seem, to appear, to look like; **me pareció** it seemed to me; **¿Qué le(s) parece si... ?** How about (*doing something*)?
la **pared** wall
el **paredón** thick wall
la **pareja** pair, couple
el/la **pariente** relative
parpadear to blink
el **párpado** eyelid
el **parque** park; **parque zoológico** zoo
la **parte** part, portion, section; **(a) alguna parte** somewhere; **(a) ninguna parte** nowhere; **¿De parte de quién?** Who is calling?; **en parte** partly; **gran parte** a great part; **la mayor parte** the major part; **por otra parte** on the other hand; **por (a, en) todas partes** everywhere
participar (en) to participate (in)
particular particular, peculiar; **nada de particular** nothing special

la **partida** game; **partida de ajedrez** chess game
el **partido** game, match; political party
partir to leave, to depart
el **parto** delivery, childbirth
el **pasado** past; (*adj.*) past, last; **el verano pasado** last summer
el **pasaje** ticket
pasajero(-a) (*adj.*) fleeting; (*n. m., f.*) passenger
el **pasaporte** passport
pasar to pass, to get by; to spend (*time*); to happen; **pasar (adelante)** to come in (*to one's home*); **pasar por** to drop by, to pass by; **Pase Ud.** Go ahead. Come in.; **¿Qué le pasa a... ?** What's the matter with . . . ?; **¿Qué pasa?** What's wrong? What's going on?; **¿Te pasa algo?** Is something wrong?
pasear to stroll, to walk
el **paseo** walk; ride; **dar** (*irreg.*) **un paseo** to take a walk
el **pasillo** hallway
pasmado(-a) flabbergasted
el **paso** step; transition; **me cerró el paso** he/she blocked my way; **pasos de hada** fairy steps
el **pasto** grass
la **pata** leg (*of an animal*)
la **patilla** sideburn
el **patio** patio
patriótico(-a) patriotic
el/la **patrón/a** boss
la **paz** (*pl.* **paces**) peace
el **pebete** fuse (*of a firecracker*)
pedalear to pedal
el **pedazo** piece; **a pedazos** by pieces
pedir (i) to ask (for), to request; to order (*in a restaurant*); **pedir perdón** to beg one's pardon
pegar (gu) to stick
pelar to peel
pelear to fight, to dispute
la **película** film, movie
el **peligro** danger
peligroso(-a) dangerous
el **pelo** hair
la **peluca** wig
la **pena** sorrow, grief; **darle pena a uno** to feel sorry
el **pendiente** earring
penetrante (*adj.*) penetrating, effective
el **pensamiento** thought
pensar (ie) to think; to plan, to intend, to think of, about (*followed by inf.*); **pensar de** to think of, about (*an opinion*); **pensar en** to think about, concerning
la **penumbra** semi-obscurity
peor (*adj.*) worse, worst
pequeño(-a) little, small; **cuando éramos pequeños** when we were small (children)
perder (ie) to lose; to miss; **perder el tiempo** to waste (one's) time; **perderse** to get lost; to go astray
la **pérdida** loss; **pérdida de tiempo** a waste of time
perdido(-a) lost

la **perdiz** (*pl.* **perdices**) partridge
el **perdón** pardon; **¡Perdón!** Excuse me!
perdonar to pardon, to forgive; **¡Perdone!** Excuse me!
perezoso(-a) lazy
perfecto(-a) perfect, fine
el **periódico** newspaper
el/la **perito/a** expert
la **perla** pearl
permanecer (zc) to remain
el **permiso** permission; **con permiso** excuse me
permitir to permit, to allow; **permítame** allow me
pero but
la **persiana** slatted shutter, blind, venetian blind
la **persona** person
el **personaje** character
la **personalidad** personality
la **perspectiva** perspective, outlook
la **pesadilla** nightmare
pesado(-a) heavy
pesar to weigh, to consider; **a pesar de** in spite of
el **pescado** fish (*as a food*)
pescar (qu) to fish; **ir** (*irreg.*) **a pescar** to go fishing
el **pescuezo** neck (*in animals*)
la **peseta** monetary unit of Spain
pesimista (*adj.*) pessimistic
el **peso** monetary unit of several Latin American countries; weight
la **pestaña** eyelash
el **pestillo** bolt
el **petardo** firecracker
el **pez** (*pl.* **peces**) fish (*live*)
piar to chirp
el **piar** chirping
picado(-a) decayed
picar (qu) to sting; to cut; to chop
el **pico** bill, beak, sharp point
el **pie** foot; **a pie** on foot; **al pie de** at the foot of; **ponerse** (*irreg.*) **de pie** to stand up
la **piedra** stone, rock
la **piel** skin; **pieles-negras** people with black skin
la **pierna** leg
la **pieza** part, piece; room; **pieza contigua** adjoining room
la **píldora** pill
pillar to catch
el/la **pilluelo/a** little rascal
pinchar to prick
pintar to paint
el/la **pintor/a** painter
la **pintura** painting, paint
las **pinzas** forceps, pliers
el **piropo** compliment
el **piso** floor; story
pitar to whistle
la **pizarra** blackboard
placentero(-a) pleasant
el **placer** pleasure
la **placidez** placidness, placidity
planchar to iron
la **planta** plant
la **plata** silver
la **plataforma** platform
plateado(-a) silvered, silvery

platicar (qu) to talk, to chat
el **plato** plate, dish
la **playa** beach
la **plaza** plaza, square
la **pluma** pen
la **población** population
poblar (ue) to populate
pobre (*adj.*) poor; **los pobres** the poor (*people*)
la **pobreza** poverty
poco(-a) little (*in amount*); (*pl.*) few; **poco a poco** little by little; **poco después** a short time after(ward); **poquísimo** very little; **un poco** a little (bit); **un poco más** a little more
poder (ue) (*irreg.*) to be able, can, may; **puede ser** that (it) may be; **se puede** one can
el **poder** power
poderoso(-a) powerful
el **poema** poem
el/la **poeta** poet
la **poetisa** poetess
el **policía** policeman
la **policía** police; **la mujer policía** policewoman
la **política** politics; policy; politician (*f.*)
político(-a) (*adj.*) political; (*n. m., f.*) politician
el **polvo** dust; **leche en polvo** powdered milk
la **pólvora** gunpowder
la **pollera** skirt
el/la **pollo/a** chicken
el **pomo** flask, small bottle
el **poncho** poncho
poner (*irreg.*) to put, to place; **le puse** I named him; **poner la mesa** to set the table; **ponerse** to get, to become; to put on (*clothing*); **ponerse de pie** to stand up
el **póquer** poker
por for; because of, on account of; for the sake of; by; per; along; through; throughout; around (*in the vicinity of*); in; during; in place of; in exchange for; **por aquí** this way, over here, around here; **por casualidad** by coincidence; **por ciento** percent; **por ejemplo** for example; **por eso** that's why, for that reason; **por favor** please; **por fin** finally; **por la mañana** in the morning; **por la noche** in the evening, at night; **por la tarde** in the afternoon, evening; **por lo general** generally; **por lo menos** at least; **por lo tanto** therefore; **por nada del mundo** (not) for anything in the world; **por otra parte** on the other hand; **por supuesto** of course; **por teléfono** on the telephone; **por televisión (radio)** on T.V. (radio); **por todas partes** everywhere
¿por qué? why?
porque because
el **porvenir** future
posarse to land, to rest on

la **posesión** possession; **tomar posesión de** to take possession of
posible possible; **lo más pronto posible** as soon as possible
posterior after
el **postre** dessert
el **pozo** well
practicar (qu) to practice
práctico(-a) practical
el **precio** price; **¿A qué precio?** What's the price?; **¿Qué precio tiene... ?** What's the price of . . .?
precioso(-a) precious; lovely; darling
preciso(-a) precise
preferir (ie) to prefer
la **pregunta** question
preguntar to ask; **preguntar si** to ask whether
el **prelado** prelate
preliminar (*adj.*) preliminary
el **premio** prize
preocupado(-a) worried
preocuparse (de) to worry (about)
preparar to prepare
la **presencia** presence
presentar to present, to show; to introduce
el/la **presidente/a** president
prestar to lend, to loan
la **primavera** spring
primer, primero(-a) first; **de primera clase** first-class, first-rate
el/la **primo/a** cousin
el **principio** beginning; **desde el principio** all along, from the beginning
la **prisa** haste, hurry; **tener** (*irreg.*) **prisa** to be in a hurry
privado(-a) private
probablemente (*adv.*) probably
probar (ue) to try out; to try, to taste
el **problema** problem
procesar to try (*in a court of law*)
la **procesión** procession
proclamado(-a) proclaimed
el **producto** product
la **profesión** profession
el/la **profesor/a** teacher, professor
profundo(-a) deep
el **programa** program
el **progreso** progress
prohibir to prohibit, to forbid
la **promesa** promise
prometer to promise
pronto(-a) soon, fast, quickly; **Hasta pronto.** See you soon.; **lo más pronto posible** as soon as possible; **prontísimo** very soon; **tan pronto como** as soon as
la **propiedad** property, real estate
propio(-a) own
el **propósito** purpose; **a propósito** by the way
próspero(-a) prosperous
proteger (j) to protect
la **protesta** protest
protestar to protest

próximo(-a) next
proyectar to project
prudente prudent
la **prueba** test, trial
publicar (qu) to publish
el **público** public; spectators; (*adj.*) public; **en público** in public
el **pudridero** garbage heap
el **pueblo** people; village, town
el **puente** bridge
la **puerta** door
el **puerto** port, harbor
pues (*interj.*) well . . . ; (*conj.*) for, because
el **puesto** job, position
pulir to polish
el **pulso** pulse
la **punta** point, tip; **pararse en punta** to stand on tip-toe
la **puntada** stitch
la **puntería** aim (*of a weapon*); **¡Qué puntería!** What aim!
el **punto** point, dot; **en punto** on the dot, exactly; **a punto de** about to
puntual (*adj.*) punctual
la **puntualidad** punctuality
el **puñado** handful
la **pupila** pupil
puro(-a) pure

que (*rel. pron.*) that, which, who, whom; (*adv.*) than; **el (la, los, las) que** which, who(m), the one(s) that, those who; **lo que** what, that which
¿qué? what?, which?; **¿para qué?** why?, for what purpose?; **¿por qué?** why?; **¿Qué clase de... ?** What kind of . . . ?; **¿Qué día es hoy?** What day is it today?; **¿Qué es esto?** What is this?; **¿Qué hay de nuevo?** What's new?; **¿Qué tal?** How's it going?; **¿Qué te pasa?** What's wrong?, What's the matter with you?
¡qué... ! What (a) . . . !, How . . . !; **¡Qué alivio!** What a relief!; **¡Qué cómico!** How funny!; **¡Qué escándalo!** What a scandal!; **¡Qué gracioso!** How funny!; **¡Qué idea más ridícula!** What a ridiculous idea!; **¡Qué lástima!** What a shame!; **¡Qué suerte!** What luck!; **¡Qué va!** Oh, come on!
quebrantar to crush
quedar to remain, to be left; to fit; **quedarse** to stay, to remain; **quedarse dormido(-a)** to fall asleep; **al quedar sola** when she is left alone
quejar(se) to complain
quemar to burn
querer (*irreg.*) to want, to wish; to love; **querer decir** to mean; **quisiera cooperar** would like to cooperate; **Ud. querrá decir** you must mean
querido(-a) loved; darling, dear; **seres queridos** loved ones

quien, quienes who, whom; the one who, those who
¿quién? who?, whom?; **¿de quién?** whose?
quinientos(-a) five hundred
quitar to take away; **quitar demasiado tiempo** to take up too much time; **quitarse** to take off (*clothing*)
quizás maybe, perhaps

la **rabia** anger, rage
el **racimo** bunch, cluster
el **ramo** bouquet; branch; bunch; **ramo de flores** bouquet of flowers
la **rana** frog
el **rancho** ranch; in Venezuela and Colombia, a small dwelling
rápido(-a) (*adj.*) rapid, fast; (*adv.*) fast, quickly
raro(-a) rare, strange; **¡Qué tipo más raro!** What a strange character!
raspar to scrape
el **rato** short time; **al poco rato** a short time after; **hace un rato** a while ago
la **raya** stripe; **raya plateada** silver line
la **raza** race; **el Día de la Raza** Columbus Day
la **razón** reason; **por alguna razón** for some reason; **tener** (*irreg.*) **razón** to be right
razonable reasonable
la **reacción** reaction
real royal; **el Real Madrid** Spanish soccer team
la **realidad** reality; **en realidad** in reality, actually
el **realismo** realism
realista (*adj.*) realistic
realmente really, actually
rebajar to lower
el/la **rebelde** rebel
la **rebelión** rebellion
rebuscar (qu) to search thoroughly; to search for
la **recámara** bedroom
el/la **recepcionista** desk clerk; receptionist
recibir to receive
reciente (*adj.*) recent
recitar to recite
recobrar to get back
recoger (j) to collect, to gather; **recoger la mesa** to clear the table
recomendar (ie) to recommend
recordar (ue) to remember
recorrer to go through
el **recoveco** recess, bent, turn; **recovecos de la memoria** recesses of the mind, memory
el **recuerdo** memory, souvenir
el **recurso** recourse, resort
referir (ie) to relate, report
el **reflejo** gleam, reflection
el **refrán** proverb, saying
el **refresco** soft drink
refunfuñar to grumble

regalar to give (*as a present*)
el **regalo** gift, present
regatear to bargain
el **régimen** regime, government
la **región** region
regodearse to get immense enjoyment
regresar to return, to go (come) back
el **reino** kingdom
reír(se) (i) to laugh
la **relación** relation, relationship
relacionado(-a) related to
el **relámpago** lightning
relatar to tell, to recount
la **religión** religion
religioso(-a) religious
el **reloj** clock, watch
el **relleno** stuffing
el **remedio** remedy, cure; **no tener** (*irreg.*) **más remedio que** to have no other choice
remontar to soar
el **remordimiento** remorse
remoto(-a) remote
remozar (c) to rejuvenate
renacer (zc) to be reborn; to reappear, to revive
repartir to distribute, to hand out
repetir (i) to repeat; **Repita(n), por favor.** Please repeat.; **te he repetido** I have told you
la **representación** representation, portrayal
representar to represent; to portray, to show
reprimir to suppress
resecar (qu) to dry up or out; **reseco(-a)** very dry; **boca reseca** dry mouth
el **resentimiento** resentment
reservar to reserve; **reservarse** to keep for oneself
el **resfrío** cold
resignadamente with resignation
la **resistencia** resistance
resolver (ue) to solve, to resolve
el **respaldo** back (*of a seat*)
respectivamente respectively
respetar to respect, to esteem
el **respeto** respect
responsable (*adj.*) responsible
la **respuesta** answer
el **restaurante** restaurant
el **resto** rest, remainder
restregar (ie) (gu) to rub
resuelto(-a) resolved
retirar(se) to retire
el **retrato** portrait
el **retrocohete** retro rocket
la **reunión** meeting, gathering, get-together
reunirse (a) to meet, to gather (to); **reunirse con** to get together with
reventar (ie) to burst
revisar to go through, to revise, to check
la **revista** magazine
la **revolución** revolution
revolverse (ue) to gyrate
el **rey** king; (*pl.*) king and queen
rico(-a) rich; delicious
ridículo(-a) ridiculous

el **rincón** corner
la **riña** fight
el **riñón** kidney
el **río** river
la **risa** laughter
robar to steal, to rob
el **robo** theft, robbery
la **roca** rock
el **roce** class; light touch
el **rocío** dew
rodar (ue) to roll
la **rodilla** knee
rogar (ue) (gu) to implore, to beg
rojo(-a) red
romántico(-a) romantic
romper to break; **romper con** to break with
el **ronquido** snore
la **ropa** clothes, clothing
la **rosa** rose
rosado(-a) pink, rosy
la **rosquilla** ring-shaped fritter
el **rostro** face, countenance
rotundo(-a) categorical; resounding
rozagante (*adj.*) showy; healthy-looking
rubio(-a) blond
ruborizar (c) to make blush
la **rueda** wheel
el **ruido** noise
la **ruina** ruin
el **rumbo** direction; **rumbo a** heading for
rústico(-a) rustic
la **rutina** routine

sábado Saturday; **Sábado de Gloria** Easter Saturday
saber (*irreg.*) to know; to find out; **que yo sepa** as far as I know; **saber** + *inf.* to know how to
el/la **sabio/a** learned person, scholar, wise person
saborear to taste, to relish
sabroso(-a) delicious
sacar (qu) to take out; **sacar una foto** to take a photograph; **sacar una nota** to get a grade
sacudir to shake; **sacudir el polvo** to shake off the dust; to dust
la **sal** salt
la **sala** large room; living room; **sala de clase** classroom; **sala de espera** waiting room
el **salario** salary
la **salida** exit
salir (*irreg.*) **(de)** to leave, to go out, to come out; **salir con** to go out with; **salir para** to leave for; **Todo va a salir bien.** Everything will turn out fine.
saltar to jump; to skip
la **salud** health; **¡Salud!** To your health! Cheers!
saludar to greet; **lo saludaron obispo** they greeted him as a bishop
el **saludo** greeting
San (*shortened form of* **santo**) saint
la **sandalia** sandal
la **sangre** blood; heritage
sanguinario(-a) bloody
sano(-a) healthy; sane; **sano y salvo** safe and sound

Santiago city in NW Spain
el/la **santo/a** saint; (*m.*) saint's day; (*adj.*) holy; **santo patrón (santa patrona)** patron saint
el/la **sapo/a** toad
se (*indir. obj.*) (to, for, from) him, her, it, you **(Ud., Uds.)**, them; (*refl. pron.*) (to, for, from) himself, herself, itself, yourself **(Ud.),** themselves, yourselves **(Uds.)**
sé (*first person sing. pres. of* **saber;** *second person sing. imperative of* **ser**)
secar (qu) to dry; **secarse** to get dry; to dry oneself; to dry up
la **sección** section
seco(-a) dry
el/la **secretario/a** secretary
el **secreto** secret; (*adj.*) secret
secundario(-a) secondary; **escuela secundaria** high school
la **sed** thirst; **tener** (*irreg.*) **sed** to be thirsty
seguida: en seguida right away, at once
seguir (i) to follow; to continue, to keep on, to still be; **seguir cursos** to take courses
según according to; **según su opinión** in your opinion
segundo(-a) second; **segundo cajón a la izquierda** second drawer on the left
seguro(-a) sure, certain, safe
seiscientos(-as) six hundred
la **selva** jungle; **claro de la selva** clearing in the jungle
sellar to seal
la **semana** week; **día de semana** weekday; **fin de semana** weekend; **la semana que viene** next week, this coming week; **Semana Santa** Holy Week; **todas las semanas** every week
semejante (*adj.*) similar
el **semestre** semester
el/la **senador/a** senator
sencillo(-a) simple, easy
la **senectud** old age
el **seno** breast
sensacional sensational
sensible (*adj.*) sensitive
sentado(-a) seated, sitting
sentarse to sit down
sentenciar to pass judgment
sentir (ie) to feel; **sentir que** to be sorry that; **sentirse** + *adj.* to feel + *adj.*
señalar to point out, to show
el **señor** (*abbr.* **Sr.**) man, gentleman; sir; mister, Mr.
la **señora** (*abbr.* **Sra.**) lady; wife; ma'am; Mrs.
los **señores** (*abbr.* **Sres.**) Mr. & Mrs.; ladies and gentlemen
la **señorita** (*abbr.* **Srta.**) young lady; Miss
la **separación** separation
separado(-a) separate; separated

separar to separate
septiembre September
el **sepulcro** tomb, grave
sepultar to bury
ser (*irreg.*) to be (*someone or something; description or characteristic*); **¡Cómo es (son)... ?** What is (are) . . . like?; **¿De dónde será?** I wonder where he/she is from?; **Es que...** That's because . . . ; **llegar (gu) (pasar) a ser** to become; **ser de** to be from (somewhere), to be (someone's)
el **ser** being; **ser humano** human being
el **sereno** cool night air; **al sereno** out in the open at night
la **serie** series
serio(-a) serious; **en serio** seriously
la **serpentina** paper streamer
el **servicio** service
servir (i) to serve; **¿En qué puedo servirle?** What can I do for you?; **que pudieran servirle** that would be of use to you
severo(-a) severe
el **sexo** sex
si if; **como si** as if
sí yes
siempre always; **para siempre** forever
la **sierra** mountain range
la **siesta** midday break for lunch and rest; **dormir (ue) la siesta** to take a nap after lunch
el **sigilo** seal, stamp; secrecy; **con gran sigilo** in great secrecy
el **siglo** century
el **significado** meaning, significance
significar (qu) to signify, to mean
siguiente (*adj.*) following
el **silencio** silence
silencioso(-a) silent
la **sílfide** sylph, nymph
la **silla** chair
el **sillón** armchair; **sillón de resortes** dentist chair
simbólico(-a) symbolic
simbolizar (c) to symbolize
el **símbolo** symbol
simpático(a) nice
simultáneamente simultaneously
sin without; **sin embargo** however; **sin que** without
sincero(-a) (*adj.*) sincere
sino but, but rather
el **sino** destiny
el **sirviente** servant; **la sirvienta** waitress; servant
el **sistema** system
el **sitio** place, site, location; **sitio de interés** point (site) of interest
la **situación** situation
sobre on, about, concerning; upon; over; **sobre todo** especially
sobrecogedor(-a) overpowering
sobresaltado(a) startled
sobresalto fright
el/la **sobrino/a** nephew; niece
la **sociedad** society
la **sociología** sociology
el/la **sociólogo/a** sociologist

el **sol** sun; **hacer** (*irreg.*) **sol** to be sunny; **tomar sol** to sunbathe
el **soldado** soldier
la **soledad** solitude
soler (ue) to be in the habit of; to usually (*do, etc.*)
el **solitario** solitaire
solo(-a) alone; single
sólo only, just
soltar (ue) to release, to let go of
soltero(-a) single, unmarried
la **solución** solution
el **sollozo** sob
la **sombra** shade, shadow, darkness
el **sombrero** hat
sombrío(-a) somber, gloomy; dark; shaded
sonar (ue) to sound; to ring; **sonarse** to blow (*the nose*)
sonreír (i) to smile
la **sonrisa** smile
soñador(-a) dreamy, given to dreaming
soñar (ue) con to dream of, about
la **sopa** soup
el **sopor** drowsiness
soportar to put up with
el/la **sordo/a** deaf person
sorprender to surprise
sorprendido(-a) surprised; **se muestra sorprendido(-a)** he/she looks surprised
la **sorpresa** surprise
sospechar to suspect
su, sus his, her, its, their, your **(Ud., Uds.)**
la **suavidad** gentleness, smoothness
subir to climb, to go up; **subir a** to get on; **subirse** to climb up
suceder to happen
el/la **sucesor/a** successor
sucio(-a) dirty
Sudamérica South America
sudoroso(-a) sweaty
el **sueldo** salary
el **suelo** floor; ground
el **sueño** dream; **tener** (*irreg.*) **sueño** to be sleepy
la **suerte** luck; **¡Qué suerte!** What luck! How lucky!; **tener** (*irreg.*) **suerte** to be lucky
el **suéter** sweater
suficiente enough, sufficient
el **sufrimiento** suffering
sufrir to suffer
sumergido(-a) submerged
superior (*adj.*) higher
la **superstición** superstition
supersticioso(-a) superstitious
la **superviviencia** survival
supremo(-a) supreme
supuesto: por supuesto of course
el **sur** south; **al sur de** south of; **la América del Sur** South America
el **suroeste** southwest
suscribir to sign; to take out a subscription
suspirar to sigh; **suspirar por** to long for
el **suspiro** sigh
el **susto** fright
el **susurro** murmur, whisper

suyo(-a) his, hers, yours, theirs; of his, hers, yours, theirs

el **tablero** chessboard
tal such (a); **con tal de que** provided that; **¿Qué tal?** How are you? How are things going?; **tal vez** perhaps
taladrar to drill
el **talón** heel
tambalearse to stagger
también also, too
el **tambor** drum
tampoco neither, (not) either
tan so; such; **tan... como** as . . . as; **tan pronto como** as soon as
el **tanque** tank
tanto(-a) so much; as much; (*pl.*) so many, as many; **ni tantito** not even a small bit; **no es para tanto** it's not that important; **por lo tanto** therefore; **tanto como** as much as, as well as; (*pl.*) as many as; **tanto(s)... como** as much (many) . . . as; both . . . and
la **tapia** mud wall, adobe wall
la **tardanza** delay
tarde (*adv.*) late; **más tarde** later; **tardísimo** very late
la **tarde** afternoon; **Buenas tardes.** Good afternoon. Good evening.; **de la tarde** P.M. (*afternoon or early evening*); **por la tarde** in the afternoon
la **tarjeta** card; **tarjeta postal** postcard
tartamudear to stammer
la **taza** cup
te (*obj. pron.*) (to, for, from) you, yourself (*fam. sing.*)
el **té** tea
el **teatro** theater; **obra de teatro** play
la **tecnología** technology
el **techo** roof
tejer to weave, to knit
el **tejido** knitting
la **tela** cloth
el **teléfono** telephone; **hablar por teléfono** to talk on the phone; **llamar por teléfono** to phone
la **televisión** television; **por (en la) televisión** on television
el **televisor** television set
el **telón** curtain
el **tema** subject, theme
temblar (ie) to shake
el **temblor** tremor; shudder
temer to fear
el **temor** fear
la **temperatura** temperature
templar (ie) to tune; **templar un arco** to prepare a bow
el **templo** temple
temporalmente temporarily
temprano early; **mañana temprano** early tomorrow morning
tener (*irreg.*) to have;

¿Qué tiene... ? What's wrong with . . . ?; **tener... años** to be . . . years old; **tener calor** to be (feel) hot; **tener una cita** to have a date; **tener cuidado (con)** to be careful (of, about); **tener un dolor de cabeza (de estómago)** to have a headache (stomachache); **tener fiebre** to have a fever; **tener frío** to be (feel) cold; **tener ganas de** to feel like, to want to; **tener hambre** to be hungry; **tener miedo** to be afraid; **tener la oportunidad de** to have the opportunity to; **tener prisa** to be in a hurry; **tener que** to have to, must; **tener razón** to be right; **tener sed** to be thirsty; **tener sueño** to be sleepy

la **tensión** tension

la **teoría** theory

tercer, tercero(-a) third

la **terminación** end, termination

terminar to end, to finish

la **ternura** tenderness

el **territorio** territory

el/la **testarudo/a** stubborn, obstinate

el **texto** text

ti (*obj. of prep.*) you, yourself

la **tía** aunt

tibio(-a) lukewarm

el **tiempo** time; weather; **a tiempo** on time; **al mismo tiempo** at the same time; **con el tiempo** in time, eventually; **hace buen tiempo** it's nice weather; **mucho tiempo** a long time; **perder (ie) el tiempo** to waste (one's) time; **¿(Por) cuánto tiempo?** How long?; **¿Qué tiempo hace?** How's the weather?

la **tienda** store, shop

la **tierra** earth, land; **Madre-Tierra** Mother Earth (*Indian deity*)

tímido(-a) timid, shy, bashful

el **tío** uncle; (*pl.*) aunt(s) and uncle(s); uncles

típico(-a) typical; traditional

el **tipo** type, kind; guy

tiranizar (c) to tyrannize

el/la **tirano/a** tyrant

tiritar to shiver

el **tiro** shot

el **tirón** tug, pull, jerk; **de un tirón** all at once

titubear to hesitate; **sin titubear** without hesitating

el **título** title

el **tobogán** slide

tocar (qu) to touch; to play (*music or musical instrument*)

todavía still, yet; **todavía no** not yet

todo(-a) all, entire, whole; complete; every; (*n. m.*) **(el) todo** everything; **a (en, por) todas partes** everywhere; **de todas maneras** anyway, anyhow; **sobre todo** especially; **todo el mundo** everyone, the whole world; **todo lo demás** everything else; **con todo** nevertheless

todos(-as) all, every; (*n.*) all, everyone; **todos los días** every day

Toledo city in central Spain, on the Tagus River

Tolosa city in northern Spain

tomar to take; to drink; to have (*a meal*); **Toma.** Take it.; **tomar sol** to sunbathe

el **tomate** tomato

el **tomillo** thyme

el **tono** tone

la **tontería** nonsense

tonto(-a) silly, foolish, idiotic

torcido(-a) twisted

el **tormento** torture, anguish

el **toro** bull; **corrida de toros** bullfight; **toro bravo** fighting bull

torpe awkward, clumsy

la **torre** tower

la **torta** cake

tosco(-a) crude, rough, coarse

toser to cough

trabajador(-a) (*adj.*) hard-working; (*n.*) worker

trabajar to work

el **trabajo** work, job

la **tradición** tradition

tradicional (*adj.*) traditional

traducir (zc) to translate

el/la **traductor/a** translator

traer (*irreg.*) to bring

el **tráfico** traffic

tragar (gu) to swallow

la **tragedia** tragedy

trágico(-a) tragic

el **trago** drop, swig; **de un trago** in one gulp

el **traje** suit

el **trance** moment, juncture; **trance grato** a pleasing moment

el **tranquilizante** tranquilizer

tranquilo(-a) quiet, silent, calm

traquetear to rattle

trasladar to transfer

el **trastorno** disorder, trouble

tratar to try; to treat; **tratar de** to try to

travieso(-a) mischievous

tremendo(-a) terrible, frightful; **no lo tomó tan a la tremenda** he/she did not seem too surprised

el **tren** train; **en tren** by train

la **tribu** tribe

Trípoli seaport on the NW coast of Libya

triste (*adj.*) sad

la **tristeza** sadness

el **triunfo** triumph, victory

tropezar (ie) (c) to stumble

el **trópico** tropics

el **trozo** piece

el **trueno** thunder

tu, tus your

tú (*subj. pron.*) you (*fam. sing.*)

el **tul** tulle (*fine, veil-like material*)

tuyo(s), tuya(s) (*adj.*) your, of yours
la **tumba** grave, tomb
el/la **turista** tourist
turístico(-a) tourist
el **turno** turn; **tocar (qu) el turno** to be one's turn

u or (*replaces* **o** *before a word beginning with* **o** *or* **ho**)
último(-a) last, latest, most recent
el **umbral** threshold
único(-a) unique; only one
la **unidad** unity
unido(-a) united; **Estados Unidos** United States
la **unión** union
unir to unite
el **universo** universe
uno (un), una one; a, an; **lo uno** on the one hand
unos, unas some, a few, several; **unos** + *a number* about + *a number*
urbano(-a) urban
urgente urgent, pressing
usar to use
el **uso** use
usted (*abbr.* **Ud., Vd.**) you (*formal*); (*pl.*) **ustedes** (*abbr.* **Uds., Vds.**) you (*fam. and formal*); **de usted (ustedes)** your (of) yours
útil (*adj.*) useful
utilizar (c) to use, to utilize
la **uva** grape

las **vacaciones** vacation; **(estar** [*irreg.*]**) de vacaciones** (to be) on vacation; **ir** (*irreg.*) **de vacaciones** to go on vacation
vacilante (*adj.*) unsteady, shaky
vacío(-a) empty
el **vacío** emptiness
el **vagón-tranvía** train-car
la **vaina** bother; thing; **es la misma vaina** it's all the same shit
valer (*irreg.*) to be worth; **más vale** it is better; **no vale más de** it is not worth more than
el **valor** value, worth, merit
el **valle** valley
¡Vamos! Come on, now!
vanidoso(-a) vain, conceited
variado(-a) varied, various
la **variedad** variety
varios(-as) several
el **vaso** glass (*drinking*)
las **veces** *pl.* of **vez**
vecino(-a) (*adj.*) neighboring; (*n.*) neighbor
la **vejiga** bladder; a package made from a bladder or from an animal skin
velar to watch over; to look after
el **vencejo** bird
vencer (z) to conquer; to defeat; **darse por vencido(-a)** to give up
el/la **vendedor/a** vendor, salesperson
vender to sell
el **veneno** poison
venenoso(-a) poisonous

la **venganza** revenge
vengarse (gu) to take revenge
venir (*irreg.*) to come; **ir y venir** coming and going; **la semana que viene** next week, this coming week; **Ven acá.** Come here.
la **ventana** window
el **ventanuco** shabby window
ver (*irreg.*) to see; **A ver.** Let's see.; **verse** to be seen; **Ya veremos.** We'll see.
Veracruz seaport on the east coast of Mexico
el **verano** summer
la **verdad** truth; **¿verdad?** right? isn't that so? really?
verdadero(-a) real, true
verde green
la **vergüenza** shame; **darle** (*irreg.*) **vergüenza a alguien** to make someone ashamed; **no tener** (*irreg.*) **vergüenza** to be shameless; **¡Qué falta de vergüenza!** What shamelessness!
el **verso** line of poetry
el **vestido** dress; **bien vestido(-a)** well-dressed
vestir (i) to dress (as); **vestirse (de)** to dress (as); to get dressed
la **vez** (*pl.* **veces**) time, occasion; **a la vez** at the same time, at a time; **a veces** at times; **alguna vez** ever, at some time, sometimes; **en vez de** instead of; **muchas veces** often; **otra vez** again, once more; **por primera vez** for the first time; **por última vez** for the last time; **tal vez** perhaps
viajar to travel
el **viaje** trip, journey; **¡Buen viaje!** Have a good trip!; **¡Feliz viaje!** Have a nice trip!; **hacer** (*irreg.*) **un viaje** to take a trip; **viaje de negocios** business trip
el/la **viajero/a** traveler
el **vicio** vice
la **victoria** victory
la **vida** life; **llevar una vida...** to lead a . . . life
la **vidriera** glass showcase
viejo(-a) old; (*n.*) old person
el **viento** wind; **hacer** (*irreg.*) **viento** to be windy
el **vientre** belly, abdomen; womb
viernes Friday
el **vino** wine
la **violencia** violence
violento(-a) violent
violeta violet
el/la **violinista** violinist
la **visión** vision
la **visita** visit; **de visita** visiting
el/la **visitante** visitor
visitar to visit
la **vista** view; sight, gaze, eyes
la **vitamina** vitamin
el/la **viudo/a** widower; widow
los **víveres** supplies, provisions; **cortarle los víveres a alguien** to cut off someone's supplies

vivir to live; **¡Viva... !** Hooray for . . . ! Long live . . . !
vivo(-a) alive, bright
el **vocabulario** vocabulary
volar (ue) to fly
volver (ue) to return, to go back, to come back; **volverse** to turn around; **volverse loco(-a)** to go crazy
vosotros, vosotras (*subj. pron.*) you (*fam. pl.*); (*obj. of prep.*) you, yourselves
votar to vote
la **voz** (*pl.* **voces**) voice; **alzar (c) la voz** to raise one's voice; **en voz alta** out loud, loudly
la **vuelta** walk, stroll; **dar** (*irreg.*) **una vuelta** to go for a walk around the town; **ida y vuelta** round trip
vuestro(-a) your
vulgar common, vulgar; vernacular

ya already; now; **ya me cansa verla** I get tired of seeing it; **ya medio muerto(-a)** already half dead; **ya no** no longer; **ya que** since; **Ya veremos.** We'll see.
la **yema de huevo** egg yolk
yendo (*pres. part. of* **ir**) going
el **yeso** plaster

zafio(-a) boorish
la **zanahoria** carrot
la **zapatilla** dancing shoe, slipper
el **zapato** shoe
el **zoológico** zoo
zumbar to buzz

Grammar Index

ACKNOWLEDGMENTS

p. 34 "Hombre pequeñito" by Alfonsina Storni from *Antología de la poesía hispanoamericana* by Julio Caillet et Bois, 1965. Reprinted by permission of Aguilar, S. A. de Ediciones.

p. 43 "Los ticunas pueblan la tierra" by Hugo Niño from *Primitivos relatos contados otra vez: héroes y mitos amazónicos.* Reprinted by permission of Carlos Valencia Editores.

p. 67 "La United Fruit Co." by Pablo Neruda from *Selected Poems of Pablo Neruda* by Ben Belitt. Copyright © Fundación Pablo Neruda. Reprinted by permission of Agencia Literaria Carmen Balcells, S. A.

p. 76 "Poema XX" by Pablo Neruda from *Antología de la poesía hispanoamericana* by Julio Caillet et Bois, 1965.

p. 77 "Regresos" by Meira Delmar (Olga Chams Eljach) from *Reencuentro,* 1981. Reprinted with permission from Carlos Valencia Editores.

p. 83 "No hay que complicar la felicidad" by Marco Denevi from *Obras completas, Tomo 4—Falsificaciones.* Reprinted with the permission of the author.

p. 93 "Un día de estos" by Gabriel García Márquez from *Los funerales de la mamá grande.* Copyright © 1962 by Gabriel García Márquez. Reprinted by permission of Agencia Literaria Carmen Balcells, S. A.

p. 107 "El ausente" by Ana María Matute. Copyright by Ana María Matute, reprinted by permission of Agencia Literaria Carmen Balcells, S. A.

p. 125 "Los fantoches" by Carlos Solórzano from *Teatro*. Universidad de Costa Rica (UDUCA), 1983.

p. 181 "Jaque mate en dos jugadas" by Isaac Aisemberg. Copyright © Isaac Aisemberg. Reprinted by permission of the author.

p. 199 "Rosamunda" from *La niña y otros relatos* by Carmen Laforet. Copyright © 1970 by Carmen Laforet. Reprinted by permission of Agencia Literaria Carmen Balcells, S. A.

p. 215 Chapter 1 of the book *Como agua para chocolate* by Laura Esquivel. Used by permission of Doubleday, a division of Bantam Doubleday Dell Publishing Group, Inc.